법과 실천이성
Recht und praktische Vernunft

법과 실천이성
– 법철학입문

초판 1쇄 발행일 2013년 4월 5일

지은이 _ 마르틴 크릴레
옮긴이 _ 홍성방
펴낸곳 _ 유로서적
펴낸이 _ 배정민

편집 / 디자인 _ 심재진

등록 _ 2002년 8월 24일 제 10-2439 호
주소 _ 서울시 금천구 가산동 329-32 대륭테크노타운 12차 401호
Tel _ 02-2029-6661, Fax 02-2029-6664
E-mail _ bookeuro@bookeuro.co.kr

ISBN 978-89-91324-54-1

Martin Kriele
Recht und praktische Vernunft
© Vandenhoeck und Ruprecht, Göttingen 1979

홍성방 교수의 법학 번역 시리즈 4

법과 실천이성
- 법철학입문 -

마르틴 크릴레(Martin Kriele) 지음
홍성방 옮김

저자와 이 책에 대하여_

이 책의 저자 크릴레 Martin Kriele는 1931년 독일 라인란트 지방의 소도시 오프라덴 Opladen에서 출생하였다. 그는 아비투어 Abitur (김나지움 졸업시험)를 마친 후 프라이부르크 Freiburg, 뮌스터 Münster 그리고 본 Bonn대학에서 법학과 철학을 공부하였다. 그는 법학에서는 우리에게도 잘 알려진 행정법학자이며 법철학자인 볼프 Hans Julius Wolff의 영향[1]을, 철학에서는 헤겔 연구의 거장인 리터 Joachim Ritter의 영향[2]을 깊게 받았다.

그는 뮌스터대학에서 볼프의 조교로 있으면서 1960년대에 다시 법철학의 지배적 조류가 된 상대주의의 문제를 박사학위논문에서 다루

---

[1] 크릴레는 그의 박사학위논문의 제목을 Kriterien der Gerechtigkeit으로 정한 이유를 H. J. Wolff, Über die Gerechtigkeit als Principium juris, in : Festschrift für Sauer, Berlin 1949, S. 103ff.에서 받은 매력 때문이라고 고백하고 있으며(Vorwort zu Kriterien der Gerechtigkeit. Zum Problem der rechtsphiolsophischen und politischen Relativismus, Berlin 1963), 교수자격 취득논문인 Theorie der Rechtsgewinnung, Berlin 1967, 2, Aufl. 1976, 서문에서는 자신에게 미친 볼프의 영향을 적고 있다. 1970년에는 Die Herausforderung des Verfassungsstaates. Hobbes und englische Juristen, Neuwied und Berlin을 Wolff에게 헌정하기도 하였다. 그리고 1988년에 쓴 Wolff 평전(Hans J. Wolff, in : Juristen im Portrait, Festschrift zum 225jährigem Jubiläum des Verlages C. H. Beck, München 1988, S. 694ff.)은 짧기는 하지만 스승에 대한 감사와 존경과 애정으로 가득찬 것이다.

[2] 크릴레는 여러 곳에서 Ritter에게 고마움을 표하고 있다. 예컨대 Vorwort zu Kriterien der Gerechtigkeit, (주 1) ; Vorwort zu Theorie der Rechtsgewinnung, (주 1) ; Vorwort zu Recht und praktische Vernunft, Göttingen 1979 등.

었다. 그는 그곳에서 구체적인 판결과 결정이 그때그때 '더욱 기본적인 이익'(fundamentaler Interessen)의 관점 하에서 '일반적 원리'(Maximen)와 그 결과의 형량을 지향해야 한다는 것을 논증하면서, 법관의 판결과 입법자의 결정이 과연 그리고 어느 정도까지 정의의 관점에서 논의될 수 있는가 하는 문제를 논하였다.3) 박사학위를 받은 후 크릴레는 독일학술재단(Deutsche Forschungsgemeinschaft)의 연구비를 받아 미국 예일 Yale대학의 Law School에서 연구를 하게 되고, 미국에서의 체류는 특히 두 편의 훌륭한 논문으로 남게 된다. 곧 Felix Frankfurter, in: Juristenzeitung, 1965, S, 241ff.와 Der Supreme Court im Verfassungssystem über USA. Ein Kritischer Bericht über neuere amerikanische Literatur, in: Der Staat, 1965, S. 195ff.가 그것이다.4)

---

3) 이 논문에 대하여 특히 Der Staat지는 다음과 같이 평하고 있다.
"크릴레는 상대주의적 입장에 대하여 이론을 제기하여, 즉 '가치판단은 입증될 수 없다'는 엠게 C. A. Emge의 정식(定式)에 반대입장을 제기하여 특히 정의관념은 전혀 가치평가가 아닌 사실판단에 기초하고 있다는 것을 증명함으로써 정의의 경험적 표지를 제시하고자 한다. ⋯ 총괄적으로, 이는 중요하고 환영할 만한 출발점이며, 제시된 방향에로의 심층적 연구는 바람직한 것이다."
4) E. Benda, Buchbesprechung, DöV 1982, S. 43f.(43)는 이 두 편의 논문을 크릴레가 후에 쓴 Recht und Politik in der Verfassungsrechtsprechung. Zum Problem des judicial self-restraint, in : NJW 1976, S. 777ff.와 함께 미국헌법에 대한 특히 뛰

미국에서 돌아온 크릴레는 1966년에 뮌스터대학에 Theorie der Rechtsgewinnung을 교수자격취득논문으로 제출한다.

크릴레는 1967년 헌법학자이며 법철학자인 히펠 Ernst von Hippel의 후임으로 쾰른 Köln대학 법학부에 정교수로 초빙되어 1996년까지 『국가철학과 법정책연구소』(Seminar für Staatsphilosophie und Rechtspolitik)[5] 소장으로 재직하였다. 그는 1968년부터 게르하르트 Rudolf Gerhardt와 함께 독일 유일의 법정책 전문지 Zeitschrift für Rechtspolitik을 발행하고 있으며, 1977년 이후 노르트라인-베스트팔렌 Nordrhein-Westfalen 주 헌법재판소의 재판관직도 겸한 바 있다. 그는 그가 오랫동안 거주한 바 있는 레버쿠젠 Leverkusen시의 시문화회관에서 피아노 독주회를 가졌을 만큼 음악에도 조예가 깊다. 그는 1984년 한독수교 100주년 기념행사의 일환으로 한독법학회의 초청을 받아 한국을 방문한 일도 있으며, 여러 명의 한국 법학도들을 지도하기도 했다.[6] 은퇴 이후 크릴레는 오스트리아의 작은 도시 뫼거스 Möggers에 거주하면서 여

어난 논문이라고 평하고 있다.
[5] 1997년 크릴레의 정년퇴임 기념논문집의 제목 또한 「국가철학과 법정책」이다.
[6] 그의 지도로 1986년에 박사학위를 취득한 역자 외에도 그에게서 박사학위를 받은 한국학생이 많다. 예컨대 1992년과 1993년에 김수철, 전종환, 조홍석이 각각 Ombudsman, 헌법재판, 평등권을 주제로 하여 박사학위를 취득한 것으로 알고 있다.

전히 강연과 집필에 전념하고 있다.

크릴레는 수많은 저술을 하였다. 그 중요한 것으로는 Die Herausforderung des Verfassungsstaates. Hobbes und englische Juristen (Neuwied und Berlin 1970), Einführung in die Staatslehre(Reinbek 1975, 6. Aufl. 2003),[7] Recht und praktische Vernunft(Göttingen 1979), Die Menschenrechte Zwischen Ost und West(Köln 1977, 2. Aufl. 1979), Befreiung und politische Aufklärung. Plädoyer für die Würde des Menschen(Freiburg, 1980, 2. Aufl. 1986),[8] Nicaragua - das blutende Herz Amerikas, Ein Bericht(1985, 4. Aufl, 1986), Die demokratische Weltrevolution. Warum sich die Freiheit durchsetzen wird (München-Zürich 1987, 2. Aufl. 1988),[9] Grundprobleme der Rechtsphilosophie(Münster-Hamburg-London 2003) 등이 있다. 크릴레의 자세한 저술목록은 이 책의 말미에 있는 목록을 참고하기 바란다.

법철학 입문서[10]이기도 한 이 책은 "법철학은 법발전의 과정에서

---

7) 국순옥(역), 민주적 헌정국가의 역사적 전개, 종로서적, 1983.
8) 홍성방(역), 해방과 정치계몽주의, 가톨릭 출판사, 1988.
9) 홍성방(역), 민주주의 세계혁명, 도서출판 새남, 1990.
10) 그러한 한에서 크릴레의 1992년 한국어판 서문 중 일부를 옮기는 것이 필요다고 생각된다.
    "이 책은 법학도뿐만 아니라 철학도와 사회과학도를 대상으로 쓰여진 것이다. 그러므로 법학도들은 법적인 실례와 개념들이 비법학도에게 설명되는 것을,

생동하는 이성을 분석하지 않으면 안 된다"는 전제하에 법실증주의의 입장을 과학성, 결단주의, 법제정독점권, 법원(法源), 정당성과 저항의 다섯 항목에서 논의하고 있다. 동시에 이 책은 법실증주의가 왜, 특히 어떠한 정치적 근거에서 그렇게 했으며, 또한 그 근거들이 현대에도 어느 정도 견지(堅持)되고 있는가, 어떠한 반대근거들, 특히 어떠한 정치적 반대근거들이 법실증주의에 대한 이의로서 제기되었고, 또 제기되고 있는가, 그리고 정치현실에서 이 입장 또는 저 입장을 택한 실질적 결과는 무엇인가를 묻고 있다.

이 번역서는 역자가 한림대학교에 재직 중인 1992년에 한림대학교

철학도와 사회과학도들은 그들에게 자명한 많은 것이 젊은 법학도들에게 오늘날의 윤리학 토론에 대한 입문으로서 도움이 되도록 설명되는 것을 이해해 주었으면 한다. 아무튼 중요한 것은 이 분과들이 가교(架橋)되어져야 한다는 것이다. 즉, 법학은 다시금 철학적 실천학(prudentia) - 실천이성의 학 - 의 일 분과로 이해되어야 한다. 그러나 후자는 법적 현실을 포용하고, 그 풍부한 경험을 이용할 때에야 비로소 그 대상을 완전히 파악할 수 있다.

이 책은 저자가 『국가론 입문』(1975), 『법발견론』- 특히 2판 후기(1976) - 그리고 여러 논문의 여러 곳에서 이미 시론(試論)적으로 언급한 바 있는 생각을 다시금 끄집어내어 법철학적 관련하에 결합시켰다. 이 책에서 논의되고 있는 것은 저자와 다른 생각들과 저자에 대한 계속적인 문제제기들이다. 이들에 대해 저자는 감사하고 있다. 그렇지만 이 책은 앞의 논문들에 대한 지식을 전제로 삼고 있지는 않다. 오히려 이 책은 오늘날의 법철학적 토론에 대한 입문서로 쓰여졌다."

출판부에서 출판되어 1994년에 재판이 발간된 바 있다. 그러나 그 동안 이 책은 절판되었다. 어려운 출판사정에도 불구하고 유로서적의 배정민 사장이 조금의 주저도 없이 출판해주겠다 하여, 20년 된 번역원고를 다시 처음부터 새롭게 옮기는 마음으로 손질하였다. 오랫동안 이 핑계 저 핑계를 대면서 중단했던 법철학 공부를 다시 시작하게 해준 데 대해서 이 자리를 빌려 배정민 사장에게 감사의 뜻을 표한다.

2013. 1.
옮긴이

차 · 례

| 저자와 이 책에 대하여 | · 5

　제 1절　서론 · 13

제 1 장　실천이성의 복권
　제 2절　과학과 실천학 · 25
　제 3절　이성과 역사 · 32
　제 4절　법과 윤리의 구별 · 37
　제 5절　윤리적 계몽과 법적 계몽의 구별 · 41
　제 6절　담화론(논증적 대화이론) · 46
　제 7절　원칙공리주의와 일반화 · 53

제 2 장　결정과 실천이성
　제 8절　근거제시의무의 역으로서의 결정 · 61
　제 9절　자유는 필연성에 대한 통찰인가? · 67
　제10절　법적 강제 · 71
　제11절　규범에 대한 결정 · 74
　제12절　고려 가치가 있는 모든 이해관계는 일반화될 수 있는가? · 79
　제13절　불편부당성 · 86
　제14절　담화의 헌법적 조건 · 93

제 3 장　법률해석과 실천이성
　제15절　문제 · 99
　제16절　법제정독점의 이념 – 역사적 개관 · 106
　제17절　법률에 대한 이해 · 114
　제18절　해석영역과 계속적 법형성 · 119
　제19절　자유주의적 법치국가에서 사회적 법치국가로 · 123
　제20절　법적 구성과 실천이성 · 129

제 4 장　선결례추정

제21절　법원론(法源論)과 법적 방법 · 137
제22절　선결례추정의 근거 · 144
제23절　선결례해석 · 148
제24절　독일법제사에서 선결례 추정 · 152
제25절　실증주의법원론의 포기 · 159

제 5 장　정당성과 저항

제26절　역사적 배경 · 165
제27절　독일 판례에 비추어 본 나치범죄와 저항 · 168
제28절　정당성 · 174
제29절　정당성문제로서의 도덕철학 · 178
제30절　합법성과 정당성 · 185
제31절　정당성문제로서의 법실증주의 · 191
제32절　정치계몽으로서의 법철학 · 196

| 참고문헌 | · 201
| 마르틴 크릴레의 저술목록 | · 215

제1절

서 론

법실증주의

법과 실천이성의 차이는 우선 입법적, 행정적, 사법적 결정들의 구속력에 있다. 이 차이에서 **법실증주의**는 다음과 같은 분야 사이의 엄격한 분리 즉, 법과 법정책의 분리, 법률가를 위한 법이론과 도덕적, 정치적으로 판단을 내리는 시민들을 위한 도덕철학의 분리, 또는 - 벤담 *Bentham*에 따르면 - "설명적" 법학과 "검증적" 법학의 분리를 추론해낸다.

만일 사람들이 이런 식으로 법과 실천이성을 분리시킨다면, 그들은 법도 실천이성도 이해하지 못한다. 법은 결정, 규범 그리고 논리적 추론으로 위축되고 만다. 이성은 현실로부터 주관적 도덕으로 추방되어, 상호 배척적인 가치체계들의 다원론 속으로 사라지게 될 위험에 처하게 된다. 그렇게 되면 이성은 철저하게 상대주의의 희생물이 된다. 이는 "법"의 개념을 부당하게 제한하는 것만을 의미하는 것이 아니다. 만일 법이론이 방치한 법문제를 "도덕철학"이라는 표제 하에 다루는 것이 가능하고 따라서 실제로 법이론과 도덕철학 사이의 업무분담만이 문제된다면, 우리는 그러한 사실과 타협할 수도 있을 것이다.

그러나 법과 이성을 실증주의적으로 분리시킨 결과 도덕철학 또한 그것이 결국 법의 형성과 관련되어 있는 한, 즉 그것이 "법철학"인 한 변질될 수밖에 없다. 만일 법철학이 구체적이고, 법적인 그리고 법철학적인 논의와의 관련에서 분리된다면, 법철학은 이러한 논의의 근거가 되는 표지를 찾아내고 검토하는 것이 아니라, 이성의 표지를 어떤 종류의 정치적 요청, 궁극적 당위판결, "가치의 서열질서" 또는 그와 유사한 것들에서 찾는 결과가 된다. 그러나 그렇게 함으로써 법철학은 다음과 같은 것 이상의 것을 이룰 수 없다. 첫째, 법정책적 관점의 교조적(敎條的) 경직화, 둘째, 이데올로기비판적인 부정의 도전, 셋째, 법철학은 일반적으로 비학문적인 것이라는 가치절하가 그것이다. 즉 실천이성에 대한 모든 언명은 주관적인 것으로 그리고 그러한 한에서 상대적인 것으로 생각되게 된다.

윤리계몽으로서의 법철학

헤겔 *Hegel*은 윤리와 도덕을 다음과 같이 구별했다. 즉 **윤리**는 선과 악, 정당한 것과 부당한 것, 예절 바른 것과 예절 바르지 못한 것, 인간적인 것과 비인간적인 것 등에 관하여 국민들 사이에서 효력을 가진 생동하는 척도이며, **도덕**은 단지 주관적인 원칙들(즉, 공적인 윤리적 효력을 갖지 않는 원칙들)에서 파생된 추상적 요청이라고 하였다. 이러한 의미에서 철학적 윤리학은 도덕적 요청을 제기할 때 이성적인 것이 아니라, 윤리계몽일 때 이성적이다. 이것은 가령 윤리계몽이 단순히 국민들 사이에 생동하는 표준들을 준수하도록 명령한다는 것을 의미하지 않는다. 윤리계몽은 오히려 이러한 표준의 근거가 되는 원칙들과 그 원칙들을 실현시킬 현실적 조건들을 숙고하고자 한다.

법철학은 특히 법적 문제에 적용된 윤리학이다. 윤리계몽으로서의 법철학은 실정법을 대상으로 하지 않고, 실정법의 근거, 문제제기, 정당화를 둘러싸고 예나 지금이나 행해지고 있는 논의들을 대상으로 한다. 윤리계몽으로서의 법철학은 - 마치 윤리학이 윤리적 표준들을 그렇게 하는 것과 똑같이 - 그러한 논의의 근거가 되는 원칙들과 그들을 실현시킬 현실적 조건들을 대상으로 한다. 정치현실에서 선과 악의 단순한 외관(外觀)이 존재하는 일이 가끔 있기 때문에 윤리계몽이 존재한다. 예컨대, 마녀재판, 단순혐의를 근거로 한 형벌, 가혹하고 근거 없는 형벌, 윤리적 명령에 대한 예속과 속박 등이 행해지는 곳에서 그러한 일들은 부분적으로는 윤리원칙들을 모르기 때문에, 부분적으로는 그 원칙들을 실현시킬 조건들을 모르기 때문에 행해진다. 그러한 경우 윤리계몽으로서의 법철학은 "철저하게" 알려진, 그러나 혼란되거나 모호한 윤리를 출현시켰다.

윤리는 수백 년에 걸쳐서 변화하고 발전한다. 만일 우리가 지난 3세기 동안에 서양문화권에서 이루어진 법의 발전을 어느 정도 조망(眺望)하고, 대략적인 진행방향은 무엇이고, 법정책적 근거들은 그 최후의 원칙으로서 무엇을 지향했는가? 라고 묻는다면, 그것은 다음과 같은 원칙일 것이다. "**모든 인간은 자유와 존엄에 대한 동등한 청구권을 가진다.**" 이 원칙의 이면에는 다음과 같은 자연법이념, 즉 인간은 인간으로서 인간의 본성에 맞게 살 수 있어야 한다는 스토아학파와 그리스도교에 깊은 영향을 받은 견해가 존재한다. 이 이념은 인권에서 더욱 구체화된다.

이러한 법의 계몽주의적 척도는 빈번히 오해되고 오도(誤導)되었으며, 오늘날에도 그러하다. 법은 매우 점진적으로만, 언제나 새로운 방해에 시달리면서 그리고 우리의 세기에는 무서운 반격을 받으면서,

그러한 척도에 접근하였다. 그러나 그러한 법의 척도는 윤리의 최후의 원칙으로서 공의식(公意識) 속에서 세계적 생명력을 가지며, 그렇기 때문에 국제연합의 양 인권협약에서 성문화될 수 있었다.[1] 인권의 윤리성은 독재체제 스스로로 하여금 비록 그들이 양 인권협약을 존중할 의도가 없다 하더라도 위선적으로라도 인권의 윤리성에 찬성하여 인권협약을 비준하도록 강요할 만큼 강력하다. 그렇다고 인권의 윤리성이 권력에 대한 지속적인 정신적 투쟁 없이도 스스로 관철될 수 있을 만큼 충분히 강력한 것은 아니다.

법을 정당화할 필요성

정치적 권력투쟁은 다음과 같은 이중적 의미에서 법적 투쟁이다. 즉, 정치적 권력투쟁은 법을 형성하고 관철시킬 수 있는 가능성을 쟁취하기 위한 투쟁인 동시에 권력과 권력의 내용적 행사를 **정당화**하기 위한 정신적 토론이다. 상이한 투쟁태도를 정당화하는 원칙들을 법철학은 맹목적 격정의 수준에서 이성적으로 숙고된 의식의 수준으로 끌어올리고자 한다. 법철학은 혁명적일 수 있으며, 정치계몽주의의 역사에서 흔히 그래 왔다. 그러나 법철학이 보수적인 것이라 하더라도 그것은 법률을 단순히 선존하는 것으로 승인할 수는 없고 근거를 제시함으로써 법에 효력을 부여하고 법을 유지한다. 왜냐하면 바로 법의 정당화가 문제되기 때문에 법을 유지하는 것조차도 실정법이라는 이유로 정당화될 수는 없기 때문이다. 법철학적 관점에서 볼 때, 법은

---

[1] 이에 대하여는 Kriele, *Die Menschenrechte zwischen Ost und West*, 1977(부록에 조문 수록)을 보라.

제약되고 종속된 것으로 생각되며, 그것도 이해관계, 세력과 권력에 종속될 뿐만 아니라 정당화근거들에 대해서도 종속되는 것으로 생각된다. 법은 스스로 유지되고 정당화되는 것이 아니다. 법은 자기편에서 근거들을 가지고 의문을 제기하고 반대근거들에 의하여 정당화되어야 하는 근거들을 필요로 한다. 법철학적 숙고에서는 법뿐만 아니라 법을 정당화하는 신조들조차 무제약성, 선존성(先存性), 견고성에 대한 청구권을 상실한다. 그들 또한 정당화될 필요가 있다.

법을 정당화하는 근거들은 전체주의적 독재국가에서는 권위적·독단적으로 확립된 사고구조에 근원을 둔다. 이러한 사고구조는 헤겔적인 의미에서 **추상적 도덕성**이다. 만일 이러한 사고구조가 직접적으로 관철된다면, 그러한 일은 단지 시민들의 윤리적 동의 없이, 즉 비민주적인 방법으로 관철될 수 있을 뿐이다. 그 결과 나타나는 것은 폭정, 전제, 독재이다. 독재가 외적 행위를 강제하는 데 만족하지 않고 시민의 내적 동의를 유도하고자 한다면, 그 결과는 전체주의, 교육독재, 모든 정신생활에 대한 지배, 인간의 비인간화를 가져온다.

그에 반해서 정신적 **자유**가 지배하는 곳에서는 동의는 강제될 수 없다. 그곳에서는 동의는 신념에서 비롯한다. 이러한 신념은 생동하는 윤리와의 연결을 전제로 한다. 그 경우 법에 대한 공적 논의는 윤리 계몽의 성격을 갖는다. 존재하고 있는 법을 정당화하는 근거들뿐만 아니라, 그 근거들을 변화시키고자 하는 정치적 제안들까지도 자유롭고 공개된 토론 - 모든 이성의 기본적 전제 - 을 거치게 된다. 민주주의에서 정당화는 결국 '상식'(commom sense, den sensus comunis), 즉 국민들 속에 생동하는 윤리를 의미한다.

자유**민주주의**가 의미하는 것은 다음과 같다. 첫째, 실정법을 일반적으로 살아있는 윤리와 조화시키고 그 조화 속에서 유지한다. 둘째, 국민들의 생활경험을 철저하게 이용한다. 왜냐하면 윤리적 현실은 규범이 가져올 결과를 가능한 한 사실적으로 예견한다는 의미에서도 역시 정치적 이성을 필요로 하기 때문이다. 민주주의에서 윤리를 침해하는 **법률**이 의회의 다수를 얻을 수 있는 경우가 있기는 하다. 그러나 그러한 법률은 십중팔구 오랫동안 존속할 수 없다. 즉 그러한 법률이 헌법에 성문화된 윤리에 반한다면, 그 법률은 헌법상 규범통제 절차가 규정되어 있는 곳에서는 위헌선언 내지 소극적 저항을 받게 될 것이며, 더 나아가 법적용자들에 의해 저절로 파기되고 회피되어 결국 입법과정에서 수정을 받게 된다.

법해석에 있어서의 법정책적 동기

'**법해석학**'(Rechtsdogmatik) 또한 윤리적 정당화를 회피할 수 없다. 법원과 행정청의 결정들은 그 결정들이 법률에 대한 현실적인 이해에서 비롯할 때에만 - 즉 그 결정들이 법률의 이성적 근거들과 그 실천적 의미 그리고 그 목적에 효력을 부여할 때에만 - 인정받을 수 있다. 그러나 해석대안(代案)들 - 예컨대 넓은 또는 좁은 개념해석, 유추 또는 반대해석, 흠결확인(청구기각) 또는 흠결보완(청구인정), 이러저러한 해석요소 또는 법적 구성모형의 인용 또는 불인용 - 가운데에서 어떤 해석을 택할 것인가 하는 점에서 항상 선택가능성이 존재한다. 법해석학의 과제는 다양한 해석가능성들을 비판적으로 검토하여 법적용자들에게 근거 있는 결정안을 제시하는 것이다. 방법의 선택은 방법적 기술에 의해서 저절로 결정되는 것이 아니라, 객관적 근거들에 의해서 결정된다. 이러한 객관적 근거들이 언제나 공개적으로 표명되는 것은 아니다. 사람들은 그 책임이 지배적 법원론(法源論)과

방법론에 있다고 믿는다. 사람들은 흔히 지시 또는 일반적으로 유지되고 있는 방향에 만족하며, 또한 많은 경우에 그것으로 충분하다. 그러나 우리가 법해석학의 논의결과를 주시한다면 그러한 결과를 가져오는 근거들이 대부분 명확해진다.

법해석학은 빈번히 현행법률에 대한 해석을 넘어서 **새로운 법제도**를 발달시키거나 기존의 법제도들을 변경시켜 왔다. 예컨대 법해석학은 원래 독일민법전(BGB)에는 규정되지 않았고 입법과정에서도 삽입되지 않은 수많은 민법상의 제도를 제안해 왔다. 그 후 이 제도들은 판결의 선결례적 효력을 통해서 민법에 도입되었다. 법해석학은 그 제안들이 변화하는 윤리의 테두리 속에서 유지되고 표현되는 경우에 그 제안들을 관철시킬 수 있었다. 그러한 경우 그 제안들은 입법자의 묵시적 동의를 얻거나, 또한 많은 경우에 법률개정이나 법률증보를 통해서 입법자의 사후승인을 받았다. 만일 법해석학이 윤리에 모순된다면, 그 제안들은 원칙적으로 법원에 의해서 무시되게 된다. 만일 그 제안들이 예외적으로 판결에 영향을 미친다면, 이것은 민주적 입법자로 하여금 자신의 법제정우선권을 행사하여 잘못된 발전을 수정하도록 하는 원인이 된다.

숙고된 법정책학으로서의 법철학

법철학은 법정책적 논의와 법해석학의 방법선택 그리고 제도형성을 결정하는 객관적 근거들을 의식하도록 한다. 또한 법철학은 그러한 객관적 근거들의 기초를 이루는 원칙들과 그 실현조건들을 비판적으로 숙고한다. 이러한 의미에서 사람들은 다음과 같이 말할 수 있다.

사람들이 "법정책학"의 개념을 헌법을 위한 혁명적이거나 보수적인 투쟁, 헌법 내에서의 개혁적 또는 보수적 입법정책, 법의 해석과 계속 형성을 위한 법적 논의의 세 가지 영역과 관련시킨다면, 법철학은 **그 원칙과 실현조건들을 숙고하는 법정책학**이다. 법철학은 그 시대의 기본적인 정책적 갈등과 법적 갈등을 반영한다. 법철학은 윤리학을 제공할 수 있는 윤리계몽의 일부로서 정치계몽일 수 있다.

민주적 헌법국가에서 법과 실천이성이 필연적으로 관련되어 있다는 것은 **법실증주의 이론**에서는 화제가 되지 않는다. 법실증주의의 정당한 핵심은 내려진 입법적, 사법적 결정이 구속력을 가진다는 데 대한 완강한 주장이다. 이러한 구속력에 대해서는 다음과 같은 결정적인 이성적 근거가 존재한다. 즉, 이러한 구속력은 모든 평화, 모든 자유, 그리고 모든 사회 발전의 조건이다. 법실증주의의 문제와 편파성은 법실증주의가 이러한 이성적 근거를 논증을 통하여 이해할 수 있게 하는 대신 법에 있어서의 실천이성 일반을 간과하거나 전적으로 무시한다는 것이다.

실증주의 법이론은 법을 그 정당화근거로부터 단절시키며, 그 스스로를 윤리계몽으로부터 단절시킨다. 실증주의 법이론은 주로 법외적 문제에 스스로를 제한시키는 윤리에서 그와 반대되는 것을 찾는다. 따라서 윤리는 법의 내용을 매개할 수도 있는 모든 풍부한 경험과 통찰을 상실한다. 실증주의 법이론은 법이 그 특수성 - 특히 규범적 결정의 선존성과 구속성 - 때문에 윤리와 아무 관계도 없으며, 그 점에서 윤리는 실증주의 법이론에 의해 강화된다고 생각한다. 그에 반대해서 다음과 같은 인식이 관철되어야 한다. 즉 민주적 헌법국가에서는 법과 윤리의 범위가 동일하고, 그 결과 법철학과 윤리학의 범위 또한 동일하다. 심지어 법적인 문제들은 윤리적 문제의 상당한 그리고 정책적으로 의미 있는 부분을 형성한다. 법은 서양의 문화전통에서는 적어도 법철학적 계몽과 윤리계몽을 표현하는 경향이 있다. 동시에 법은 계몽주의가 가능한 한 더욱더 정치적 효력을 가지도록 하는 법개정의 민주적 헌법제도를 포함하고 있다.

모든 시대, 모든 세대에게는 법철학적인 기본문제들이 새롭게 제시된다. 만일 법실증주의 뿐만 아니라 법을 존중하지 않는 윤리가 법과 실천이성의 관련성을 오도(誤導)한다면, 법철학적 계몽주의와 정치계몽주의의 운명은 결국 우리가 양자의 관련성을 다시 인식하느냐 여부에 좌우될 것이다. 그렇기 때문에 오늘날의 상황에서는 무엇보다도 법과 이성을 관념적으로 분리시킨 논거들을 검토하는 것이 중요하다.

다섯 가지 항목의 논쟁점

1. **과학성** : 법실증주의는 원칙적으로 실천이성 일반이 합리적으로 근거지어질 수도 있다는 점을 문제 삼고, 순수과학적 객관성을 자신의 것이라 주장한다(제1장).
2. **결단주의** : 법실증주의는 입법적, 사법적 결정들의 구속력이 그러한 결정들에 대해 원칙적인 근거를 제시할 수 있는가의 여부를 떠나 유지될 수 있을 것이라고 생각한다(제2장).
3. **법제정 독점권** : 법실증주의는 입법자의 법제정 독점권을 주장하며, 이성적 규범형성에 대한 법률가들의 참여청구권에 이의를 제기한다(제3장).
4. **법원**(法源) : 법실증주의는 이미 존재하는 규범에 대해서만 법원으로서의 효력을 인정하고, 선결례추정을 통한 법의 계속형성의 정당성과 가능성에 이의를 제기한다(제4장).

5. **정당성과 저항** : 법실증주의는 저항에 대한 모든 법적 청구권을 원칙적으로 부정하며, 정당성을 전적으로 합법성에 의해서만 근거지운다(제5장).

이러한 모든 문제들과 관련하여 우리는 그때그때 다음과 같은 질문을 해야만 한다. 왜, 특히 어떠한 정치적 근거에서 법실증주의가 그렇게 주장했으며, 어느 정도로 그 근거들이 견지(堅持)되고 있는가, 어떠한 반대근거들, 특히 어떠한 정치적 반대근거들이 법실증주의에 대한 이의로서 제기되었고, 또 제기되고 있는가, 그리고 정치현실에서 이 입장 또는 저 입장을 택한 실천적 결과는 무엇인가?

제1장
실천이성의 복권

제2절

과학과 실천학

학문에는 이론적 분과(分科)와 실천적 분과가 존재한다. 이론적 분과는 진리를 지향하고, 실천적 분과는 이성을 지향한다. 전자가 "무엇이 **참**이고 무엇이 거짓인가, 무엇이 개연적이고 그렇지 않은 것은 무엇인가, 입증될 수 있는 것은 무엇이고 반박될 수 있는 것은 무엇인가?"라는 질문에 대한 대답이라면, 후자는 "무엇이 **이성적**으로 행해져야 하며, 어떠한 행위원칙을 따라야 하는가?"라는 질문에 대한 대답이다. 이러한 의미에서 고전철학은 아리스토텔레스 *Aristoteles* 이래로 '과학과 실천학'(episteme und phronesis, scientia und prudentia) 즉, 과학과 실천적 행위이론을 구별했다. 이러한 의미에서 모든 자연과학은 과학에 속하고, 윤리학, 교육학, 국민경제학, 의학, 정치학 그리고 '법학'(Jurisprudenz)은 실천학에 속했다.

근대정신사는 이러한 구별을 지양(止揚)하고자 하는 시도로 관철되고 있다. 실천학은 과학화되어야 하고, 그렇게 되기 위해서 과학의 요구에 복종해야 한다.[1] 데까르뜨 *Descartes*, 홉스 *Hobbes*, 스피노자

---

1) Wieacker, *Privatrechtsgeschichte*, 2. Aufl., 249면 이하. 이에 대하여는 또한 Haverkate, *Gewißheitverluste im juristischen Denken*, Berlin 1977, 63면 이하를 보라.

*Spinoza*는 윤리학과 국가학의 경계석을 마련하였다. 그리고 특히 푸펜도르프 *Pufendorf*, 토마지우스 *Thomasius* 그리고 볼프 *Ch. Wolff*는 법학의 경계석을 마련하였다. 역사법학파(특히 사비니 *Savigny*, 푸흐타 *Puchta*)는 합리주의적 이성법에 대해 법의 역사성을 대비시키기는 하였다. 그러나 그들은 단지 "과학화"의 새로운 방법 즉, 과학적 실증주의, 법률실증주의,[2] 자연주의,[3] 법사회주의,[4] 그리고 종국적으로는 마르크스주의 법이론에 길을 열어주었을 뿐이다. 18세기에 이르기까지 배타적으로 사용된 'Jurisprudentia'(법학)의 개념을 독일어로 '법과학'(Rechtswissenschaft)으로 번역한 일은 과학과 실천학의 구별을 망각하게 하는 데 기여하였다.

'법학'(Jurisprudenz)은 과학적 의미에서 과학의 질문방법과 방법학을 지향해야 하며, 따라서 어느 정도 '법과학'(jurisscientia)으로 되어야 한다는 주장은 매우 중대한 결과를 가져오는 오류임이 증명되었다. 법과학이 되기 위해서 법학은 그 본성상 충족시킬 수 없는 요청을 받아들였다. 충족시킬 수 없는 요청을 만족시키고자 시도하면 그 결과는 언제나 극단으로 흐르고 본질적 과제를 경시하게 될 뿐이다.[5] 이성법적(理性法的)으로 "법과학"을 지지하는 자들이 인간적인 법문화의 발전에 많은 기여를 한 것은 사실이다. 그러나 그들의 공로는 과학적 방법에 의해서 얻어진 것이 아니라, 과학적 방법을 무시하고 얻어진 것이다. 그러한 공로들은 그들이 계몽이성이라는 시대정신에 참여하였기 때문에 관철될 수 있었다. 이 시대정신은 적당치 못한 방

---

2) Wieacker, 같은 책, 430면 이하.
3) 같은 책, 458면 이하.
4) 같은 책, 558면 이하.
5) 이에 대하여 특징적인 예는 Kriele, *Die Theorie der Rechtsgewinnung*, 2. Aufl. 1976, 102면 이하에서 설명되고 있다.

법들에 대응해서 관철될 수 있는 충분한 힘을 가졌음이 입증되었다.

과학과 실천학은 실천학이 진리의 문제와 과학적 인식을 부정할 수도 있다는 점에서 구별되는 것이 아니다. 예컨대, 의료기술은 해부학 또는 생리학의 지식을 필요로 하고, '법학'(Jurisprudenz)은 법적 지식뿐만 아니라 정신병학에 대한 지식, 사회학적 지식을 필요로 한다. 이런 사정은 소송절차뿐만 아니라 입법절차 및 '법학'(Rechtswissenschaft)에서도 같다. 실천학의 특수성은 오히려 다음과 같은 점에 있다. 즉 어떠한 사태 또는 자연법칙을 과학적으로 확인하는 일은 언제나 부차적 문제 - 비록 이 문제가 언제나 매우 중요한 문제라 할지라도 - 이며, 이러한 확인이 주된 문제에 대답을 줄 수는 없고 따라서 논의를 완결시킬 수 없다는 점이다. 주된 문제는 무엇을 행하는 것이 바람직한가?라는 문제이다. 이를 법정책적 관점에서 이야기하면 다음과 같다. 어떤 법률이 정확히 어떤 내용으로 공포되어야 하는가, 상이한 법률안들 가운데 어떤 법률안이 급박하며, 어떤 이유에서 그 법률안은 다른 법률안에 우선하여 채택되는가? 이를 법적 또는 법학적으로 말하면 다음과 같다. 어떤 특정 법률개념이 확대 또는 축소되어야 하는가, 그 법률개념을 문자 그대로 받아들여야 하는가, 아니면 그 법률의 정신과 목적에 따라 그리고 체계적 연관에 따라 상대적으로 받아들여야 하는가, 우리는 법률의 흠결을 유추를 통해 보완하고 소송상의 청구를 인용할 것인가, 아니면 법률흠결의 존재를 부정하고 그 소송을 청구의 근거가 결여되었다는 이유로 기각하여야 하는가? 이러한 주된 문제는 대부분의 경우 어떤 결정이 가지는 예견할 수 있는 결과들을 고려하도록 한다. 그리고 그럼으로써 다시금 경험적 문제를 고려하도록 한다. 그러나 이러한 주된 문제가 경험에 의해 궁극적으로 해결되는 것은 아니다. 왜냐하면 대안으로서의 결정들이 가지는 상이한 결과들 중에서 어떤 결과를 택할 것인가를 결정하여야 하고, 그러한 결정을 내리게 된 근거를 제시하여야 하기 때문이다.

철학의 새로운 동향은 고전적 phronesis 또는 prudentia(실천학)을 '실천철학'(philosophia practica)으로 부흥시키고 있다. 이러한 동향은 무엇이 참이고, 무엇이 거짓인가라는 이론적 문제에 대해서 뿐만 아니라, 무엇이 이성적 방법으로 행해져야 하는가 혹은 무엇이 효력을 가져야 하는가라는 실천적 문제에 대해서도 **합리적 논증을 통한 의사소통**이 이루어질 수 있다는 점에서 출발한다. 이렇게 실천이성이 새롭게 복권되는 근저에는 여러 가지 원인이 있다. 예컨대 실천이성의 복권은 - 특히 영미 영역에서는 - 후기 비트겐슈타인 *Wittgenstein*, 스티븐슨 *Stevenson*, 오스틴 *J. W. Austin*의 언어철학(예컨대 헤어 *Hare*, 베이어 *Baier*), 수사학(예컨대 페렐만 *Perelman*, 올브레히트-티테카 *Olbrechtes-Tyteca*), 구조적 과학이론(예컨대 카말라 *Kamalah*, 로렌첸 *Lorenzen*, 슈벰머 *Schwemmer*, 캄바텔 *Kambartel*), 계몽주의적 자연법(하버마스 *Habermas*, 아펠 *Apel*, 벨머 *Wellmer*) 등을 언급하고 있다. 또한 실천이성복권의 상이한 변형에 있어서는 "보편화 가능성", "일반화 가능성", "전도(顚倒)가능성" 또는 "호혜주의(互惠主義)"로 논의되고 있는 칸트의 정언명령이론도 언급되고 있다(예컨대 징어 *Singer*, 회르스터 *Hoerster*). 그리고 소크라테스적, 아리스토텔레스적, 헤겔적 철학 또는 해석학, 특히 영미 정치학의 사고전통을 소유한 철학자들 또한 그 논의에 참여하고 있다.6)

상이한 전통의 흐름은 **실제의 판결들이 합리적으로 근거지어질 수**

---

6) 예컨대 Manfred Riedel(Hrsg.), *Rehabilitierung der praktischen Philosophie*, 2 Bde., Freiburg 1972, 1974에 수록된 논문들을 보라. Robert Alexy, *Theorie der juristischen Argumentation*, Frankfurt 1978은 훌륭하게 개관하고 있다. 그 밖에도 *Willi Oelmuler*가 편집한 "*Materialien zur Normendiskussion*," Bd. 1: *Transzendental-philosophische Normenbegründung*, Paderborn 1978, Bd. 2: *Normenbegründung-Normendurchsetzung*, Paderborn 1979, Bd. 3: *Normen und Geschichte*, 1979를 보라.

있다는 하나의 근본사고에서 합류한다. 이것은 실천적 결정들에 대해 언제나(또는 대부분의 경우에) 반드시 합리적인 근거를 제시할 수 있다는 의미가 아니다. 오히려 그 의미는 그러한 가능성이 존재한다는 것일 뿐이다. 자연과학에서 논거와 반대논거를 통하여 오류가 극복될 수 있는 것과 마찬가지로, 윤리학, 법학, 정치학, 경제학, 교육학 등에서도 사정은 같다. 실천적 논증분석이론은 인식의 발달을 가능하게 하는 조건과 원칙들을 기술한다.

우리는 실천적 결정들에 대한 합리적 근거제시가능성이라는 원칙들을 진부하고 자명한 것으로 여기는 경향을 가질 수도 있다. 왜냐하면 대체로 윤리적, 법정책적 문제들 또는 다른 실천적 문제들에 대한, 합리적이어야만 할 것이 요청되는 논의에 참가하는 모든 사람들은 합리적 논증들이 가능하다는 전제에서만 이러한 일을 성실히 수행할 수 있기 때문이다. 이러한 실천철학의 복권이 가지는 의미가 명백해지는 것은 그러한 점에서 다음과 같은 경우이다. 즉, 실천이성 일반의 가능성을 문제 삼고, 실제로 이성을 현실로부터 추방할 수 있는 정치적 영향력을 보유하고 있는 반대사고가 가지는 공적인 영향력과 그러한 반대사고의 확산을 상정(想定)하는 경우이다.

그러나 반대사고의 핵심논거는 우리가 가정한 목적의 달성을 위한 수단의 적합성에 대해서는 합리적으로 논의할 수 있을 것이나, 그 목적 자체에 대해서는 합리적으로 논의할 수 없을 것이라는 것이다. 목적은 "가치"나 이해관계로부터 연역된다. 덧붙여 말하면, 가치는 주관적일 수 있으며 그 점에서 상대적이다. 반면 이해관계는 다원적일 수 있고 상호 배척적일 수 있다.[7] 이성부정의 두 형태 - **가치상대주의, 이익다원주의** - 가 가져오는 결과는 주도권 싸움과 타협 - 서로 무력

---

[7] 가치상대주의와 이익다원주의에 대하여는 Kriele, *Einführung in die Staatslehre*, 45절을 보라.

(武力)의 균형을 이룬 경우 - 만이 존재할 수 있을 뿐, 논의는 존재할 수 없으리라는 것이다. 실제로 행해진 논의의 합리성은 외견적인 것이며, 그러한 외관은 심리학적, 경제학적 또는 그렇지 않다면 "이데올로기적"으로 설명되어야 할 것이다.[8] 만일 이성에 대한 부정이 대체로 이성을 배척하는 것이 아니고 심지어는 파시스트적으로 표현되지 않는다 하더라도, 그것이 기술관료적 관점 또는 다원적 엘리트지배 민주주의이론(슘페터 *Schumpeter*, 달 *Dahl*, 다렌도르프 *Dahrendorf*) - 이들 양자는 민주적 헌법국가의 도덕적 요청의 가치를 절하시킨다 - 과 접합된다면, 그것은 정치이론화 한다. 국회의원의 대표윤리와 공무원의 공직윤리는 이해될 수 없는 허구(虛構)로 생각된다. 이러한 생각은 법이론에서는 정의라고 하는 법적 윤리의 해체를 가져오며, 법적인 작업을 방법론적 기술에 환원시킨다. 경제학에서는 원칙문제에 관한 논의를 포기하게끔 하며, 윤리학과 교육학에서는 허무주의와 냉소주의에 이른다.

오늘날 이성부정에 관한 이러한 관점이 수긍될 수 있는 것으로 생각되게 하는 실마리들이 존재하는 것이 사실이다. 사람들은 내키는 대로 비이성의 실례들을 제시하여 그것들을 특징적인 것이라 선언하고, 원칙적으로 이성이 결여되어 있음을 주장하는 이론을 일반화시키기만 하면 된다. 그러한 경우에 필요한 것은 이미 그러한 이론에 대해서 더 이상 다툴 수 없음을 확인시켜주고 회의와 염려를 막아주기 위한 어느 정도의 불변성이다.

실천이성의 철학이 그러한 비이성의 징후를 논박하는 것은 아니다. 그러나 사람들이 이성의 가능성을 가정하지 않는 경우, 그들은 그러한 징후에 대해서 언급조차 하지 않을 것이다. 그러나 사람들이 일단

---

[8] 이에 대하여 자세한 것은 Kriele, *Einführung in die Staatslehre*, 43절을, 이데올로기에 대하여는 44절을 보라.

이성의 가능성에 주의를 기울이기만 한다면 실제로 이성의 징후 또한 존재한다는 사실을 알게 된다. 법, 민주적 헌법, 일상적 공동생활과 대화의 윤리에서 우리는 이성의 징후를 발견할 수 있다. "세계를 이성적으로 주시하는 사람을 세계 역시 이성적으로 바라본다."(헤겔)[9] 실천이성의 윤리는 원칙적으로 경제적 이해관계, 권력의지, 선입견과 전통 그리고 이데올로기에 얽매인 자들이 가능한 한 충분히 이성을 소유하여야 한다는 요청을 변호한다. 실천이성의 윤리는 국회의원, 공무원, 법관 등의 공직윤리를 공고히 하고, 언론인, 대학교수, 특히 정치학자, 법학자들의 직업윤리를 확고히 한다.

---

[9] Hegel, Philosophie der Geschichte, Einleitung, in: Samtl. Werke (Glockner),11. Bd., 4. Aufl. 1961, *Vorlesungen über die Philosophie der Geschichte*, 23면 이하, 37면.

제3절

이성과 역사

'과학'(episteme)과 '실천학'(phronesis)의 차이는 여기저기에서 나타나는 법률개념의 상이한 의미들에 의해 명백히 드러난다. **자연법칙**은 단지 발견될 수 있을 뿐, 정립될 수는 없다. 자연법칙은 인간의 처분영역 밖에 존재한다. 그에 대해서 **법원칙**은 입법자가 이를 공포, 폐지, 변경 또는 보완할 수 있다. 자연과학법칙은 대부분 다툴 수 없는 것이다. 법원칙은 국가에 따라서, 문화시대에 따라서 서로 다르며, 법적 효력을 가지는 영역 내에서도 또한 빈번히 다투어지고 법정책적인 비판을 받는다. 자연과학법칙은 역사를 갖지 아니하며, 단지 그 발견의 역사만이 존재할 뿐이다. 즉 우리는 자연과학법칙이 시대와 무관하게 자연을 지배해 왔다는 점에서 출발한다. 그에 대해서 법원칙은 그것이 인간의 의식 속에서 생동하게 되기 전에는 어떠한 효력도 가지지 아니한다.

물론 자연법의 역사에서는 언제나 다음과 같은 생각이 반복적으로 등장하곤 했다. 즉, 시간과 공간에 좌우되지 않는 "영원한 법원칙"이 분명 존재하며 그것은 자연법칙과 마찬가지로 자연에 내재하며, 인간이 제정하는가의 여부와는 관계없이 효력을 가진다는 생각이 그것이다. 자연법원칙이 많은 경우에 빈번히 인정되지 않거나 존중되지 않은 것은 사실이다. 그러나 그러한 사실 때문에 자연과학법칙과 자연법원칙이 원칙적으로 구별되는 것은 아니다. 오히려 그와는 반대로 두 가지 형태의 자연법칙은 그들을 따르지 않는 것이 나쁜 결과를 가져올 수 있다는 공통점을 가질 수 있다. 전자를 따르지 않는 경우에는 자연재해, 사고, 전염병, 홍수 등의 재앙이 따를 수 있으며, 후자를 따르지 않는 경우에는 내전, 혁명, 폭정, 전쟁 등이 야기될 수 있다. 자연과학적 법칙을 인식할 수 있는 가능성은 한편으로는 자연법칙과, 다른 한편으로는 인간의 지성이 가지는 인식능력, 즉 경험적 자연관찰력, 논리력, 수학적 능력이 대응관계를 이룬다는 데에서 비롯한다. 그러나 자연적 법원칙과 실천이성, 양심, "주관적" 감정뿐만 아니라 또한 "객관적" 인식기관이기도 한 법감정에 대한 인식능력 사이에도 그에 비견할 만한 대응관계가 존재하는가?

  19세기의 역사법학파(사비니 *Savigny*)는 **법의 역사성**에 대하여 언급함으로써, 즉 상이한 법문화시대의 상이한 법과 유럽문화 내에서의 법의 역사적 발전에 대하여 언급함으로써 지난 시대의 자연법사상과 이성법사상이 가르쳐 왔던 것과 같은, 시간을 초월한 "자연적 법 원칙"을 반박하였다. 그러나 이러한 반론은 그 자체로는 설득력을 가질 수 없을 것이다. 법의 역사성은 오늘날 어떠한 전문가라 할지라도 다툴 수 있는 것은 아니다. 그렇다고 이러한 법의 역사성이 자연법의 초역사성과 원칙적으로 결합될 수 없는 것은 아니다. 자연법의 초역사성을 주장하는 사람은 자연법이 아니라 인간의 인식능력이 역사적으로 발전해왔다는 것을 가정한다. 자연법칙에 대한 인식능력과 마찬가지로 법원칙에 대한 인식능력도 그러하다. 우리가 일단 이를 인정하면, 우리는 자연법칙에 대해서와 마찬가지로 자연법원칙에 대해서도 초역사성이 있음을 승인해야 할 것이다.

그러나 그럼에도 불구하고 만일 우리가 **그들이 가지는 효력의 현실성**을 의심하게 된다면, 시간을 초월한 자연법칙과 법원칙 사이에는 결정적인 차이가 있음을 알 수 있게 된다. 예컨대 자연법칙은 중력의 법칙이 그러하듯, 그것이 인간의 의식을 통해서 발견되기 이전에 이미 자연을 지배하였다. 그러나 "자연적 법원칙"은 그것이 인간의 의식 속에서 승인되기 이전에 어떠한 현실성을 가졌는가? 그 경우에 자연적 법원칙은 실정법으로서도, 이러한 법을 판단하기 위한 비판의 척도로서도 효력을 가지지 아니하였다. 그러한 자연적 법원칙에 초시대성을 부여한다는 것은 과거의 시대를 우리의 진보된 척도들로써 측정하기 위하여 어느 정도 소급적인 효력을 부여한다는 뜻이다.

그러나 자연법상의 법원칙들이 법제도에서 뿐만 아니라 인간의 **"윤리의식"**에서도 "현실성"을 가질 수 있다고 하는 점은 언급할 만한 의미가 있다. 예컨대 1948년의 국제연합의 국제인권선언과, 1966년의 양 인권협약에서 성문화된 것과 같은 기본적 인권이 그러하다. 기본적 인권은 "법적으로는" 헌법과 형사소송절차들 또는 민법제도들에서 효력을 가진다. 물론 세계의 독재국가의 대부분에서도 그런 것은 아니다. 그러나 그러한 독재국가에서도 기본적 인권은 윤리의식 속에서 효력을 가진다. 독재국가들은 위선적으로라도 인권을 인정하여야 하고, 기본적 인권의 국내적 실현을 요구하는 국제협약에 동의하여야 한다. 그리고 시민들은 인권을 무시하는 데 타협하지 않고 그를 존중해 줄 것을 항의와 저항을 통해 요구한다. 독재의 공포는 이러한 요구를 언제나 외적으로는 잠재울 수 있다. 그러나 불법에 대한 의식을 말살할 수는 없다. 그리고 그것은 사실이다. 만일 우리가 이러한 의미에서 실정법적 효력의 차원을 상회하는 자연법적 법효력의 수준에 대하여 언급한다면, 우리는 이러한 표현이 법적 계몽에 의해서 인간의 윤리의식에서 생동하게 되기 이전의 인권은 어떠한 현실성을 가지고 있었는가? 그 경우에 어떠한 의미에서라도 그 효력을 주장한다는 것은 단순히 내용 없는 추상화에 불과할 뿐만 아니라 또한 잘못된 것이다.

왜냐하면 인권이란 구체적인 역사적 도전에 대한 응전이었기 때문이다. 인권은 주권자의 고권(高權)을 법적으로 구속할 것을 요구하는 것으로서 그 의미를 가진다. 예컨대 고대의 신정일치시대와 같은 때에는 그러한 요구를 상상조차 할 수 없었을 것이다. 성직자왕은 피라미드식으로 관리되는 독점권력의 정점이었을 뿐만 아니라, 성직자로서 신과 인간의 중계자라는 것 또한 이론의 여지가 없는 사실이었다. 그를 제외하고는 어떠한 법원(法源)도 존재하지 않았다. 폭군의 개념이 발달되었을 때에야 비로소 자연법적 합리성의 최초의 실마리가 나타났다. 지배자가 폭군으로 타락한다는 사실은 세계의 도덕질서가 더 이상 지배자 혼자 만에 의해서 중계되지는 않는다는 것을 알게 되었을 때에야 비로소 생각될 수 있었다. 그러나 새롭게 자신을 의식하게 된 합리성이 곧 권력이 헌법상 분립되어야 한다는 요구에 근거를 제공한 것이 아니라 오히려 저항권에 근거를 제공하였다. 주권자를 법적으로 구속하라는 요구는 주권국가가 권력독점을 주장하고 그를 관철시키고자 했을 때에야 비로소 처음으로 의미를 가졌다. 그리고 이러한 요구는 인권에서 구체화되고 정당화되었다.

인권의 효력을 역사에 소급적으로 투영한다는 것은 인권이 효력을 가지기 위한 의식적 전제조건뿐만 아니라 그 역사적·사실적 전제조건을 고려하지 않는다는 것을 뜻한다. 타키투스 *Tacitus*는 다음과 같이 기록하고 있다. 게르만사람들은 주사위놀이를 지나치게 좋아해서 "더 이상 그들에게 아무것도 남지 않게 되었을 때에는 마지막 주사위에 그들의 자유와 인격을 걸었다. 패자는 기꺼이 노예가 되었다. 그가 나이가 많고 힘이 더 세다 하더라도 그는 족쇄가 채워져서 매매되었다." 경기규칙의 구속력이 법으로서 효력을 지녔고, "남아일언 중천금(男兒一言 重千金)"이라는 원칙이 통용되었다. 그러나 노예가 되겠다고 자기 스스로 행한 계약은 무효라고 하는 노예금지에 관한 인권적 견해는 게르만사람들에게는 아직은 낯선 것이었다. 그 견해는 그 당시에도 이미 주사위놀이를 지배하고 있던 낙하법칙과는 달리 법적으로나 의식적으로나 어떠한 효력도 갖지 못했다.

제4절

법과 윤리의 구별

"실천이성의 복권"은 법철학적인 문제로서보다는 윤리적인 문제로서 더 많이 다루어진다. 그러나 그럼에도 불구하고 실천이성의 문제는 법철학적 문제로서 더욱 쉽게 수긍되고, 반론으로부터 보호된다. 법문제에 제한된 윤리적 계몽의 단면으로서의 법철학은 윤리적 논의에서는 벗어날 길이 없는 것처럼 보이는 많은 문제들로부터 자유롭다. 윤리와 비교할 때 법이 가지는 특수성은 무엇보다도 다음과 같은 점에 있다.

1. 규범

우선 오늘날의 법이 규범으로 구성되어 있고 또한 필연적으로 규범으로 구성되어야 한다는 사실은 전혀 논쟁의 여지가 없다. 오늘날의 법에는 더 이상 비규범적 상황윤리문제는 존재하지 않는다. 법이 그 자체 비규범적인 방식으로 폐지되거나 파기되는 곳에서 문제가 되는 것은 결코 법문제가 아니다. 그러므로 예컨대 혁명이나 쿠데타는 국가학의 문제이지 국가법의 문제가 아니다. 예외적 상황들은 '국가비상사태법'(Staatsnotrecht)으로서 헌법적으로 규율되거나 또는 법적으로 이해될 수 없는 정치적 법파괴를 요구한다. 사면(赦免)은 법외적인 조치이거나 아니면 그것을 요구할 규범적으로 규율된 법적 청구권이 존재한다. **초법률적 긴급상태**를 이유로 한 최초의 무죄판결은 선결례적 의미를 가졌으며 지금까지 법률에 의하여 규율된 법제도들의 근거가 되었다(형법 제 34조).

2. 사회윤리

법규범들은 항상 인간의 공동생활질서와 관련을 맺고 있다. 그러한 점에서 공동생활의 질서와 관련을 맺고 있는 법철학은 언제나 사회윤리학이다. 그러나 사회윤리학은 윤리학의 한 단면에 불과할 뿐이다. 윤리학은 인간의 동료인간들에 대한 관계 그리고 사회공동체에 대한 관계에만 관련되는 것은 아니다. 윤리학은 신과 인간 자신 그리고 자연과도 관련되어 있다.

3. 구속력

법규범들은 구속력을 요구한다. 이러한 점은 윤리에 있어서도 대부분 그러하다. 그러나 윤리는 예컨대 모든 사람들에게 기대되지는 않는 정신적·종교적 발전의 조건과 관련된 단순한 조언들을 포함할 뿐이다.

4. 일반성

법규범들은 필연적으로 법공동체의 모든 구성원들에 대해서 효력을 가지는 것이 아니라, 부분적으로 단지 특정집단 - 예컨대 남자(병역), 특정 연령층(소년보호), 특정 직업(상법) - 에 대해서만 효력을 가진다. 그러나 법규범들은 그러한 모든 경우에 전체 법공동체에 대해서 근거를 제공할 필요가 있으며, 또한 근거를 제공할 수 있다. 사회윤리를 넘어서는 윤리적 의무들과 윤리적 조언들 역시 근거지어질 수 있기는 하다. 그러나 그것은 특정한 전제조건들을 이미 공유하고 있는 단체에서만 그러하다. 그러한 단체들은 윤리적 의무와 윤리적 조언들이 효력을 가지는 전제조건에 대한 종교적 관련과 경험을 가지고 있다.

5. 결과책임

법규범에 근거를 제공한다는 것은 언제나 그 법규범이 가져오는 결과에 대하여 숙고한다는 것이 속한다. 그런 점에서 법철학의 윤리는 언제나 적어도 "책임윤리"이다.[10] 순수한 심정윤리는 법외적인 영역에서만 고려될 수 있다. 예컨대 양심을 이유로 경찰이나 검사의 본분에 충실하려는 준비자세가 되어 있지 않은 사람이나, 국회의원으로서 국가안전을 보장하기 위해 요구되는 수단을 마련하는 것에 주저하는 사람은 그 직분에 적당치 않으며, 조만간에 물러나야 할 것이다. 순수한 심정윤리에 기초한 논증은 법정책적으로도 법적으로도 고려되지 않는다.

6. 결 정

입법적, 행정적, 사법적 결정들은 무엇이 법인가를 구속력 있게 확정한다. 그러한 점에서 법은 그 내용이 다투어지는가의 여부와는 관계없이 효력을 가진다. 그에 반해서 윤리에서는 논쟁의 여지가 있는

---

10) 심정윤리와 책임윤리의 구별에 대하여는 Max Weber, *Politik als Beruf*, 2. Aufl. München u. Leipzig 1926, 57-67면을 보라.

견해들이 존재할 경우 그러한 견해들은 다양하게 유지된다. 왜냐하면 어떠한 절차를 통해서도 구속력 있는 결정이 내려질 수 없기 때문이다. 물론 법과 도덕의 경계영역이 존재한다. 그럼에도 불구하고 다툼이 있는 경우에는 관습법의 내용과 효력은 법원에서 결정될 수 있다. 그러한 사실은 부분적으로는 국제법에 있어서도 타당하다. 국제관습법에 있어서는 그러한 결정이 이루어질 수 없다는 점에서 국제법은 윤리와 비슷하며 또한 그렇기 때문에 국제법의 법적 성격이 논쟁의 대상이 되고 있다.

7. 법적 강제

윤리에 대한 침해는 사회적 제재를 불러일으킬 수 있다. 우리는 신용을 잃게 되고 "비난"받게 되고 또 외톨이가 된다. 그러나 법은 거기에서 만족하지 않고 부득이한 경우 형벌, 벌금, 강제집행 등을 통해서 자신의 결정을 관철시킨다.

제5절
윤리적 계몽과 법적 계몽의 구별

 단지 일반적 윤리에만 관련될 뿐 법과는 관련이 없는 계몽은 윤리적 **행동**에 대한 제안은 하더라도 그러한 행동을 규율하는 **결정**에 대한 제안은 하지 못한다. 그러한 제안은 사실상 일반적으로 수용되는 한에 있어서만, 즉 윤리적 의식에 수용되는 한에 있어서만 관철된다. 이런 일은 오직 특수한 상황 그리고 수십 년 심지어는 수백 년의 확신과정을 거쳐야만 일어난다. 일반적으로 이러한 제안들은 윤리적 논의에 이를 뿐 실현되지는 못한다. 이 경우에 그러한 제안들은 관철되지 못하는 법철학적 또는 법해석학적 제안들과 같다. 회고해 보건대 그러한 제안들은 주의를 끌지 못한 토론의 소재에 불과하다. 그것들은 단순히 '문헌'(Literatur)에 불과하다. 그러나 법정책적, 법해석학적 제안들은 결정에 영향력을 행사할 기회를 가지고 있다. 그런 경우 이러한 제안들은 역사를 형성하고, 해석에 도움을 주는 것으로서 의미를 가지게 된다. 그 결과 윤리적 계몽과 법적 계몽은 현저하게 구별된다.
 첫째, 윤리적 제안들을 토론의 대상으로 삼고 있는 문헌은 그것과 관련될 수 있는 극소수의 사람들에게만 도달한다. 입법적, 행정적, 사법적 결정에 영향력을 행사한 법정책적, 법해석학적인 문헌은 독자들에 대해서만 영향력을 행사하는 것이 아니라, **결정을 매개로 하여** 그 때그때 이 결정과 관련되어 있는 모든 사람들에 대해서 영향을 미친다.

둘째, 윤리적 문헌의 독자들은 곧바로 설득되지 않는다. 그들은 도덕적 제안들을 구속력 없는 논의대상으로 간주한다. 우리는 법률의 이성성에 대해서도 논의할 수 있다. 그러나 법은 우리가 법률의 이성성에 대해 확신하는가 여부와는 관계없이 구속력을 가진다. 그 점에서 법은 윤리적 규범들을 근거지우는 데 장애가 되는 다음과 같은 어려움에서 벗어나 있다. 즉 윤리의 구속력은 원칙적으로 윤리적 관점, 예컨대 "자신의 주관성을 초월하라"[11])는 "도덕원칙", 즉 '도덕관'(the moral point of view)[12])을 받아들이는 사람들에 의해서만 승인된다. 하지만 그럼에도 불구하고 우리는 다른 관점에 설 수 있으며, "모든 사람이 그러한 행위를 한다면 그 결과는 어떠할 것이냐"라고 하는 정언명령의 논거를 다음과 같이 반박할 수도 있다. 즉 "그 결과는 다른 어떤 것일 수도 있다"라든가, 또는 예컨대 로저 *Looser*, 뤼셔 *Lüscher*, 마치예브스키 *Maciejwski*, 멘네 *Menne* 등의 "도덕원칙"을 명시적으로 거부하는 사람들처럼 더 나은 정치적, 경제적 견해를 근거로 예외를 형성하려 할 수도 있다.[13]) 그러한 경우에 윤리적 논의는 공개적 논쟁을 거치게 된다. 그에 반해서 법률은 구속력을 가진다.

셋째, 윤리적 문헌의 독자들 자신이 도덕원칙이 근거가 있다는 것

---

11) Oswald Schwemmer, *Philosophie der Praxis, Versuch zur Grundlegung einer Lehre vom moralischen Argumentieren*, Frankfurt 1971, 127면.
12) K. Baier, *The Moral Point of View*, Ithaka/London 1958, 독어판: *Der Standpunkt der Moral*, Düsseldorf 1974.
13) 에어랑겐 학파의 실천철학비판에 대하여는 Friedrich Kambartel(Hrsg.), *Praktische Philosophie und konstruktive Wissenschaftstheorie*, Frankfurt 1974, 96면 이하, 143면.

을 확신한다 하더라도 그들은 실제행위에서 대수롭지 않게 그 원칙을 무시할 수 있다. 그에 반해서 법률의 준수는 강제된다. 법규범의 권위 있는 구속력과 강제적 관철은 동시에 모든 사람들이 다른 사람들 또한 법규범에 구속되리라는 것을 기대할 수 있게 한다. 그러나 "동시에 일반법칙으로서도 타당할 수 있는 격률에 따라 행동하라"[14]는 정언명령의 단순한 윤리적 요구는 이러한 확신을 불러일으키지 못한다. 다른 사람들은 하지 않는, 도덕적으로 합당한 포기를 하는 사람은 우선은 그 포기가 기도하는 목적에 도달할 수 없을 뿐만 아니라, 둘째로는 반대로 다른 사람에 비해서 손해를 입는다. 법은 이러한 어려움을 타율과 강제를 통해서 극복한다.

넷째, 윤리적 문헌의 독자 한 사람이 설득되고 자신의 행위의 방향을 그에 맞춘다 하더라도, 그것은 대체적인 사회적, 역사적 맥락에서는 사정에 따라서 금방 잊혀지는 **관점과 관련된** 사건으로 남아있게 된다. 윤리논의 내에서도 관점에 대한 상호조언과 수용이 있고 그러한 점에서 진보가 있다. 그러나 이러한 진보는 상황과 학파 그리고 경향에 구속된다. 실천철학은 공학(工學)처럼 견해 위에 견해를 축조해나갈 수 없다. 실천철학은 모든 세대마다 새롭게 제기되고 또 변화된 상황에서 다르게 나타나는 현실적 문제들에 대한 논의이다. 일단 일반적 합의가 이루어질 수 있다 하더라도 그 합의는 언제라도 의심될 수 있으며 문제는 완전히 새롭게 전개될 수도 있다. 그에 반해서 법률은, 예외적으로 효력기간이 정해져 있지 않다면, 폐지될 때까지 구속력을 가진다. 이러한 구속력은 그 법률을 개정하거나 폐지하고자 하는 사람에게 **근거제시의무**를 지운다. 그러므로 그는 그 법률을 지탱하고 있는 근거를 논박해야 한다. 따라서 법률은 자기를 지탱하는

---

[14] Kant, *Einleitung in die Metaphysik der Sitten*, Studien-Ausgabe IV, Wiesbaden 1956, 332면

근거와 나란히 공의식(公意識) 속에 살아남아 있게 된다. 결정은 다른 결정 위에서 이루어진다. 법이 구속력을 가지도록 해준 윤리적 견해들은 인권을 지향하는 법문화가 계속적으로 발전하는 한에 있어서 언제나 유지된다. 그러한 점에서 법은 **진보**한다. 그 밖에도 그렇기 때문에 윤리의 표현으로서의 법은 없어서는 안 될 윤리학의 스승이다. 법은 윤리적 문헌이 그때그때 파악할 수 있고 논의할 수 있는 것보다 더 많은 윤리원칙과 윤리적 견해들을 포함하고 있다.

다섯째, 선험철학으로서의 윤리학은 한 격률이 어떠한 **추상화정도**로 효력을 가져야 하는가라는 문제에 항상 거듭해서 봉착하게 된다. "동시에 일반법칙으로서도 타당한 격률에 따라 행동하라"고 하는 칸트 Kant의 정언명령은 그러한 격률에 대한 정확한 정의 없이는 구체화 될 수 없다. 어떤 행위의 윤리적 성격은 곧바로 우리가 모든 사람이 그와 똑같은 행위를 하리라고 의욕할 수 있다는 것에 좌우되는 것이 아니다. "만일 모든 사람들이 의복을 생산한다면 인간은 굶어죽게 될 것이다. 그렇기 때문에 어떤 사람도 옷을 생산해서는 안 되는가?"15) 행동원칙은 그 원칙이 "정당한 추상화정도에 합당할" 경우에만 당연히 일반법칙으로서 효력을 가질 수 있다. 그러한 원칙은 의복 생산자에게는 무엇을 뜻하는가? "우리는 유용한 물건만을 생산해야 하는가?" 또는 "수요가 있는 물건만을 생산해야 하는가?" 또는 더욱 추상적으로 "우리는 사회적 협력을 거부하는 대신 의미 있는 기여를 해야 하는가?" 정당한 추상화정도라고 하는 문제는 많은 경우에 단지 오랫동안의 경험과정을 통해서만 해결될 수 있다. 법은 입법적 결정에 의해서 정당한 추상화정도에 대한 끝없는 논의에서 벗어나 있다. 그러나 그 점에서 동시에 법은 다른 한편으로는 법률에 의해서 형성

---

15) Robert Alexy, *Theorie der juristischen Argumentation.* 129, 130면

된 경험을 평가하는 논의의 가능성을 열어놓고 있다. 법률은 확대해석이나 축소해석을 위한 그리고 유추나 반대해석을 위한 연결점이 될 수도 있다. 그리고 법정책적 논의는 더 확장된 또는 더 축소된 새로운 입법적 규율에 이를 수 있다. 윤리적 논의들이 모든 원칙에 있어서의 추상화문제라고 하는 덤불에서 해매고 있는 반면에 법은 매우 섬세한 정확성을 기할 수 있으며, 그럼으로써 진보할 수 있다.

제6절

담화론(논증적 대화이론)

정치계몽의 제 원칙을 조건으로 하여 실천이성을 철학적으로 근거 지우려고 하는 오늘날의 통상적 시도가 이른바 '담화론'(Diskurstheorie)이다. 담화론은 일반적인 윤리이론으로서는 충분하지 않다. 그러나 담화론은 윤리적 계몽의 법철학이론으로서는 정당한 출발점을 제공한다. 담화론은 이성과 진보는 공개토론을 통해서 이루어질 수 있다고 하는 사상에 기초한 고전적 민주주의이론의 부흥이다.16) 담화론은 소크라테스의 사상을 상기시킨다. 그에 따르면 모든 사람들이 객관적으로 솔직하고 총명하게 자발적으로 담화에 참가하고, 이러한 담화가 실제로 결정을 내려야 하는 압박감 없이 끊임없이 계속될 수 있다면, 실제문제에서 논거와 반대논거를 통해서 '이상적 합의'가 이루어 질 수 있다고 한다. 이러한 사상을 고집하는 것은 위에서 언급된 조건들이 정치현실에서 충족될 수 없는 경우에도 역시 의미가 있다. 왜냐하면 이러한 사상을 가정할 경우에만 정치적 논거제시와 법적 논거제시가 충분한 의미를 가지기 때문이다. 이에 대한 대안은 정치와 법이 전적

---

16) 민주주의이론에 대한 논의에 대하여 더욱 자세한 것은 Kriele, *Einführung in die Staatslehre*, 42절 이하를 보라.

으로 이해관계에 얽매인 권력투쟁에 의해서 이루어지게 되는 것일 것이다. 정치사에 있어서의 모든 공포와 비합리성을 넘어선 법에 있어서의 이성적 발전 또는 법문화의 쇠망기 이후에 오는 법문화의 르네상스는 오직 논거 일반이 충분한 의미를 가지는 곳에서만 이루어질 수 있다. 그러나 우리는 또한 반대추론을 할 수도 있다. 실제로 법에 있어서 이성적 발전은 존재해 왔고 그리고 앞으로도 그럴 수 있기 때문에 담화론은 정당한 핵심을 가짐에 틀림없다는 것이다.

담화론이 가지는 의미는 논증기술을 발전시켜 그것을 수단으로 하여 우리가 이제껏 할 수 없었던 것을 이제부터는 할 수 있게 하는 것, 즉 법과 윤리의 원칙을 이성적으로 근거지울 수 있도록 하는 것이 아니다. 담화론이 의미하는 것은 오히려 이미 지금까지 진행된 논의의 기초가 되었던 원칙에 대한 근거제시가 가지는 이성을 의식하도록 - 그리고 나서 그때그때 그러한 이성을 더 쉽게 이해할 수 있도록 - 하는 것이다. 그것은 고전논리학에 있어서와 마찬가지이다. 어떤 사람이 논리적으로 생각하는가 또는 논리적인 잘못을 범하는가 여부는 그가 논리학을 공부했고 전문용어와 표현방법에 능통한가 여부에 좌우되는 것이 아니다. 논리적으로 바르게 사고하는 조건을 철학적으로 분석하는 것은 개별적인 경우에 이해와 오류수정을 쉽게 한다. 그러나 그러한 분석이 가지는 의미는 그와 같은 실용적인 면에만 있는 것이 아니다. 오히려 우리의 논리의식을 명확하게 하는 데에 그 우선적 의미가 있다.

물론 때에 따라서 '담화의 논리'(Logik des Diskurses)는 이해와 오류수정을 용이하게 한다. 그러나 담화론의 의미가 그와 같은 점에서 그치는 것은 아니다. 오히려 담화론의 유용성은 그것이 모든 논의에서 이미 전제되어 있는 것, 즉 논의원칙을 엄수하는 데 의존하는 이성의 가능성을 의식하도록 하는 데 있다. 이러한 의식화작업은 또한 정치적 기능을 수행한다. 담화론은 원칙적으로 토론이 행해질 수 있는 국가형태 - 즉 민주적 헌법국가 - 의 철학적 토대를 문제 삼는 정치이론들에 대하여 민주적 헌법국가를 방어한다. 이러한 방어가 중요한 이유는, 그 정치이론들이 반대에 부딪히지 않고 확산될 경우 이성을 현실로부터 추방할 수 있는 정치적 영향력을 가질 수 있기 때문이다. 철학적 근거 자체가 이성적이지 못하고 오히려 감정적인 정치이론들이 정치에 투영될 경우 그것은 감정적인, 그러므로 결국 비합리적인 실제에 이른다.

그렇기 때문에 일차적으로 중요한 것은 담화론의 올바른 핵심을 철저히 밝혀 법철학을 풍성하게 만드는 것이다. 실제로 몇몇 뛰어난 담화론 지지자들이 이상주의에 빠졌고 현실문제와 실현가능성의 문제를 혼동하기도 하였다. 그 결과는 담화론이 담화거부에로의 급변이다. 그러나 그러한 사실은 그 자체 독립된 하나의 주제이다.

하버마스 *Habermas*는 이상적 담화론을 이용하여 "우리가 담화를 이끌어 나가려는 의도에서 커뮤니케이션을 시작하여 충분히 오랫동안 계속한다면 언제라도 그 자체로서 진실한 합의가 될 수 있는 합의에 이를 수 있다고 하는 원칙에 효력을 부여하는" 생활형태의 조건을 정의한다.[17] 하버마스는 "전적으로 더 훌륭한 논거가 가지는 강제 없는 강제"가 관철될 수 있도록 하기 위하여 그 조건의 특징을 지배강제의 배제로써 표현한다.[18] 하버마스에 따르면 이상적인 담화의 조건에는 적어도 다음의 세 가지 조건들이 속한다(더 상세한 조건들은 아래의 12-14절을 보라).

---

17) J. Harbermas, Niklas Luhmann, *Theorie der Gesellschaft oder Sozialtechnologie*, Frankfurt 1972, 139면.
18) 같은 책, 137면.

1. 모든 사람은 "대화를 시작하여 발언과 반대발언, 질문과 대답을 통해 그 논의를 계속할" 동등한 기회를 가진다.[19]
2. "주제전개와 비판에 대한 어떠한 선입견"도 배제될 수 있도록 모든 사람은 "해석, 주장, 설명 그리고 정당화를 행하고 그러한 해석, 주장, 정당화에 대해 효력을 부여할 것을 요구하는 데 대한 근거를 제시하거나 또는 반대를 하는 데"에 있어서 동등한 기회를 가진다.[20]
3. 토론자는 "그의 의도에 관하여 자기 자신과 타인을 속여서는 안 된다."[21]

특히 루만 *Luhmann*은 규범문제에 대한 이상적 담화에 대해 다음과 같이 반론을 제기하고 있다. 즉 규범문제에 대한 이상적 담화라고 하는 것은 주제, 주제의 측면 그리고 그 세부적 측면의 무궁성에서 나타나는 복잡한 현실에 직면해서 첫째로는 불가능하고 두 번째로는 비효율적[22] - "사회현실과 보조를 맞추지 못한다"[23] - 이라는 것이다. 하버마스는 이에 대해서 다음과 같은 점을 지적한다. 즉, 대체로 어떤 담화에 참가하고자 하는 모든 사람은 필연적으로 그러한 가능성을 미리 생각하고 있어야 한다는 것이다. "언어설득의 규범적 기초는 따라서 두 가지, 즉 예견대로 효력을 가지든가 또는 예견된 근거대로 효력을 가지든가이다."[24] 복잡성을 이유로 하는 이의는 실제로는 합리적 담화의 원칙적 가능성에 대한 반대가 아니라, 오히려 단지 그러한 담화가 합의로써 끝을 맺을 것인가에 대한 예견가능성에 관해서 말하는 것이다. 인생은 짧고 현실적 문제들은 무궁하다. 사실상 합의가 이

---

19) 같은 책.
20) 같은 책.
21) 같은 책. 138, 139면
22) 같은 책, 316-341면
23) 같은 책, 293면
24) 같은 책, 140면

루어졌다는 사실이 성공적인 담화에 대한 충분한 증거는 되지 못한다. 마찬가지로 합의가 이루어지지 않았다는 사실도 담화가 행해지지 않았다는 증거나 담화가 전혀 불가능하다는 증거가 되지 못한다. 합의는 상상할 수 있는 가능성이며, 이러한 가능성은 동시에 실천적 담화가능성의 조건이다. 정치와 법의 실천적 문제에 대해서 수천 년 전부터 담화는 행해져 왔고 또한 현재에도 행해지고 있으며 미래에도 계속 행해질 것이다. 담화가 전제하는 것은 합의가능성이 관념적으로 - 반드시 실제적으로가 아니라 - 가정되고 그리고 그것도 실제로 단지 허위의 합의가 아니라, 근거가 지워진 합의가능성이 가정되는 것이다.

　물론 다음과 같은 것, 즉 윤리이론으로서의 담화론은 사회윤리의 영역에 한정되어야 한다는 것을 덧붙일 필요가 있다. 사회윤리의 영역이란 사람들 사이의 관계와 그러한 관계에 적용되는 원칙에 관련된 영역이며, 따라서 본질적으로 법철학이 다루는 영역이다. 윤리적 담화론은 바로 공동생활의 기본원칙 - 그러므로 본질적으로 바로 법의 기본원칙들이기도 한 윤리의 기본원칙 - 들을 근거지우고자 한다. 물론 법과는 동화되지 않거나 단지 부분적으로만 동화된 몇몇 도덕원칙들이 있다. 그래서 법은 예컨대 거짓말하지 말라는 요구를 단지 특정한 경우에만 - 공직의무 또는 증언의무 등과 같은 경우에만 - 법조문에 규정해 왔다. 기본적 공동체윤리는 어느 정도 다소 법을 능가한다. 다른 한편 법은 자격조항과 절차조항을 통하여 윤리를 보완한다. 그러나 그러한 조항들은 단지 타율적 구속력과 기본적 공동체원칙들의 관철을 실제로 보장하는 기능 - 좌우간 그 목적에 따른다면 - 을 수행할 뿐이다. 그리고 그러한 한에서 간접적으로 그러한 조항들은 윤리적 근거를 얻을 수 있다. 만일 우리가 윤리의 범위가 법의 범위보다 어느 정도 넓다는 것을 도외시한다면, 윤리에 있어서의 담화론은 법에 있어서의 담화론이다. 유효한 윤리원칙을 검토하여 그것을 근거지우거나 또는 비판하는 담화론이 요구하는 것은 그러한 한에서 **법철학적** 요구이다.

로버트 알렉시 Robert Alexy는 법적 담화는 일반적인 윤리적 담화의 "특수한 경우"라는 명제를 제기했다.25) 그 점은 옳으며, 다만 이러한 특별한 경우가 윤리적 담화론이 현실화될 수 있는 범위를 포함한다는 것까지 정확히 표현할 필요가 있을 뿐이다. 법적 담화의 특수성은 유효한 법이 선존하며 구속력을 가진다는 데 있다. 하지만 알렉시는 이러한 구속력에도 불구하고 법적 논증들이 어느 정도 범위에서 항상 똑같이 윤리적 논증이어야 하는가를 적절히 강조한다. 윤리를 법철학적으로 연구하는 이론가들에게는 그러한 점이 거의 알려져 있지 않고, 그 점에 대해서 다시금 주의를 기울여야 한다는 것은 사실이다. 그리고 또 다음과 같은 사실이 덧붙여져야만 한다. 첫째, 민주적 헌법국가에서는 선존하는 법은 도덕의 응축일 것이 요청된다. 둘째, 법에 대한 법철학적 비판은 또한 법적 담화의 구성부분으로서 효력을 가져야 한다. 이러한 가정하에서 윤리적 담화와 법적 담화의 광범위한 동일성이 명백해진다. 그리고 이러한 동일성에서 법을 위해서는 윤리가, 윤리를 위해서는 법적 경험이 유용하게 될 수 있다는 결론이 나온다.

그러므로 윤리이론으로서의 담화론은 윤리의 한 단면에 대해서만, 즉 우리 모두가 공통으로 관련되는 공동체영역에 대해서만 정당하다. 윤리적 담화론의 핵심은 우리 모두가 그에 대한 이성적 논의에 참여한다면, 우선은 원칙이 가지는 구속력의 필연성을, 다음으로는 적어도 몇몇 기본원칙의 내용을 똑같을 정도로 통찰할 수 있다는 점이다. 일

---

25) Robert Alexy, *Theorie der juristischen Argumentation*, 33면과 여러 곳.

반적 담화에서 근거지어질 수 있는 원칙들에 대해서는 효력을 부여하라는 요구가 제기된다.

그러한 원칙들이 "참"이라고 하는, 하버마스에 의해서 다시 권장되고 있는 표현은 물론 일반적인 것이 아니며 또한 수긍될 수 있는 것도 아니다. 오히려 고전적인 표현에 따르면, 그러한 원칙들은 "이성적"이라고 한다. 이러한 고전적 표현에서 벗어날 어떤 납득할 만한 근거가 없기 때문에, 계속해서 사태에 대해서는 "참과 거짓"이라는 개념의 쌍을, 규범과 원칙들에 대해서는 "이성적인 것과 비이성적인 것"이라는 개념의 쌍을 사용하는 것이 바람직하다.

제7절

원칙공리주의와 일반화

윤리학과 법철학의 문제영역이 일치하는 한, 법발전의 경험은 두 부분 모두에 대해서 유용할 수 있다. 오늘날의 윤리학 논의에서 새롭게 토론되고 있는 많은 문제들은 이미 법의 역사에서도 일정한 역할을 수행해 왔다. 그리고 마찬가지로 오늘날 다시금 제기되는 많은 도덕적 견해들 또한 오래 전부터 법에 영향을 미쳐 왔다. 현대 실천철학은 법의 역사에서, 특히 근대국가법의 역사에서 이미 성문화된 것을 근본적으로 새롭게 밝혀내고 있다.

현대윤리학에서 많이 논의되고 있는 문제는 '**어떤 행위가 가져오는 결과가 중요한가, 또는 원칙이 가지는 일반적 효력에 의해 야기되는 결과가 중요한가**?'라는 문제이다. 이러한 소위 "행위공리주의"와 "원칙공리주의" 사이의 논쟁에서 원칙공리주의가 지난 수십 년 동안 명백한 우위를 점하고 있다. 그것은 주로 다음과 같은 이유에서이다. 즉 윤리는 일반적 이익 또는 일반화될 수 있는 이익의 원칙을 지향하기 때문이다. 예컨대 책을 한 권 빌린 사람은 그 책을 요구가 있을 경우에 돌려주어야 하는가라는 것이 문제된다고 하자. 그 경우 중요한 것은 책을 빌려준 사람이나 빌린 사람이 그 책을 점유하는 데 대해서 명백하고 급박한 이익을 가지는가 하는 점이 아니다. 오히려 그 경우에 문제가 되는 것은 빌린 물건은 요구가 있으면 돌려주어야 한다는 내용의 원칙이 가지는 일반적 효력에 대해서 존재하는 공통된 이익이다.[26]

법의 경우 원칙공리주의는 수천 년 전부터, 다시 말하면 '회교국의 재판관'(Kadi)이나 성직자왕에 의해서 행해진 개별적 경우에 대한 판결의 시대로부터 제정법 그리고 요컨대 **규범법**으로의 이행기로부터 자명한 것이다. 원칙이 가지는 구속력은 판례법의 근거를 이룬다. 왜냐하면 판례법은 엄밀히 말한다면 선결례적 개별 사례를 지향하는 것이 아니라, 선결례의 근거를 이루는 것으로 생각되는 판결이유를 지향하기 때문이다. 선결례들에 대하여 판결이 가지는 소급효는 법관이 장래 자신의 결정이 가질 선결례적 효력에 대하여 가지는 예견과 일치한다. 왜냐하면 법관은 자신의 판결이유가 장래에 이루어질 결정들의 근거가 될 수 있도록 의욕할 수 있어야 하기 때문이다. 그렇기 때문에 중요한 것은, 관련되는 장래의 모든 문제들에 대한 일반원칙으로서의 판결이유가 가지는 효력의 결과이지, 구체적 결정과 관련된 문제에 대한 결과만이 중요한 것은 아니다.

윤리의 경우에는 일반원칙을 지향하는 데 대한 더 중요한 이유가 존재한다. 그것은 이러한 **일반원칙**에의 지향이 **일반화원칙**의 효력조건이라는 것이다. 왜냐하면 만일 어떤 원칙이 가지는 일반적 효력이 야기하는 결과가 문제된다면, 우리는 윤리논의에 다음과 같은 요청을 끌어들일 수 있기 때문이다. 즉 어떠한 구체적인 상황에 직접 관여된

---

[26] "행위공리주의"에서 "원칙공리주의"에로의 이행에 대하여는 Otfried Hoeffe, *Einführung in die utilitaristische Ethik*, München 1975, 20면 이하; Norbert Hoerster, *Utilitaristische Ethik und Verallgemeinerung*, Freiburg/München 1971, 여러 곳을 참고하라.

사람들뿐만 아니라 원칙에 관계될 수 있는 가능한 모든 사람들이 함께 논의하는 것이 정당화되어야 한다는 것이다. 계몽주의가 전제하는 바에 따르면 모든 사람은 어쩌면 그에게 관련될 수도 있는 원칙의 결과가 똑같이 고려되고 그것이 통일적인 척도들에 의해서 평가될 것을 요청할 수 있는 청구권을 가진다. 어떤 한 사람에게 다른 사람에 대해서 속임수를 쓰는 것을 가능하게 하고 그 대가로 부자가 되는 것을 가능하게 하는 원칙은 합의에 이를 수 없을 것이다. 만일 그러한 원칙이 전통윤리나 전승된 법의 구성부분이라고 한다면, 그러한 원칙은 무지배의 담화에서 의문시될 것이다. 기만을 당한 사람은 의당 그 원칙을 폐지할 것을 주장할 수 있고, 그 원칙에 의해서 공통된 이익이 아닌 단지 개별적이고 이기적인 이익만을 원용할 수밖에 없는 특권을 부여받은 사람은 (그 원칙이 그 담화에서 처음부터 배제되지 않은 경우에) 그 담화에서 지게 된다. 이와는 반대로 새로운 원칙의 도입을 제안하는 경우 소수의 이익을 근거지우는 것으로는 충분하지 않고 일반적으로 합의를 도출할 수 있는 이익을 원용해야 한다.

이 원칙은, 자신의 이익을 **합리적이고 장기적으로 숙고하는** 모든 사람이 다른 모든 사람과 마찬가지로 그 원칙에 대해서 똑같은 이해관계를 가지는 경우, 비로소 실용적일 수 있다. 실제로는 단지 우리가 우리 자신의 자유를 제한하는 일반규범에 복종할 때에만 우리가 만족할 수 있는 공통된 이익이 성립될 수 있다. 그러한 이익에는 예컨대 평화, 안정 또는 생태학적 생활근거를 파괴적 혹사로부터 보호하는 것과 관련된 기본적 이익들이 속한다. 그러한 규범들을 합리적으로 근거지우는 것은 원칙적으로 문제가 되지 않는다. 헤르만 뤼베 *Hermann Lübbe*는 남극에서의 고래잡이 제한에 관한 국제법적 규범에 관한 논의를 실례로 들어 이와 같은 것을 묘사하고 있다. 모든 참가자들은 그들이 어획할당량에 동의하고 이것을 규범적으로 확정할 때에만 고래잡이에 대한 자신들의 장기적 이익을 보장할 수 있다. 그는 그러한 이성적 담화의 도식을 다음과 같이 기술한다.

> "① 절차에 참여한 모든 사람들이 함께 공유하는 의도를 확인한다. ② 우리가 공동으로 의욕하는 것에 명백히 상응하지 않는 관계들을 기술한다. ③ 행위의 효력에 관한 이론들을 근거로 하여, 그러한 관계를 공동으로 의욕하는 바에 상응하도록 변화시키기에 적합한 행위들을 제시한다. ④ 효력을 가지게 되는 때에는 모든 관련자들로 하여금 그에 상응한 행위를 하도록 규정하는 규범을 작성한다."[27]

그러한 명백히 공통된 이익에 있어서 실제로 어려운 것은 합리적으로 **규범을 근거지우는** 것이 아니라, **규범에 구속력을 부여하는** 것이다. 다음과 같은 이유 때문에 그것은 도덕적 통찰만으로는 이루어지지 않는다. 첫째, 단기적이고 국가적인 이기주의가 인간들이 그러한 도덕적 통찰에 따르는 것을 방해한다. 둘째, 윤리학적 담화에서 수긍된 규범에 대한 복종은 우리가 다른 모든 사람들 또한 그 규범에 복종하리라는 확신을 가질 경우에만 가능하다. 그렇기 때문에 그 규범이 가지는 권위 있는 구속력에 대한 결정을 가능하게 하고, 규범에의 복종을 보장하는 법적으로 **제도화된 절차**가 필요하다.

물론 이익의 공통성은, 마치 수익대상물을 오랫동안 보존하는 것이 중요한 것처럼, 대부분의 경우 그렇게 명백하지는 않다. 합리적으로 고찰할 때 규율을 필요로 하는 이익들이 흔히 공통된 이익이기는 하지만, 그것이 언제나 직접적으로 공통된 이익임이 입증되는 것은 아니다. 흔히 문제가 되는 것은 예컨대 어떤 것을 빌린 사람과 빌려준 사람, 어떤 물건을 판 사람과 산 사람, 또는 더욱 정치적 문제성이 큰 것으로는 임대인과 임차인, 노동자와 사용자 등의 이익의 경우처

---

[27] Hermann Lübbe, Sind Normen methodisch begründbar? In : Willi Oelmüller(hrsg), *Transzendentalphilosophische Normenbegründung*, Paderborn 1978, 38면 이하, 47면.

럼 바로 서로 충돌하는 이익을 규율하는 것이다. 그러한 경우에 문제는 어느 정도까지 개별이익들이 "**일반화**"될 수 있는가 하는 것이다. 이 문제는 때때로 특수이익에 대한 고려에서 직접적인 것은 아니라 할지라도 간접적인 공통이익이 비롯한다는 경험에서 시작된다. 이러한 간접적인 공통이익은 규범이 가지는 일반적 효력에 의해서 야기되는 결과들을 장기간에 걸쳐 그리고 충분히 분석할 때에 명백해진다.

예를 들어서 A가 B에게 책 한권을 빌려주었다. 이때 B는 A에게 그 책을 돌려줄 의무가 있다라는 규범이 효력을 가져야 하는가? 그것은 B의 직접적인 이익이 아닌 것은 사실이다. 그러나 이러한 규범이 가지는 일반적 효력은 그럼에도 불구하고 B의 이익이다. 왜냐하면 만일 이 규범이 효력을 갖지 않는다고 하면, A는 B에게 그 책을 빌려주지 않을 것이기 때문이다. 그밖에도 B는 다른 상황에서는 빌려주는 입장이 될 수도 있다. 즉 그는 C에게 책을 한 권 빌려주게 되고, 그 경우에 C로 하여금 책을 돌려줄 것을 의무지우는 그러한 규범이 효력을 가지는 데에 대해서 이익을 가진다. 이 규범이 가지는 효력에 대해서 빌려주는 사람이 가지는 이익은 다음과 같은 경우에 한해서, 즉 빌려가는 사람 또한 그 규범의 효력에 대해서 자기 자신의 이익을 포함하는 공통이익이 존재한다는 것을 통찰할 수 있을 때에 한해서 일반화될 수 있다.

그러한 경우 우리는 이익의 "일반화가능성" 원칙에 대해서 말한다. 이 가능성은 당사자들이 역할변동의 가능성을 반드시 고려해야 하는 경우에는, 즉 사는 사람이 파는 사람의 입장이, 원고가 피고의 입장이, 납세자가 사회부조대상자의 입장이 될 수 있는 등의 경우에는 곧바로 근거지어진다. 우리는 **역할변동**의 가능성을 단지 계약에만 한정시켜 고려할 필요는 없다. 수권(授權), 의무, 부담, 제도, 절차 등에 관한 규범들 또한 호혜주의(상호주의)사고를 통해서 일반화될 수 있는 것임이 입증된다. 모든 사람들은 예컨대 - 죄의 유무와 관계없이 - 피의자의 입장이 될 수 있고, 그렇기 때문에 합리적으로 생각한다면 형사소송법의 공평한 원칙에 대하여 일반적인 이익을 공유한다. 모든 사람들은 정신병을 앓을 수 있고 그렇기 때문에 치료기관에 대해서 이익을 공유한다. 여당은 야당의 처지가 될 수 있고 그렇기 때문에 공평한 기회 등에 대하여 야당과 이해관계를 같이 한다.

만일 우리가 역할변동의 가능성을 현실적으로 고려할 필요가 없다면, 물론 호혜주의사고를 통한 일반화가능성은 그 직접적인 설득력을 잃는다. 예컨대 임차인은 흔히 그 역시도 언젠가는 임대인의 입장에 서게 되리라는 점을 고려하지 않게 된다. 특히 일반화가 수긍될 수 있는 경우는 다음과 같은 경우, 즉 논쟁중인 원칙 - 예컨대 임대차 계약은 준수해야 한다 -이 그 효력에 대해서 공통이익이 성립되어 있는 **상위의, 추상적인 원칙** - 예건대 계약은 준수해야 한다 - 의 결과임이 입증될 경우이다. 그렇지만 한 원칙을 표현하는 추상화단계가 고차원적이면 고차원적일수록 그 원칙이 구체화될 필요성은 더욱 커진다.

"계약은 준수해야 한다"는 원칙은 예컨대 파업권, 사정변경의 원칙에 대한 고려, 계약취소나 계약무효에 관한 원칙 등의 발생을 배척하려 할지도 모른다. 그리고 한 원칙이 구체화될 필요가 크면 클수록 일반화가능성의 문제는 더욱 복잡해진다. 원칙을 이성적으로 근거지울 수 있는 가능성에 대한 논의는 끝이 없게 된다. 결국 그러한 문제에 관한 논의가 실제로 행해질 수 있고, 결정과 관련된 중요문제들에 집중할 수 있는 것은 실천적 담화의 결과들이 잠정적으로 구속력을 가지는 **법적 결정**에서 유지되는 경우이다.

第 2 장

결정과 실천이성

제8절
근거제시의무의 역으로서의 결정

　법과 윤리의 본질적인 차이점은 모든 법이 권위 있는 결정에 기초한다는 것이다. 그렇기 때문에 법실증주의는 법과 윤리를 서로 분리시켜 생각할 수 있다고 여긴다. 그러나 법과 윤리는 공통범주에 속한다. 왜냐하면 결정이 가지는 구속력은 어떻든 민주적 헌법국가에서는 이성적인 근거들에서 비롯하고, 이성적 발전의 기회는 법적 결정에 기인하기 때문이다.

　결정한다는 것은, 합의와 확신과는 무관하게, 구속력의 창출을 의미한다. 구속력은 종국적일 필요가 없다. 결정은 새로운 결정에 의해서 폐기될 수 있다. 그러나 그럼에도 불구하고 결정은 두 가지 효력을 가진다.

① 결정은 그것이 새로운 결정을 통해서 폐기될 때까지 효력을 가진다.

② 결정은 그 결정을 폐기할 것을 주장하는 사람에게 가중된 근거제시의무를 지운다. 결정을 문제 삼기 위해서는 결정에 반대하는 근거들이 대체로 타당하다는 것으로는 충분하지 않다. 반대 근거들은 첫째로는 그러한 결정을 지탱하는 근거들을, 둘째는

그 결정이 구속력을 가지는 데 대해서 존재하는 특별한 이익들을 상회하여야 한다. "의심스러운 경우"에는 종래의 결정이 유지된다.

결정들은 계속성과 협력에 의존하고 있는 모든 행위의 기초이다. 이미 사적 생활영역에서 자주적 결정가능성은 성공적으로 생활을 형성할 수 있는 조건이다. 예컨대 학과, 직업, 연구계획, 배우자, 정당 등에 대하여 내린 결정이 취소될 수 없는 것은 아니다. 그러나 그 결정이 잘못된 것이라고 증명되지 않는 한 유지하는 것이 이성적이다. 그렇지 않다면 우리는 결정 자체에 부여된 목적들을 달성할 수 없기 때문이다. 자기결정이 의미하는 것은 스스로 목적을 설정할 수 있다는 것이다. 그에 대한 대안은 전혀 결정을 하지 않거나 - 그것은 타인의 결정에 의해서 행동과 반대행동을 하거나 혹은 무의식적인 충동에 자신을 내맡기는 것을 의미한다 - 또는 결정을 하더라도 그것을 유지하는 것이 아니라 그 실행을 갑자기 중단하는 것이 될 것이다. 우리는 씨를 뿌리되 수확하지 못하고 집짓기를 시작하되 그것을 끝내지 못한다.

물론 결정을 하는 사람은 일반적으로 위험을 감수한다. 그는 예컨대 학과, 직업, 인생의 동반자 등에 대한 선택이 궁극적으로 옳은 것이라고 증명되리라는 데 대한 확신을 기다릴 수 없다. 왜냐하면 만일 그가 결정의 위험을 감수하지 않는다면 그러한 확신을 전혀 얻을 수 없기 때문이다. 그러한 종류의 선택은 - 결정이론의 관용적 표현을 빌리자면 - "위험을 감수한 결정"이다. 이러한 딜레마에 직면해서 이성적 행위가 의미하는 것은 다음과 같다. 즉 우리는 객관적으로 가장 잘 근거지어진 것으로 생각되는 결정을 내린다는 것이다.

이러한 사실은 사적(私的), 사회적 영역에 있어서의 자율적인 결정에서와 마찬가지로 국가적 결정들에 있어서도 타당하다. 그러나 국가적 결정들은 두 가지 관점에서 자주적 결정과 구분된다. ① 국가적 결정들은 - 민주주의에서도 역시 그렇다 - 그에 관련되는 사람들이 그 결정에 참여했는지 또는 그 결정에 동의했는지의 여부에 관계없이 그들 관련자들에 대해서 권위 있는 구속력의 근거를 부여한다. ② 국가적 결정들은 필요한 경우에는 **강제적으로** 관철된다. 그러나 국가적 결정들에 대해서도 다음과 같은 사실은 타당하다. 즉 근거와 반대근거들이 남김없이 토론되기 이전에 이미 구속력이 창출된다는 단순한 사실 때문에 결정이 가지는 이성성이 원칙적으로 문제되는 것은 아니라는 점이다. 첫째, 어쨌거나 결정을 내리는 것이 결정을 포기하는 것보다 많은 경우에 더욱 이성적일 수 있으며, 둘째, 결정을 하는 경우에는 - 잘못된 결정일 위험을 감수하고라도 - 비교적 중대한 근거가 제시될 수 있는 결정을 내리는 것이 이성적이다.

그렇기 때문에 인권을 지향하는 민주적 헌법국가 - 민주적 헌법국가의 제도들에는 수백 년 간에 걸친 정치계몽주의의 경험들이 침전되어 있다 - 라는 조건에는 **법적 결정들이 이성적으로 내려졌으리라는 추측**이 성립된다. 문제가 되는 것은 논박할 수 있는 추측이다. 그러한 추측은 행해진 결정의 이성성을 비판하는 사람에게 근거제시의무를 지우고, 그럼으로써 해당 결정이 가지는 근거들을 논박할 의무를 부과한다. 이러한 방법에 의해서 법정책적, 법해석학적 논증은 추상적 도덕성이 가지는 주관성으로 달아날 수 없고 법을 총체적으로 배척할 수 없게 된다. 나아가서 그러한 논증은 이미 실현된 이성과 매우 구체적으로 연결되어 그 논증이 개선될 기회가 성립되게 된다.[1]

단지 문제가 되는 것은 결정이 행해진 이후 그것이 잘못된 결정임

---

1) 더욱 자세한 것은 저자의 Die vermutete Vernunftigkeit unseres Rechts, in: *Legitimitätsprobleme der Bundesrepublik*, 1977, 47면 이하와 *Einführung in die Staatslehre*, 35절.

이 증명되었을 경우에 그 결정을 사후에 수정할 수 있는 가능성을 배제할 수 없다는 점이다. 한편으로는 구속력이 계속 존재하는 데 대한 이익과 다른 한편으로는 가능한 잘못 내려진 결정을 수정하는 데 대한 이익은 형량을 필요로 한다. 이러한 이익형량은 국가적 결정이 가지는 상이한 유형들에 따라서 각기 다른 결과를 가져온다. 왜냐하면 상황에 따라서는 새로운 결정을 내리는 데 새로운 상황 또는 새로운 견해들이 충분할 수도 있고, 중요한 근거 또는 특히 매우 중대한 근거들이 요구될 수도 있기 때문이다.

따라서 예컨대 **헌법**은 법률과 명령보다 개정이 어렵다. 헌법개정의 경우에는 더 가중(加重)된 다수, 부속 국가기관의 동의 또는 국민투표가 요구된다. 예컨대 기본법에 따르면 하원 재적의원 3분의 2의 동의와 상원 재적의원 3분의 2의 동의가 요구된다(기본법 제79조 제2항). 이 조항의 기초를 이루고 있는 것은 원칙적으로 중대한 근거들만이 요구되는 광범위한 동의를 얻을 수 있다는 사고이다. 만일 근거가 충분히 중대한 것이 아니라면, 헌법이 계속 유지되는 것에 대해서 존재하는 이익이 헌법을 개정하는 것에 대해서 존재하는 이익보다 우월하게 된다.

법률적으로 유효하게 완결된 사법적 절차의 경우 결정을 수정하는 것은 매우 어려운 일이다. 재심은 단지 특수한 예외적 경우에만 허용된다. 이러한 사실은 다음과 같은 점에 근거한다. 즉 이미 결정을 수정하기 위한 심급의 기회가 주어졌고, 사법적 절차는 법적 분쟁을 가능한 한 정의롭게 그러나 그 경우에도 역시 종국적으로 완결시켜야 하고 더 이상 문제시되지 않도록 처리하여야 하기 때문이다. 그렇기 때문에 결정을 파기하기 위해서는 특히 중대한 예외적 근거가 필요하다. 다른 한편 이러한 관점은 판결이 가지는 선결례적 효력을 가지지 않는다. 판결의 선결례적 효력이란 기판력의 구속을 받는 소송당사자들이 아니라 장래의 유사한 경우에 적용되는 효력이다. 선결례적 효력은 단순한, 더 나은 근거들에 의해서 극복될 수 있다.

일방적, 고권적 규율을 통해 국민에게 직접적으로 구속력을 가지는 법적 결과를 확정짓는 **행정행위**에 대한 숙고는 또 다른 결과에 이를 수 있다. 이러한 행정행위는 기판력에 이르지는 못한다. 왜냐하면 행정행위는 법적인 다툼을 완결시킬 수 없기 때문이다. 그렇기 때문에 행정행위는 법원의 판결에 비해 더 용이한 방법으로 행정청에 의해 수정될 수도 있다. 그러나 다른 한편 곧바로 그러한 행정행위의 존재를 전혀 신뢰할 수 없을 정도로 쉽게 수정될 수 있는 것은 아니다. 우리의 법질서는 다음과 같이 단계를 나누고 있다. 적법한 행정행위는 위법한 행정행위에 비해 그것을 변경하는 것이 어려울 수 있다. 또한 수익적 행정행위는 부담적 행정행위에 비해서 그러하다. 그리고 계속적 효력을 가지는 행정행위에 비해서 그 집행에 의해 효력이 완결되는 행정행위가 그러하다. 또한 당사자들이 당해 행정행위의 존속에 대해서 보호할 만한 가치 있는 신뢰를 부여하고 있는 경우가 그 외의 다른 행정행위에 비해서 그러하며, 행정행위의 소급적 변경인 취소의 경우가 장래에 대해서 효력을 발생하는 철회에 비해서 그러하다(개별적으로는 행정절차법 제48조, 제49조를 참조하라). 이상에서 말한 것은 자명하다.

비계몽적 법철학은 결정을 지지하는 충분한 근거들에 대해서도 그 결정을 폐지하기 위한 중대한 근거에 대해서도 알려고 하지 않는다. 비계몽적 법철학은 결정의 개념에 순수한 주관성, 자의, "맹목적 결정"의 사고를 결부시킨다. 그에 반해서 계몽적 법철학의 경우 결정은 변증법적 이성의 관계에 있다. 결정은 논증의 결과를 고수하고 근거제시의무를 규율한다. 결정은 그 결정의 내용을 확정하는 근거들과, 어쨌든 결정은 행해지고 그 결정이 잘못된 것임이 입증된다면 원칙적으로 폐기될 수도 있다는 생각에 찬성하는 근거들에 입각한다. 결정은 비이성적인 것일 수도 있고 또한 많은 경우에 그러하다. 그럼에도 불구하고 결정은 그러한 경우에도 구속력을 가진다. 그러나 그것은 비판과 수정의 대상이 된다. 결정은 더 나은 결정을 가능하게 하고, 그 점에서 발전을 가능하게 하는 지속적인 논의를 거친다.

제9절

자유는 필연성에 대한 통찰인가?

 자유는 타율(타인의 결정)과는 반대로 자율(자기결정)이다. 민주주의에서도 법은 그 법에 대해서 동의하지 않은 사람들에 대해서도 구속력을 가지며 또한 국가권력에 의해 관철되는 점에서 타율적 강제질서이다. 우리가 법에 대해서 반항하건 또는 마지못해서 그것에 따르건 어느 경우나 우리는 국가권력을 우리에게 향해진, 우리의 자율을 박탈하는 타율적인 폭력으로 경험하게 된다. 그러한 사정은 오직 우리가 국가권력의 정당성을 승인하는 경우에만 적용되지 않는다. 이러한 승인의 결과 우리는 법을 통한 타율적 타인결정에 대해서 자율적 동의를 할 수 있고 따라서 자율을 타율과 화해시킬 수 있다.

 근대정신은 자유와 합리성에 의해서 특징지어지기 때문에, 국가권력에 대한 승인은 법에 대한 이성적 근거제시가능성에 의존하며 따라서 개인을 이성적으로 설득시킬 수 있는 정당성에 의존한다. 국가권력에 대한 승인은 타율이 자율을 위하여 감수되어야 하는 경우에만 설득력을 가질 수 있다. 그리고 자유에 대한 제한 역시 자유의 조건인 것으로 이해되어야 한다. 이러한 점에서 흔히 남용되고 있는 "자유는 필연성에 대한 통찰이다"라는 공식은 계몽적 언어관용에 있어서 그 특별한 의미를 획득해 왔으며, 그러한 관계로부터 벗어날 수 없다. 이 공식은 법률과 강제제도들이 모든 사람들에 대해서 자유를 보증하기 위해서는 불가결한 것으로 입증된다고 전제한다. 만일 법과 강제제도들이 이러한 의미에서 불가결한 것으로 증명된다면, **자유에 대한 제한은 동시에 자유의 조건이다.**

이러한 점을 통찰하고 또한 동시에 자유를 보장하는 것이 바람직한 것이라는 점을 승인하는 사람은 목전의 주관적 이익에 역행할 수도 있는 자유제한에 대해서도 역시 동의할 수 있다. 예컨대 우리는 사회보장제도를 위한 조세에 원칙적으로 동의할 수 있다. 그러나 만일 납세결정이 개인적인 처분을 문제 삼는다면, 우리는 객관적 통찰과 주관적 관련성 사이에서 갈등을 겪을 수도 있다. 그러한 경우에 인간은 갈등을 느낀다. 즉 자연적, 경험적, 이기적인 존재로서의 자아(自我) - '부르주아'(bourgeois)로서의 자아 - 와 "보다 고차원적인", 도덕적 통찰을 지닌, 공동체구성원인 존재로서의 자아 - '시민'(citoyen)으로서의 자아 - 사이에서 갈등을 겪게 된다. 인간이 "저차원적인 자아"에 우월성을 둘 경우 그는 국가에 의한 법규범의 관철을 타율적 강제폭력으로 경험한다. 그러나 만일 그가 자신의 보다 나은 통찰과 경험적으로 일치할 수 있다면, 그는 동시에 국가적 요청과도 일치할 수 있다. 우리가 법규범에 동의함으로써 법규범은 타율적 폭력으로서의 성격을 잃게 된다. 국민은 강제되는 것이 아니라, 자신의 고유한 도덕적 통찰에 따르는 것이다. 그러한 점에서 필연성에 대한 통찰은 자유롭다.

그럼에도 불구하고 다음과 같은 사실을 강조하는 것은 중요하다. 즉 바로 이러한 명제는 법질서가 대체로 윤리적인 한에 있어서, 즉 법질서에 의한 자유제한이 자유의 조건으로서 정당화될 수 있는 경우에 한해서 타당하다는 것이다. 만일 우리가 이 명제를 이러한 관계에서 분리시킨다면, 우리는 그것을 왜곡시키는 것이며 그것을 반계몽적 목적에 남용하는 것이다. 그래서 예컨대 소비에트 제국주의를 지능적으로 정당화하는 사람들이 바로 "자유는 필연성에 대한 통찰이다"라는 명제를 원용하는 것이다. 그러나 권력행사가 실제로 자유를 보장하기 위하여 필연적인 것으로 근거지어지는 것이 아니라 다만 단순한 권력행사에 지나지 않는다면, 권력행사를 불가피한 것으로 표현한 모든 사람은 권력자와 공범이 된다. 그 공범자는 자신의 "사회주의적 의식"에서 지배에 대한 요구를 정당화시키는 이데올로기를 재생(再生)시키는 것이다. 그 경우에 그는 저속한 자아와 고차원적 자아 사이에서 갈등을 겪는 것이 아니라 그 양자의 일치를 경험한다. 왜냐하면 그는 자신을 국가권력과 일치시키며 그러한 한에서 국가권력을 타율로서 경험하게 되지 않는 까닭이다. 그러나 그의 개인적 일치는 "고차원적" 윤리적 존재인 자아가 아니라 "저속한" 존재로서의 자아를 만들어낸다. 그는 자신을 타락시켜 자신의 동료들에 대해서 폭력을 가하는 공범이 된다.

자유를 형성하는 것은 **윤리적** 필연성에 대한 통찰, 즉 모든 개개인이 가지는 인간의 존엄성과 자유에 대한 청구권을 존중할 것에 대한 통찰이다. 윤리적으로 정당화될 수 없는 지배이데올로기의 단순한 국제화는 외적인 자유나 내적인 자유, 정치적 자유나 윤리적 자유 그 어느 쪽도 형성하지 못한다. 자발적으로 부자유에 복종하는 것이 정치적 자유를 대신한다. 그리고 그와 동시에 윤리적 자유에 대한 포기가 행해진다. 왜냐하면 "저속한", 이기적인 자아에 있어서는 지배에 적응함으로써 갈등의 회피와 권력에의 참여 그리고 정신적 안락에 대한 주관적 욕구가 만족되기 때문이다. 그때그때 존재하는 자유에 대한 제한을 필연적인 것이라고 주장하는 사람은 이미 자유롭지 않다. 오히려 자유로운 사람은 자유를 위한 헌신이 현실적으로 불가피한 것임을 인식하고 자유에 대한 제한을 도덕적 통찰을 근거로 해서 긍정하는 사람이기 때문이다.

그렇기 때문에 예컨대 솔제니친 *Solschenizyn*은 그가 공포를 극복하고 거대한 제도적 허위에 더 이상 참여하지 않을 뿐만 아니라 그러한 제도적 허위에 대해 조금도 양보하지 않을 것을 결심한 날로부터 자유로워졌다고 말하고 있다. 그때 그는 실제로 국가권력을 완전한 타율적 폭력으로 경험했다. 그리고 그는 결국 자신의 고향으로부터 추방당해야만 했다. 그러나 그는 그러한 수난의 위험을 자신의 윤리적 자유의 대가로서 의식적으로 감수했다. 만일 국가와 윤리가 원칙적으로 서로 대립한다면, 인간은 윤리적으로 자유로운 존재로 남아 타율적 폭력으로서의 국가를 거부하거나 또는 윤리적 자유를 포기해야 하는 선택의 기로에 서게 된다. 인간은 어느 경우에 있어서나 정치적으로는 부자유스럽다. 그러나 첫 번째의 경우, 인간은 적어도 윤리적으로는 자유롭다. 두 번째의 경우, 그는 자율을 포기한다. 그는 완전히 타율적으로 결정되고 조정되는 지배체제의 꼭두각시에 지나지 않는다. 그는 자신을 굴욕스럽게 할 뿐만 아니라 그의 동료들 또한 굴욕스럽게 하는 것이다. 그 경우 자신은 필연성에 대한 통찰에 의해 행동했다고 하는 그의 주장은 단지 타율을 은폐하는 것에 지나지 않는다.

제10절

법적 강제

과연 자유에 대한 제한은 자유의 조건인가? 어떤 상황에서나 법적인 결정과 그 결정의 강제적인 관철이 요구되는가? 진보가 계속되면서 결정이 불필요한 것이 되고 국가권력이 고사(枯死)할 수도 있는 조건들이 달성되리라 생각할 수는 없는가? 이러한 물음들로부터 공산주의뿐만 아니라 비공산주의적인 혹은 전적으로 반공산주의적인 지배로부터의 자유라는 이념이 시작된다. 이 이념은 예컨대 '신철학'(Nouveux Philosophes)에서 새롭게 다시 표현되고 있는 생각들이다.[2]

다음과 같은 세 가지 조건하에서는 결정은 필요 없다.

① 모든 규범들에 대한 일반적인 합의
② 규범을 법적 강제 없이도 역시 준수하겠다는 마음가짐과 준수할 수 있는 능력
③ 다른 사람들 또한 그러한 마음가짐과 능력을 가지리라는 것에 대한 모든 개인의 확신

첫째 조건은 규범형성에 관한 결정과 관련되어 있고, 둘째 조건과

---

[2] 이에 대하여는 특히 Günter Schiwy, *Kulturrevolution und Neue Philosophen*, Reinbek 1978.

셋째 조건은 규범관철에 관한 결정과 관련되어 있다. 만일 우리가 규범형성시의 합의에 대한 실천적 가능성의 한계를 무시하고 그리고 그 가능성을 인정한다면, 이들 조건 가운데 첫째 조건은 성취될 수도 있고 그리고 일반적 논의가 확신과 일반적 합의에 이를 수도 있을 것이다. 그러나 그러한 경우에도 역시 규범에 대한 결정은 불가피하다. 왜냐하면 그 경우에도 역시 언제나 **규범관철**을 불필요하게 만드는 조건들은 결여되어 있을 것이기 때문이다. 법률은 그 경우에 만장일치로 통과될 수도 있고 그리고 모든 장래의 관련자들의 동의 또한 얻을 수 있을 것이다. 그러나 그럼에도 불구하고 법률의 구속력에 대한 결정은 필요할 것이다. 왜냐하면 어떠한 규범에 동의한다는 것은 그 규범을 준수한다는 것과는 다른 것이기 때문이다. 규범에 대한 결정은 자율적으로 내려질 수도 있다. 그러나 그 경우에도 역시 그 규범을 타율적으로 관철시켜야 할 필요성은 남을 것이다. 입법기관의 구성원조차도 때때로 자신들이 동의했거나 또는 일반적으로 설득력 있는 연설로 근거를 제시했던 바로 그 법률들을 위반한다. 즉 그들 스스로 공포했던 탈세금지나 무고금지 또는 교통법규 등을 위반하는 일이 벌어진다.

만일 국가적 통제와 강제적 방법에 의한 관철이 고려되지 않는다면, 법침해의 가능성은 대단히 커질 것이다. 어떠한 경우에도 국가권력은 법적 강제의 가능성을 준비해야만 한다. 이러한 준비상태라는 단순한 사실은 많은 경우에 예선적 효력(豫先的 效力)을 가지며, 이는 많은 경우에 규범복종의 동기를 부여하기에 충분하다.

그러나 첫째 조건뿐만 아니라 둘째 조건까지도 충족될 수 있다고 가정해보자. 즉 법률이 일반적 동의를 얻을 수 있을 뿐만 아니라 실제로 준수된다고 가정해 보자. 그러나 그 경우에도 역시 언제나 다른 모든 사람들 또한 그 법률을 준수하고 있으며 준수할 것이라는 점에 대한 개개인 모두의 **확신**은 결여되어 있다. 그렇기 때문에 역시 그 경우에도 법적 강제를 준비해둘 필요가 있다. 왜냐하면 이러한 법적 강제는 모든 사람들에게 다른 모든 사람들 역시 법률을 준수할 것이라는 점을 보장하기 때문이다. 법률에 대한 복종은 많은 경우에 사람들이 다른 사람들 또한 법률에 복종한다(예컨대 세금을 납부한다)는 것을 확신할 때에만 가능하다. 법률은 금지를 포함하고 있기 때문에 희생과 포기를 요구한다. 만일 어떤 사람은 법률을 준수하고 그리고 다른 사람은 그렇지 않다고 한다면, 후자는 정당하지 않는 이익을 얻는 것이고 전자는 (흔히 말하듯이) "바보"인 것이다. 그리고 그와 동시에 법을 준수하는 사람이 행한 포기는 그 의미를 잃게 된다. 왜냐하면 법률이 그 목적을 달성하는 것은 다른 사람들 또한 그 법률을 준수할 경우(예컨대 환경보호에 있어서와 같이)이기 때문이다. 이러한 면에 있어서도 역시 법적 강제의 준비는 그 자체로서 충분할 수 있다. 시간이 흐름에 따라 경찰, 검사, 법원, 법원집달관, 감옥과 같은 강제제도들이 더 이상 실제로 필요가 없어진다 하더라도, 역시 언제나 다음과 같은 문제들은 남는다. 즉 우리가 그러한 제도들을 폐지할 수 있는가 또는 그러한 제도들을 준비해두는 것이 그들의 불필요성의 조건은 아닌가 하는 문제가 그것이다.

물론 이러한 생각들은 가정적인 것이다. 법률이 일반적으로 준수되고 그리고 모든 사람들이 그것에 대해서 확신할 수 있다 하더라도 역시 결정을 필요 없도록 만드는 세 가지 조건 가운데 첫째 조건, 즉 모든 규범들에 대한 일반적 합의는 충족되지 않는다. 결정은 규범관철에 대해서 뿐만 아니라 규범형성에 대해서도 역시 필요하다.

제11절

규범에 대한 결정

만일 우리가 모든 인간은 자유와 인간의 존엄에 대하여 동등한 청구권을 가진다고 하는 정치계몽주의의 근본적 사고에서부터 출발한다면, 우리는 개인의 자유를 다른 모든 사람들의 자유와 함께 공존시킬 수 있을 것이다. 그 경우 자유에 대한 제한은 상황에 따라서 모든 사람들이 가능한 한 광범위한 자유를 가질 수 있도록 자유의 범위를 결정하기 위한 필요성에서 정당화된다.

이러한 표현은 입법절차에서 추론을 통한 결정을 가능하게 할 만큼 충분히 구체적이지 못한 것은 사실이다. 이 표현은 다양한 의견과 정치적 논쟁의 광범위한 여지를 남긴다. 그러나 다른 한편 이 표현은 결정들에 대한 객관적 논의를 허용할 수 없을 정도로 그 내용이 공허한 것은 아니다. 최선의 자유를 위한 이러한 자유제한이 모든 사람을 위해서 필요한 것인가 또는 포기할 수 있는 것인가 하는 문제가 지적하는 것은 가교(架橋)될 수 없는 가치의 대립이 아니라 기본적 이해관계(제 13절 이하 참조)에 대한 사실적 문제이다. 이러한 문제는 우선 때때로 예컨대 인류학이나 경제학 또는 윤리학의 기본문제에까지 소급되는 매우 복잡한 문제에 도달한다. 다음으로 이러한 문제에 대해서 대답을 하는 것은 개인이익이나 집단이익에 사로잡히게 되고 이데올로기의 영향을 받게 된다.

그러나 의견의 다양성은 계몽주의자들에 있어서도 평화롭게 모여 앉아 문제점을 이야기함으로써 쉽게 해결될 수는 없었다. 문제가 되는 것은 손꼽을 수 있는 이익만이 아니다. 그 외에도 문제가 되는 것은 배후에서 다시금 상이한 경험과 집단연대성 그리고 전통이 배경을 이루고 있는 문화적, 종교적, 도덕적 견해 및 그 밖의 견해들에 영향을 미치는 의견들이다.

타인의 자유를 제한할 필요성에 자신의 고유한 이익이 있음이 곧바로 명백한 반면에 타인의 자유를 위하여 자신의 자유를 제한해야 할 필요성 때문에 본래의 통찰을 할 수 없다. 이미 복잡성과 이익에 의한 제약성이라는 두 가지 근거에서 합의는 도출될 수 없으며 국가적 결정이 필요하다.

법률, 행정행위, 법원의 판결 등에 대한 결정들은 피할 수 없는 것이고, **따라서 국가권력 또한 불가피한 것이다.** 만일 개개인 모두의 자유를 보장하는 것이 문제가 된다면, 그 경우에도 역시 결정이 필요하다. 그리고 또한 더욱 이상적으로, 실천적 문제들에 대한 담화가 끝까지 행해지고 거기에서 합의가 도출될 수 있는 경우에도 역시 실제로는 그 담화는 끝까지 행해진 것이 아닐 수 있다. 실천철학과 법의 발전은 끝없는 과정이다. 실천철학과 법의 발전에 대하여는 '예술은 길고 인생은 짧다'(ars longa, vita brevis)라는 격언이 또한 타당하다. 모든 세대는 그러한 과정에 대해서 단지 부분적인 기여를 할 수 있을 뿐이다. 결정들은 언제나 흠결을 가지고 있으며 수정을 요한다. 그리고 규범들은 고려되어야만 할 예상치 못한 효력을 가지거나 전혀 새롭게 발생하는 문제들을 해결해야만 한다.

담화론과 합의론은 원칙적으로는 정당한 것이다. 그것은 계몽주의의 소크라테스적인 발단이며 자유와 이성의 정치이론으로서 현실화된다. 단지 중요한 것은 이러한 발단을 구체적 현실에서 정당하게 자리매김하는 것이며, 특히 **합의창출의 실천적 어려움**을 과소평가하지 않고 그러한 어려움으로부터 도출되는 법적 결과들을 거부하지 않는 것이다. 도대체 합의가 가능하다면 그것은 수십 년 또는 수백 년에 걸쳐 이념과 이익을 쟁취하기 위한 투쟁을 거친 후일 것이며, 단지 그것도 대부분이 단지 어떠한 일정 문화영역 내에서일 것이며 또한 역시 과도적인 것에 지나지 않을 것이다. 그리고 그것은 언제나 결코 완전한 만장일치에 의한 것이 아니라 다만 광범한 다수의 의미에서의 합의일 것이다. 담화를 통한 합의창출가능성은 역사의 배후에 존재하는, 이상적 발전을 가능하게 하는 원칙으로서 이해되어야 한다.

이제까지의 연구결과를 간단히 살펴보면, 헌법의 범위 내에서조차 입법적 합의는 오직 제한적으로만 달성될 수 있다는 사실을 알 수 있다. 예컨대 연방하원은 법률의 90% 이상을 부분적으로는 연방상원의 동의의 필요성이라는 압력 하에서, 부분적으로는 교섭단체 내에서의 이익의 절충을 통해서 위원회의 심의를 거친 후에 만장일치에 이르렀고, 또한 그 대부분 역시 사실적 논증에 의해서 만장일치에 도달되었다. 그러나 이러한 합의는 선거에 참여하지 않은 사람들이나 5% 조항에 의해 연방하원에 대표를 보낼 수 없는 정당이 참여하여 이루어진 것은 아니며, 연방하원에 교섭단체를 가지고 있는 정당과 선거인들도 역시 많은 경우에 - 사실적 근거에서나 규범적 근거에서 - 마찬가지이다. 나아가서 합의가 도출되지 않았기 때문에 연방하원의 만장일치에 의해서가 아니라 단지 다수에 의해서 결정되어야 했던 다른 법률들이 있다. 그리고 사법적인 절차를 거친 후에도 당해 패소자들은 대부분 그저 마지못해서 판결이유를 인정할 뿐이다. 그리고 그러한 사정은 그 판결이유들이 제3자에게는 설득력 있는 경우에도 마찬가지이다. 경험적으로 보아 우리는 언제나 어느 정도의 소송능력, 즉 사법적인 혹은 정치적인 절차에서 패하고, 그 패배를 인정하고 참아 낼 수 없는 도덕적 무능력과, 결정근거를 이해할 수 없는 지적 무능력에서 출발하여야만 한다.

결정은 불가피한 것이기 때문에 하버마스 *Habermas*는 **결정절차**에 대해서조차 합의가 달성될 수 없는 것인가라고 묻는다. 그는 "나는 어떠한 이유에서 의회주의의 관점에서 오늘날 의회정부제나 참여민주주의에 반대하여 다시금 어느 정도 현실성을 획득하고 있는 '대표'(Repräsentation, Delegation), '순환'(Rotation)의 문제를 조직문제의 차원에서 다루는 것이 부적당한지를 알지 못한다"라고 의문을 제기한다.3) 우리는 그러한 일을 할 수 있으며 관계문헌에서는 그렇게 하고 있다.4) 헌법제정회의는 조직문제를 논의해야 한다. 그러나 그 조직문제들이 완전히 논의되기 전에 그것을 결정해야 한다. **기본법**에 대해서도 역시 합의는 이루어질 수 없었다. 연방주의자들에게는 기본법이 충분히 연방제적이지 못했으며, 공산주의자들은 기본법을 원칙적 이유에서 거부했다. 그들과 더불어 논의를 통해서 합의를 이루어 내는 것은 "이상적으로"는 생각할 수 있다. 그러나 실제로 역사적 시간의 범위 내에서는 불가능하다. 왜냐하면 다음과 같은 두 가지 가능성이 있기 때문이다. 첫 번째 경우는 대의민주주의자들이 자율적으로 생각하는 것에 대한 청구권을 포기하는 것이다. 그러나 그와 함께 대의민주주의자들은 합의능력을 포기한다. 왜냐하면 합의는 통찰에 의한 자유로운 동의에서 비롯하지 복종에서 비롯하는 것이 아니기 때문이다.

---

3) Habermas, Kultur and Kritik. 또한 Spaemann, *Zur Kritik der politischen Utopie*, 1977. 127면 이하와 133, 134면에 인쇄되어 있다.
4) 저자는 예컨대 *Einführung in die Staatslehre*, 61절 이하에 있는 회의민주주의에 대한 설명을 보았으면 한다.

또 다른 경우는 공산주의자들이 절대적 정치적 지배에 대한 청구권을 포기하고 헌법의 테두리 내에서 경제정책이 목적하는 바를 달성시키는 것으로 요구를 제한하는 것이다. 그 경우에 관용적 표현에 따르면 공산주의자들은 공산주의자가 아니라 민주적 사회주의자이다. 그들 모두가 예외 없이 이러한 변화를 거칠 때까지는 헌법의 기본문제들에 대해서 그들과 함께 합의를 이루어 내고자 하는 희망은 '망상'(Utopie)일 뿐이다. 따라서 그러한 희망은 당분간 불가능한 것이다.

제12절

고려 가치가 있는 모든 이해관계는 일반화될 수 있는가?

 이제까지의 고려에서 우리는 담화론에서 출발하였다. 그리고 담화론이 정당하다고 가정하더라도 우리는 어떠한 이유에서 제3자의 결정, 즉 국가권력이 불가피한 것으로 남는가 하는 점을 명백히 했다. 그러나 우리는 그 문제를 더 원칙적인 수준에서 접근해야 하고, 어느 정도로 **담화론의 전제**들이 현실성을 가지고 있는가에 대하여 의문을 제기해야 한다. 담화론은 모든 인간은 자유와 인간의 존엄에 대한 동등한 청구권을 갖는다는 우리 윤리의 최고원칙에 의해서 깊은 영향을 받아왔다. 이 원칙은 그 자체 일반적 논의에서 명백한 것으로 될 수 있는가? 또는 적어도 그것은 자명한, 이론(異論)의 여지없는 윤리적 전제로서 근거지어질 수 있는가?

 만일 이 문제들 가운데 적어도 하나에 대해서 긍정적인 대답이 주어진다면, 모든 적대·우호관계는 - 물론 원칙적 이상적으로 - 논의에 의해서 해결될 수 있다. 이 경우 악은 단지 외관적으로만 악일 뿐이다. 모든 인간은 그 경우 근본적으로 선을 원하며 다만 착오로 악을 행할 뿐이다. 그리고 그러한 착오는 계몽을 통해서 대부분 원칙적으로 극복될 수 있다. 이 경우 중요한 것은 다만 담화가 일반적인 것인가 하는 점이다. 그리고 사정은 모든 사람이 적극적으로 그 담화에 참가해야 한다는 의미에서가 아니라 모든 사람들의 이익이 그 담화에서 동등하게 고려되는가 하는 의미에서도 마찬가지이다.

일반적 담화는 이상적으로 일반적 합의를 이끌어 낼 수도 있다고 하는 이론은 다음과 같은 가정, 즉 사회윤리는 이상적으로 그리고 원칙적으로 남김없이 일반화될 수 있는 원칙으로 표현될 수 있다고 하는 가정에서 출발한다. 이러한 가정은 다음과 같은 두 가지 전제에 근거한다.

① 일반화될 수 있는 모든 이익은 고려할 만한 가치가 있다.
② 고려할 만한 가치 있는 모든 이익은 일반화될 수 있다.

첫 번째 전제의 합리성은 아주 명백하다. 첫 번째 전제는 우리가 다음과 같은 경우 모든 사람들이 효력을 부여한 이익을 고려한다는 것을 의미한다. 그것은 하나의 원칙이 일반적 효력을 가지는 데 대해서 공통이익이 존재하고 그 원칙에 의해서 위의 이익이 정당화되는 경우이다. 그러한 원칙에 대해서 공통이익이 존재한다면, 우리 자신의 이익은 그 공통이익에 포함된다. 또한 타인의 이익을 고려하는 것이 우리에게 희생을 요구할 경우 이러한 희생은 다음과 같은 근거에서만 우리에게서 기대될 수 있다. 즉 계몽된 통찰을 거칠 경우 일반적으로 그 원칙에 복종하는 것이 우리 자신의 이익과 합치한다는 것이다. 우리가 이러한 원칙을 고려할 경우, 우리는 자신의 이익을 장기적으로 고려하는 개인으로서 행동한다.

두 번째 전제 - 고려할 가치 있는 모든 이익은 일반화될 수 있다 - 는 첫 번째 전제의 역(逆)이다. 두 번째 전제 역시 순수하게 이성적으로 창출된 합의라는 이상을 위해서 불가피한 것이다. 이 전제가 없다면 우리는 그 규칙이 자신의 이익 내에 있다는 것을 증명함이 없이 다만 사람들이 타인의 이익을 위해서 그들에게 희생을 요구하는 규칙을 수용하는 것을 기대해야 할 것이다. 합의는 모든 개개인의 동의를 전제하며 그러므로 희생을 요구당하는 사람의 동의 또한 전제한다. 동의는 모든 개개인의 고유한 이익을 포함하는 원칙에 대해서 존재하는 일반적 이익에 대한 통찰을 통해서 창출될 수 있다. 담화의 합리성은 도덕적 희생의 준비자세에 호소한다는 점이 아니라 계몽된 통찰에 호소한다는 점에서 입증된다.

이러한 통찰은 다른 어떠한 것도 아닌 추상화능력에서 기인해야 한다. 규칙이 오직 추상적으로 표현된 상위규칙 또는 더욱 추상적으로 표현된 원칙으로 근원을 거슬러 올라갈 수 있다면 우리는 일반화능력을 적어도 그때그때 더욱 고차원의 **추상화단계**에서 합리적으로 파악할 수 있을 것이다.

예컨대 앞에서 상론한 "빌린 물건은 요구가 있으면 돌려주어야 한다"(위 7절)는 원칙은 더 이상의 추상화작업을 거치지 않더라도 일반화될 수 있는 능력이 있는 것으로 증명된다. 빌린 사람 또한 그가 역할변동의 가능성을 고려해야만 하기 때문에 이 원칙이 효력을 가지는 데에 존재하는 자기 자신의 고유이익을 포함하는 일반적 이익을 통찰할 수 있다.

그러나 만일 사람들이 그러한 역할변동(役割變動)을 고려하지 않는다면 사정은 어떠한가? 이 점에 대해서 **신앙의 자유**의 역사가 그 실례를 제공한다. 어떠한 이유에서 17세기에 프랑스와 같은 가톨릭국가가 위그노파 교도들에게 그들이 더 이상 억압에 대해서 저항할 수 없게 된 이후에 관용을 베풀어야 했는가? 이 문제는 대답될 수 없는 것으로 생각되었고 낭트칙령은 폐지되었다. 이 문제는 단지 더 높은 추상화 단계, 왜 사람들은 프로테스탄트들을 관용했는가?라는 것이 아닌 왜 종교적 소수들이 관용을 받을 수 있는가?라는 단계에서 일반화될 수 있었다. 질문이 이와 같이 제기된다면, 그때그때의 다수는 일반적 이익 속에서 자신의 이익을 다시 인식할 수 있다. 왜냐하면 그들은 사정이 변할 경우 소수가 될 수 있고 그리고 많은 경우에 다른 국가들에서는 그러했기 때문이다. 종교적 관용이라는 일반원칙은 유럽의 헌법사가 진행됨에 따라 가톨릭교도들과 프로테스탄트들의 공통이익이라는 것이 입증되었다.

  만일 사람들이 변화된 상황에서 자신의 고유한 이익 또한 관련될 수 있다는 점을 고려할 필요가 현실적으로 없다고 한다면, 사정은 어떠한가? 아무리 이익에 대한 계산이 오랫동안, 충분히 그리고 이성적으로 행해진다고 하더라도 그것은 한계에 봉착한다. 예컨대 다음과 같은 사실은 확실하다. 즉 사람들은 그들이 현재 그러하지 않다면 앞으로도 유대인이나, 집시, 여자, 흑인, 아이, 동성연애자 등이 되지 않는다는 것이다. 만일 사람들이 그들의 견해가 근본적으로 변화할 수 있는 이론적 가능성을 인정한다 하더라도, 즉 예컨대 변증법적 유물론을 확신하는 추종자에서 러시아정교의 신봉자로 바뀔 가능성을 인정한다 하더라도, 우리는 그러한 점을 실제로 고려하지는 않으며 또한 이러한 단순한 추상적 가능성을 이유로 종교적 자유라는 결과를 이끌어낼 근거가 없다고 생각한다. 이 경우 장기적인 세력관계에 대한 현실적 평가는 결코 호혜성에 대한 고려가 자신의 이익과 합치한다는 계산으로 이끌지 않는다. 왜냐하면 사람들이 현재의 소수의 입장으로 전락할 가능성이 배제되거나 또는 어느 경우든 전혀 확률이 없기 때문이다.

  이러한 상황에서는 소수보호에 대한 이익은 단지 **더 높은 추상화 단계**에서만 정당화될 수 있다. 이 경우 문제는 어떠한 이유에서 종교적, 인종적 또는 직업적 소수가 관용되어야 하는가?라는 문제가 아니다. 문제가 되는 것은 다음과 같은 문제이다. 도대체 어떠한 이유에서 (모든 종류의) 소수가 관용되어야 하는가? 이 문제에 대한 대답은 다음과 같다. 즉 일반적인 소수보호는 모든 개개인의 고유한 이익 내에 있으며, 그것은 생각할 수 있는 어떠한 하나의 관계에서 모든 개개인이 소수에 속할 수 있다는 이유에서이다. 그러나 일반원칙들은 이러한 추상성에서 그 설득력을 잃게 되고, 더 이상 어떠한 정치적 현실성도 가지지 못한다. 왜냐하면 일반원칙이 가지는 설득력은 하나의 원칙이 가지는 효력에 대해서 존재하는 개인의 고유한 이익이 실제 공동생활관계에서 실제로 명확하게 될 수 있는가 여부에 좌우되기 때문이다. 그러나 이것은 현실적인 권력관계와 그 권력관계의 전복가능성에 달려있다. 스스로 강력하고 그리고 견고하다는 것을 알고 있는 다수는 단순히 자신의 이익을 이유로 소수에 대해서 어떠한 고려도 하지 않는다. 미국 남부의 백인노예소유자들은 단기적으로나 장기적으로나 노예제도의 폐지에 대해서 어떠한 개인적 이익도 가지지 않았다. 왜냐하면 노예제도는 첫째, 흑인에게만 제한되어 있었고, 둘째, 장기적으로 미래를 예견하는 경우에도 역시 비례관계와 권력관계상 주인과 노예의 관계가 전도될 수도 있다는 것을 두려워해야 할 이유가 전혀 없었기 때문이다.

그러나 문제가 되는 것은 소수보호의 문제만은 아니다. 독재국가들에서 스스로 강력하고 안정되어 있다는 것을 알고 있는 소수의 권력자들은 다수에 대해서 어떠한 고려도 하지 않는다. 예컨대 권력을 가지고 있는 공산주의자들은 어떠한 이유에서 그들이 종교의 자유를 승인해야 하는지 이해할 수 없다. 그들은 종교의 자유 자체가 필요하다는 사실을 고려하지 않는다. 반대로 변증법적 유물론자들은 계획적이고 교육적인 종교의 근절, 친권의 폐지, 자유로운 학교의 폐지를 주장한다. 변증법적 유물론자들은 그리스도교인들이 종교의 자유에 대해서 가지는 이익을 존중할 필요가 없는 것으로 간주한다. 그들에게 그리스도교인들이 가지는 이익은 일반화될 수 없는 것으로 간주된다. 왜냐하면 거기에는 그들의 고유한 이익이 포함되어 있지 않기 때문이다.

합의원칙과 거부원칙이 가지는 나약함은 장기적으로 계산된 개별이익의 전체에서 법과 도덕을 이끌어내고자 하는 시도에서 비롯된다. 합의론은 결국 **공리주의적** 합리주의, 즉 다양한 국가계약론에 표현된, 이익계산에 근거를 두고 있는 합리주의인 것이다. 이러한 기반 위에 정의를 근거지우려고 하는 것이 불가능하다는 것은 이미 공리주의적 개인주의의 대가(大家)들에게서 명백했다. 예컨대 홉스 *Hobbes*는 잔혹한 종교박해시대에 국가가 종교적 일치를 강제할 것을 주장하였다. 왜냐하면 그가 영국국교회로 개종한 이후 그는 비국교도의 보호를 더 이상 일반화될 수 있는 이익으로 인식할 수 없었고 승인할 수 없었기 때문이다. 그는 비례관계와 권력관계에 직면해서 자신의 종교가 영국에서 현실적으로 억압받을 반대위험을 고려할 필요가 없었다. 로크 *Locke*는 노예무역에 관여하고 있었다. 왜냐하면 그는 백인이 흑인의 노예가 될 반대위험을 고려할 필요가 전혀 없었기 때문이다. 그는 빈민구호수혜자의 자식들을 세살부터 노동시킬 것을 주장했다. 왜냐하면 그는 안정된 재산을 소유하고 있었으며 자신의 자식과 손자가 당사자가 될 수도 있다는 것을 두려워할 필요가 없었기 때문이다. 공리주의적 개인주의의 이론적 정점(頂点)은 벤담 *Bentham*에게서 발견된다. 그는 윤리의 척도를 "최대다수의 최대행복"이라는 공식에서 찾았다. 이 공식은 - 왜곡됨 없이, 객관적으로 적용될 때에 - 극소수, 예컨대 인디안의 멸종을 정당화하는 데 적합하다. 미국의 자유주의적 공리주의자들은 자신들이 인디안 박해의 대상이 될 가능성을 고려할 필요가 없었다.

합리주의적 공리주의가 가지는 현실성의 한계는 **새디스트와 전체주의자**의 모델에서 매우 명백해진다. 새디스트는 자신의 인격의 자유로운 발현을 다른 사람들의 고통에서 찾는다. 그러나 대부분의 다른 사람들은 마조키스트가 아니다. 따라서 전자의 이익은 후자의 이익과 공통분모를 가지지 아니한다. 물론 정치적 관점에서 볼 때 새디즘은 매우 의미 있는 한계 문제는 아니다. 그러나 그와 동렬을 이루는 정치적으로 큰 영향력과 현실성을 가지는 문제가 존재한다. 그것은 전체주의의 경향이다. 전체주의의 경향은 모든 욕구 가운데 가장 강한 욕구인 권력욕에서 생겨난다. 그리고 그것은 인간의 나약함, 즉 비겁함, 기회주의 그리고 잠재의식의 깊은 곳으로부터 조종되는 정당화논증에의 적응 등에 의해서 유지된다. 그러나 그러한 사실을 넘어서 또한 권력에 복종하고자 하는 마조키스트적인 욕구가 분명히 존재한다. 한 부류의 사람들의 복종욕은 다른 사람들의 전체주의적 권력욕과 일치하며, 그러한 권력욕을 조화롭게 충족시킨다. 그러나 권력행사와 권력에의 복종에 대해서 존재하는 이러한 양면적인 전체주의적 이익은 다른 모든 사람들의 자유욕과는 결코 결합될 수 없는 것이다. 새디스트와 비마조키스트의 이익 그리고 전체주의자와 자유를 사랑하는 사람의 이익이 공통적인 것이 될 수 있는 공통분모는 존재하지 않는다.

제13절

불편부당성

 이러한 이유에서 결국 우리의 윤리는 공리주의적 합리주의를 근거로 해서는 충분치 않다. 오히려 우리의 윤리는 인간의 용모를 가진 모든 사람이 자유와 존엄에 대한 동등한 청구권을 가진다는 전제된 기본원칙으로부터 나온다. 이 명제는 합리적인 담화의 결과가 아니라 **전제**이다. 단지 이 명제가 공적인 효력을 가지는 경우에만, 규범들이 그들의 합의능력에 따라 정당화되어야 한다는 사실을 요청하는 것 일반이 의미를 가지게 된다. 이 기본명제 자체는 "이익" 일반이나 장기적으로 충분히 계산된 이익으로부터 추론되는 것이 아니다. 이것은 역사적으로는 결국 종교적으로 근거지어진 인간의 존엄을 근거지우는 인간본성에 대한 표상에 기인한다. 18세기 계몽주의윤리학은 이 표상에 의해서 깊은 영향을 받은 윤리 - 이 윤리 자체를 근거지울 수는 없다 - 를 전제한다. 이 윤리는 마치 미국의 독립선언에서 말하고 있듯이 '자명한'(self-evident) 것으로 생각되었다. 이 원칙을 소피스트적으로 문제 삼음으로써 이렇게 전제된 윤리를 정치적으로 아무런 효력이 없는 것으로 만들고자 하는 곳에서는, 그때그때 권력을 가진 사람들과 우위를 점하고 있는 사람들이 그들의 권력과 우월성을 주장했다. 즉 공리주의적 합리주의를 자유주의적으로 지지하는 사람들 또한 파시스트들이나 공산주의자들이 하는 것과 똑같이 그들이 권력을 획득한 곳에서는 언제나 그들의 권력과 우월성을 주장했다.

일반적 담화는 결국 하나의 "이상적 담화", 즉 모든 개개인의 자유와 인간의 존엄에 대한 동등한 청구권이라는 원칙이 이미 **전제되고 있는** 그러한 담화로 생각되어야 한다. 그러나 이 원칙이 전제된다고 하더라도 규범들을 근거지우는 것이 언제나 개인이익이 포함되어 있는 일반이익에 대한 계몽에만 근거하지는 않는다. 오히려 중요한 것은 논의된 원칙과 모든 개개인의 동등한 자유와 존엄이 일치를 이루는 것이다. 양자가 일치하는 경우, 도달된 합의는 공리주의가 가정하는 것과는 다른 성격을 갖는다. 확실히 - 하나의 규범에 공통된 이익이 존재한다는 것이 입증되는 한 - 이 원칙은 언제나 그 윤리적 원칙과 일치한다. 공통이익이라는 입증은 다른 모든 논의를 불필요한 것으로 만든다. 그러나 이익계산이 종국적인 것이 아니라고 한다면, 이익의 모순성은 이익계산의 합리성을 통해서 가교될 수 없게 된다. 이 경우에는 오히려 이익형량이 필요하다.

불편부당성은 윤리적 원칙의 적용을 의미한다. 즉 한 사람의 이익은 원칙적으로 다른 모든 사람의 이익과 똑같이 고려될 권리를 갖는다는 것을 의미한다. 모순되는 이익 사이에 공통 분모가 존재하지 않는다면, 이익들은 형량되어야 한다.

불편부당한 **형량**(衡量)이 의미하는 것은 다음과 같다. 즉 생활에 대한 기대를 근거로 규범의 결과를 예견하고, 개인의 관련성을 가능한 한 광범위하게 배제하면서 규범이 관련될 수 있는 가능한 모든 사람들의 입장을 바꾸어 보고, 그리고 상황에 따라서 더 **근본적인** 이익을 우선시키는 것이다.[5] 어떤 이익이 더 근본적인 이익인가를 조사하기 위해서 우리는 생활현실을 가능한 한 현실적으로 평가함에 있어서 생활현실의 조건관계와 종속관계를 주시해야 한다. 어떤 이익을 충족시키는 것이 더욱 광범위한 어떤 이익의 충족을 위한 기초이며 전제조건인가? 인간의 모든 행복은 다음과 같은 위험스러운 기초들을 토대로 하고 있다. 첫째, 생명의 유지 - 모든 것이 그것에 의존한다 -, 둘째, 건강과 빈곤과 공포로부터의 자유, 셋째, 스스로의 결정에 의한 행동 등이다.

이러한 추상적 기초관계들은 추상적 일반적인 고찰방법에 따라 물론 대충 다음과 같이 도식화될 수 있다. 우선 그들은 복잡하고 그리고 두 번째로 상호 제약적인 관계에 있다. 그러므로 그들은 단지 그때그때 실제상황을 고려해서만 구체화될 수 있다. 결과에 대한 기대에 근거한 결정은 거의 언제나 불확실하다. 그들은 "위험을 무릅쓰고 하는" 결정들이다. 따라서 근대법을 쟁취하기 위한 모든 정치적 투쟁은 동시에 이러한 기초관계를 해명하기 위한 정신적 논쟁이었다. 이러한 해명의 역사는 법발전사에서 추론해낼 수 있다. 기초관계를 묻는 질문에 대한 대답을 쉽게 얻을 수는 없다. 어떤 철학자도 그것을 추론할 수 있는 공식으로 만들 수는 없다. 왜냐하면 그는 수백만인의 권리를 위한 투쟁에서 구체적으로 조망되고 숙고되었던 문제들의 작은 부분조차도 통찰할 수 없고 해결할 수 없기 때문이다. 그렇기 때문에 법에는 아주 뛰어난 사람들의 머리에 들어 있는 것에 비해 비교할 수도 없을 만큼의 많은 이성이 들어 있고, 우리는 이런 또는 저런 관점에서 법을 더욱 이성적으로 만드는 일에 단지 미세한 기여를 할 수 있을 뿐이다.

그러나 이익들이 불편부당하게 형량되어야 한다면, **형량을 행하는 결정기관들이 필요하고 그 기관**들은 불편부당성의 원칙에 구속되는

---

5) 더 자세한 것은 저자의 Nachwort zur *Theorie der Rechtsgewinnung*, 2. Aufl., 334면 이하를 보라.

것이 필요하다. 물론 이 원칙은 정치현실에서는 단지 "이념"일 뿐이며 모든 공직자들, 즉 공무원들과 법관들에 대해서 뿐만 아니라 입법자들에 대해서도 적용되는 윤리적 요구이다. 이러한 윤리적 이념은 민주적 헌법국가의 역사적 뿌리이다.6) 정치계몽의 전통에서 우리는 공직윤리와 **대표**윤리에 대해서 이야기한다. 모든 국가공무원들은 불편부당하게 전체를 대표해야 한다. 그러므로 예컨대 공무원법 제35조에는 다음과 같이 규정되어 있다. "공무원은 전체 국민에 대한 봉사자이지, 어떤 정당의 봉사자가 아니다. 공무원은 자신의 임무를 불편부당하게 그리고 정당하게 수행해야 하며 공무수행에서 공공복리를 고려해야 한다." 법관은 "국민의 이름으로" 판결을 내리며, 특히 "사람에 관계없이 최선의 지식과 양심에 의해서 판결해야 하고 진리와 정의에만 봉사해야 한다." 그리고 국회의원들은 정당과 교섭단체의 구성원임에도 불구하고 "국민 전체의 대표자이고 명령과 지시에 구속되지 않으며 자신의 양심에만 따른다."(기본법 제38조 제1항 2문)

대표윤리는 법정책적 논의에 참가하는 모든 사람들이 기초관계에 대하여 불편부당한 형량의 원칙을 지향할 것을 요구한다. 그러므로 그는 바로 자신의 이익을 관철시키려고 해서는 안 되고 그리고 자신들의 이익을 대표하는 사람들과 공통분모를 찾으려고 시도해서도 안 된다. 오히려 그들 모두는 자신의 이익을 다른 모든 사람들의 이익과 똑같이 간주하고 자신의 이익과 타인의 이익을 형량해야 한다. 즉 기본성이라는 상위의 척도 하에서 이익들을 평가해야 한다. 이러한 일은 실제에 있어서는 물론 흔히 지나친 요구이다. 그가 자신의 이익과 이데올로기 그리고 자신이 속한 집단의 그것들에 의해서 논쟁에 얽매

---

6) 이에 대하여는 저자의 Das demokratische Prinzip in Grundgesetz, in: *Legitimitätsproblem der Bundesrepublik*, 17면 이하, 특히 19면 및 *Einführung in die Staatslehre*, 특히 32절, 46절 이하 그리고 79절 이하를 보라.

여 있다면, 어느 누구도 완전히 공평무사할 수는 없다. 그럼에도 불구하고 대표윤리가 공적 효력을 가진다는 사실은 민주적인 담화의 조건이다.

그러므로 이러한 윤리적 요청은 실현의 어려움에도 불구하고 고수할 가치가 있다. 이 요청은 어느 정도 체념과 냉소주의를 방어해줄 수 있다. 그리고 이 요청은 그 밖에도 일방적인 결정들에 대해 비판의 근거를 제공한다. 즉 공공의식에 의해서 견지되는 공직윤리로부터의 현저한 일탈은 공공의 분노를 일으킬 수 있고 그리고 이러한 분노는 다른 곳에서와 마찬가지로 이곳에서도 윤리적으로 정당한 행위에 동기를 부여할 수 있다.

하버마스 *Habermas*는 이성적인 결정의 척도를 "**예견된 합의**"에서, 즉 문제가 합의에 이를 때까지 철저히 논의될 수 있을 경우 도출될 수도 있는 결정에서 찾았다. "모든 관련자들이 논증적 의사형성에 참가하는 경우(또는 참가할 경우) 그들이 담화의 참가자로서(강제 없이) 동의한(혹은 동의할 수도 있는) 규범만이 효력을 주장할 수 있다."[7] 그러므로 하버마스는 역시 다음과 같은 사실을 전제한다. 즉 일반적 담화가 공통된 합의에 이를 수 없는 경우에는 - 사정이 항상 그런 것은 아니다 - 권위 있는 제3자의 결정이 필요하다는 것이다. 그러나 우리는 공통이익이 성립하지 않는 경우 어디에 공통된 합의가 존재할 것인지 어떻게 알 수 있는가? 하버마스에게 이 문제는 단순했다. 그는 마르크스주의적 의미에서의 반자본가(反資本家)이고 그리고 모든 사람들이 필경 공통적으로 원하는 것이 무엇인가를 알고 있다고 믿는다. 즉, 그것은 우선적으로 물질적 재화의 생산과 분배를 시장으로부터 박탈하여 관료에게 위임하는 것이다. 그가 담화에 참가할 필요도

---

7) *Legitimationsproblem im Spätkapitalismus*, 1973, 125면.

없고 그리고 참가할 수도 없다는 것은 그에게 있어서는 명백한 것으로 생각된다. 왜냐하면 "**시민적 정당**"의 당원(원칙적으로 시장경제를 이성적인 것으로 여기는 모든 사람들은 시민적 정당의 당원이다)은 이데올로기에 사로잡혀 있어서 "실제문제를 합리적으로 설명하는 것이 불가능"할 것이기 때문이다.[8] 그렇기 때문에 계몽주의자들이 - 그의 견해에 따르면 역시 마르크스주의자들인 - 모든 사람들을 대리하여 합의를 예견해야 한다고 한다. 담화론은 이러한 방식으로 그 자체 지양되었다. 담화론은 하버마스에게는 마르크스주의적 독점요청과 계몽주의적 이성의 가교이며, 그것은 건너편에 건너가고 나면 뒤에서 부서지는 가교이다.

그럼에도 불구하고 예견된 합의라는 이념에는 정당한 면이 있다. 모든 사람들이 이상적인 일반적 담화에 참여한다고 가정하면, 그들 모두는 모든 사람들이 자유와 인간의 존엄에 대하여 동등한 청구권을 가진다는 것이 이미 인정되어 있다고 가정하고 있는 것일 것이다. **이러한 가정 하에서는** 모든 사람들이 불편부당한 형량에 대해서도 동의할 것이다. 이 경우에 "이성적인" - 즉 간과할 수 없는 복잡성과 이데올로기적 왜곡을 무시한 - 합의가 가능할 것이다. 이러한 한에서 - 그러나 오직 이러한 한에서만 - 대표윤리를 "예견된 합의"라는 이념과 동일시하는 것은 정당하다. 왜냐하면 대표윤리는 단지 일반화될 수 있는 이익에 대한 합의일 뿐만 아니라 불편부당한 형량에 대한 합의인 때문이다.

그러나 합의는 이러한 가정하에서도 공통이익, 즉 "모든 사람은 자유와 존엄에 대하여 동등한 청구권을 가진다"는 윤리적 원칙이 가지는 효력에 대해서 존재하는 가정된 공통이익을 넘어서는 합의일 것이

---

[8] Habermas, *Theorie und Praxis*, Einleitung zur Neuausgabe, Frankfurt am Main 1972, 39면.

다. 만일 우리가 공통된 이익을 계속 추상화시켜 이러한 최후의 추상화단계에 이른다면, 일반적 담화를 통한 - 개인주의적 공리주의에서 비롯하는 - 일반적 합의는 **이성적이고 정의로운 법효력**이라는 고전적 이념과 만나게 된다. 그러므로 끝까지 생각한다면 담화론은 지배로부터의 자유라는 이상, 즉 국가와 법의 불필요성이라는 이상에 도달하는 것이 아니라 민주주의와 권력분립에 도달한다. 그리고 그 경우 담화론은 동시에 민주적 헌법국가의 공법에 깊은 영향을 미쳐온 대표윤리와 만난다.

그러므로 국가적 결정과 법적 강제의 불가피성에 대한 근거는 다음과 같이 요약될 수 있다.

① 규범의 구속력과 법적 강제 없이는 규범에 대한 복종은 보장되지 않는다.
② 이러한 보장 없이는 타인이 규범에 복종하리라는 신뢰는 근거지어지지 않는다. 그리고 이러한 신뢰 없이는 자기 자신의 규범에 대한 복종도 기대할 수 없다.
③ 규범에 대한 합의는 예견할 수 없는 규범에 대한 복종의 복잡성에서 실패한다.
④ 나아가서 합의는 자신의 이익과 타인의 이익에 대한 평가의 이데올로기적인 왜곡에서 실패한다.
⑤ 일반적 담화에서의 공통적 합의는 "모든 사람은 자유와 존엄에 대한 동등한 청구권을 가진다"는 윤리적 원칙에 대한 일반적 승인을 전제할 것이다. 그러나 이러한 전제는 현실성이 없을 수도 있다.

제14절

담화의 헌법적 조건

담화는 자기 스스로를 근거지울 수는 없고 또한 법적·제도적 근거들이 있어야만 정치현실에서 관철될 수 있는 윤리가 가지는 공적 효력을 전제한다. 그렇기 때문에 담화는 오직 담화의 조건들을 보장하는 헌법상의 제도의 범위 내에서만 실현될 수 있다. 적어도 다음과 같은 세 가지 원칙의 공적 효력이 이 조건들에 속한다.

첫째, 분쟁은 평화롭게 해결되어야 한다. 즉, 분쟁은 담화에서 획득된 원칙들에 의해서 해결되어야 하고 폭력에 의해서 해결되어서는 안 된다. 하버마스는 일반적으로 담화에 참가하는 모든 사람은 이미 묵시적으로 이러한 가정을 하고 있다는 것을 강조하고 있고, 이는 정당하다. 그러나 모든 사람들이 하나의 담화에 참여하는지 또는 단지 권력으로부터 자유로운 분쟁조정절차에 참여하는 것인지가 확실하지 않고, 또한 그가 논증하는 경우에 실제로 자신의 행위를 그 논증에 따라 결정하는지도 확실하지 않다. 늑대와 양이라는 이솝우화는 이러한 점을 명백히 해준다. 철학자들은 동료들과 담화를 한다. 심지어는 담화론에 관한 담화까지도 한다. 그러므로 그는 자신의 작업에서 자유로운 담화의 현실성을 곧바로 전제할 수 있다. 그러나 이러한 담화

일반이 정치적 영역에서 실현될 수 있다는 것은 역사적 사건, 즉 봉건적 반목체제의 극복과 근대초기의 종교적 내전의 극복에서 기인한다. 이러한 극복은 다음과 같은 사실을 통해서 얻어졌다. 첫째, **권력의 독점**, 즉 근대국가의 형성이 그것이고, 둘째, 내전의 계속을 경찰수단에 의해서 저지한 **국가의 법적 구속**이 그것이다. 처음으로 법치국가는 이성적 논증이 현실적인 것이 될 수 있는 평화구역을 만들어 냈다. 이러한 평화구역이 계속 존속한다는 것은 특히 파시즘의 역사가 가르쳐주듯 결코 확실하지 않다. 왜냐하면 파시즘에 있어서는 다음과 같은 점이 특징적인 것이기 때문이다. 즉 파시즘은 합리적인 논거들에 근거한 것이 아니라 의식적으로 신화를 근거로 삼았으며, 또한 결정이 합리적 담화를 통해서 근거지어질 수 있었던 세계에 도전했다는 것이다. 그렇기 때문에 파시즘은 합리적 논거가 아니라 오직 권력에 의해서만 극복될 수 있었다. 그 속에서 담화가 현실적인 것으로 될 수 있는 평화는 그 자체 정치적 방어를 필요로 하고, 필요하다면 궁극적으로 힘에 의한 방어를 요구한다.

둘째, 자유를 제한하기 위해서는 근거가 필요하다. 행동의 자유를 제한하는 원칙들은 이성적인 담화에서 정당화될 수 있는 것으로 입증되어야 한다. 이 전제 또한 결코 자명한 것이 아니다. 이 전제는 오히려 인권과 인권을 보장하는 헌법국가를 쟁취하기 위한 자연법적 정치적 투쟁의 열매이다. 봉건적 관계 하에서는 자유제한이 근거를 필요로 한 것이 아니라, 반대로 자유로운 상태를 창출하는 것이 단지 그때그때의 특수한 상황 하에서만 가능했다. 예컨대 자유로운 지위를 취득하여야 자유롭게 된다. 또는 "도시의 공기가 자유를 만든다." 공산주의국가에서도 역시 모든 자유, 예컨대 출국의 자유는 특수한 그리고 예외적으로 부여된 허가에 의존한다. 그곳에서는 자유를 제한하기 위해서 근거가 필요한 것이 아니라, 자유를 보장하기 위해서 근거가 필요하다. 자유를 제한하기 위해서 근거가 필요하다는 이념은 모든 인간은 오직 그가 스스로 결정하는 경우에만 인간의 본성에 적합하게 살 수 있다는 자연법적 사고의 귀결이다. 이러한 사고는 다시 인간은 자신을 동물과 구별하는 특유한 인간의 존엄을 가진다는 전제에서 비롯된다. 자유를 제한하기 위해서 근거를 필요로 한다는 이념은 19세기에 법률유보의 원칙으로 헌법에 성문화되었다. 이 표현은 오늘날에는 기본권의 효력에서 발견되며 자유를 제한하는 법률은 기본권에 적합해야 한다. 그리고 이 표현은 기본법이 효력을 갖기 위한 제도적 조건인 권력분립에서도 발견된다.

셋째, 모든 인간은 동등한 권리를 가진다. 일반적 합의는 다음과 같은 사실들에 의존한다. 즉 모든 사람들이 자신의 논거에 효력을 부여할 수 있는가, 그리고 모든 사람들의 이익이 동등한 정도로 고려되는가, 모든 사람들이 합리적 담화의 모든 원칙들에 동의할 수 있는가 하는 것이 그것이다.

동등한 권리라는 이념은 오늘날에도 그 자체 결코 다투어질 수 없는 효력을 가지고 있지는 않다. 이 이념은 무엇보다도 인간의 진정한 이익을 인간 자신보다 더 잘 판단할 수 있다고 생각하는 거만한 엘리트적 자기도취에 대항해서 주장되어야 한다. 무엇보다도 이 이념은 오늘날 마르크스-레닌주의적인 사이비 학문적 근거를 토대로 한 교육야망에 대항해서 주장되어야 한다. 동등한 권리라는 이념은 자유의 불가피성에 대한 계몽된 통찰에 의존한다. 이 이념은 오늘날에는 전적으로 민주적 헌법국가에서 헌법에 성문화되어 있다.

담화론은 담화에 참가한 모든 개개인의 동등한 권리를 그 자체에서 근거지울 수 없다. 국내에서 자유로운 담화를 억압하는 것을 정당화하는 공산주의 권력이데올로기 또한 바로 이러한 정당화를 통해서 대외적으로 담화에 참여한다. 이 권력이데올로기는 담화에서 어떤 이유에서 다른 사람들이 그들의 이익 - 예컨대 정신적 자유와 종교적 자유에 대해 존재하는 - 을 동등하게 관철시킬 권리를 가지지 않는지에 대해서 근거를 제시하고자 한다. 공산주의가 파시즘과 특별히 다른 점은 다음과 같다. 파시스트들은 결정 일반에 대한 합리적 정당화를 멸시한다. 공산주의자들은 계몽적 합리성을 승인하고 그들에 의해서 행사되는 억압을 논거들을 통해 근거지운다. 실제로 그들의 논거는 단지 **외관적으로만** 합리적이지만 말이다. 즉 무엇보다 우선해서 모든 사람들의 평등을 이루겠다는 그들의 주장은 몽상적인 것이며 평등의 조건이 합리적 담화에서는 완결될 수 없다는 가정에 기초를 둔다. 그러나 공산주의자들이 일반적으로 합리성에 굴복했다는 사실은 지성인에게는 어느 정도는 함정이다. 이 사실은 합리적 담화가 모든 개개인의 동등한 권리를 그 자체에서 이끌어낼 수 없다는 사실을 명백히 했다. 오히려 동등한 권리는 담화의 **가정된 조건**이고 반민주주의자들에 대해서 국가적 제도에 의해서 강제되어야 한다.

요약: 법문제에서 윤리적 담화론은 평화, 자유 그리고 동등한 권리의 정치적 조건들 - 그러므로 민주적 헌법 국가 - 자체를 창출할 수는 없다고 하더라도 자신의 필수불가결한 근거로 삼을 수는 있다. 철학적으로 보면, 이러한 담화론은 인간의 존엄이라는 이념에서 기인하며, 이러한 이념은 담화론이 스스로 근거지울 수는 없고 가정해야만 하는 것이다. 정치적으로 보면, 담화론은 인간의 존엄이라는 이념과 사활(死活)을 함께 하는 헌법의 범위 내에서만 현실적인 것이 될 수 있다. 인간의 존엄이 존재할 수 있는 정치적 조건들은 정치적인 투쟁 그리고 필요한 경우에는 폭력적 투쟁에서 창출될 필요가 있다. 그리고 이러한 조건들이 일단 달성되면 내려진 헌법정책적 결정들을 고수할 필요가 있으며, 법적 강제에 의해서 그 결정들을 방어할 필요가 있다.

제3장

법률해석과 실천이성

제15절

문제

    법실증주의는 입법자의 법제정 **독점권**을 주장하고, 판결과 법해석학이 규범형성에 참여할 수 있는 권리를 부정한다. 이 독점권을 보장하기 위해서, 법실증주의는 현재의 법과 자연법적 근거에서 있어야 할 법, 법과 법정책, 인식과 신념, 법적 의무와 도덕적 의무를 구별한다. 그렇기 때문에 법실증주의적 해석론에서는 법적 결정은 윤리적 연관으로부터 분리된다. 그 해석론은 논리적으로 다음과 같은 3단계로 구성되어야 한다. ① 사태의 파악, ② 법규범의 해석학적 설명, ③ 사태를 관련규범에 포섭시키는 것. 어려움은 일차적으로 ②번, 즉 법규범의 설명이란 무엇을 말하는가에 있다. 그러나 어려움은 ①번, 즉 생활현실의 어떠한 요소들이 법적으로 중요한 사태에 속하는가에도 존재한다. 이 두 가지 문제는 매우 밀접하게 서로 관련되어 있다. 왜냐하면 법규범은 사안의 법적 중요성에 대해서 결정하기 때문이다. 그러나 그 반대도 역시 타당하다. 즉 법관에게 사안들이 법적으로 중요한 것으로 생각된다면, 그러한 사실은 법규범의 해석에 영향을 미칠 수 있다.

    오도 마르쿠바르트(Odo Marquard)는 "**재구성적 해석학**"(조문이 답한 문제의 재구성)과 "**응용적 해석학**"(조문이 성립되었을 때에 아직 문제들이 존재하지 않았기 때문에 조문이 답하지 않았고 그리고 대답할 수 없었을 문제들에 대한 설명)을 구별한다.[1] 이러한 의미에서 법해석학은 다음과 같은 두 가지 이유에서 언제나 응용적 해석학이다. ① 해석의 차이가 존재할 수 있는 곳에서는 언제나 - 재심기관에 도달할 수 있는 모든 사안들과 그 밖의 많은 사안들에서도 역시 - 법조문이 법적 문제에 대해 어떻게 대답했는가라는 문제가 다투어진다. 그리고 그 대답들 모두는 자신들의 견해를 타당한 것으로 주장하기 위하여 똑같은 조문을 근거로 제시한다. 그러므로 누가 정당한가라는 문제에 대해서 조문은 확실히 그 자체에서 대답을 주지 않는다. 그렇기 때문에 역시 법적 결정이 필요하다. ② 논증을 통하여 이론의 여지없는 법조문에서 벗어나는 법의 계속형성 - 실제적인 관점에서건 또는 규범적인 관점에서건 - 즉 입법자에 의해서 예상된 실제가 변경될 수 있다는 사실은 법률가들에게 원칙적으로 금지되어 있지 않다. 그러나 그 경우 개별적 경우에 이러한 의미에서의 법의 계속형성이 적절한 것인지 아닌지의 문제가 제기될 수 있다. 이 문제에 대해서 법조문은 물론 스스로 대답하지 않는다. 이 경우에도 역시 법적 결정이 필요하다.

수많은 소송절차에서 법률의 해석을 둘러싸고 논쟁이 벌어진다. 왜냐하면 상이한 해석들이 주장될 수 있기 때문이다. 법해석기술의 요소들은 상이한 가능성을 허용한다. 즉, 성립시에 맞춘 해석 또는 효력을 가지고 있는 당시의 해석, 좁은 또는 넓은 개념규정, 유추 또는 반대해석, 흠결보완(청구승인) 또는 단순한 흠결확인(청구기각), 해석학적 도식과 구조 또는 가치를 규정하는 결정에의 의지 등을 인용하

---

[1] *Poetik und Hermeneutik*, Bd. IX, 1980 출간 예정.

거나 하지 않는 것 등이 그것이다. 법률의 문구로부터도 해석기술이라는 도구로부터도 결정은 이론의 여지없이 규정되어 있지 않다. 이러한 한에서 그러한 모든 경우에는 법률의 흠결이 존재한다. 만일 고전적 법해석론이 유추를 통해서 추론되거나 또는 단순히 확인되는 흠결에 대해서 말한다면, 문제가 되는 것은 오직 흠결의 특별한 경우, 즉 "좁은 의미의 흠결"일 뿐이다. 넓은 의미의 흠결은 상이한 해석들이 기술적으로 주장될 수 있기 때문에 법적 쟁점문제가 여전히 미해결인 경우에는 언제나 존재한다. 이러한 의미에서 법률의 흠결은 예외가 아니라 원칙이다. 왜냐하면 광범위한 성문화가 이루어진다 하더라도 해결되는 법적 문제보다는 미해결인 채로 남는 문제가 훨씬 더 많기 때문이다. 그러한 모든 법적 쟁점문제들의 경우에 법원은 결정을 내려야 한다. 많은 미해결인 법적 쟁점문제가 존재하기 때문에 바로 법원의 결정이 필요하다.

법적 논증은 - 해석법학적 논증뿐만 아니라 변호사들의 논증 또한 - 사법적 결정을 제안하고 준비하고자 하는 목적을 추구한다. 법적 논증은 그것이 단지 결정을 제안하는 방법적 추론에만 제한된다면 설득력이 없다. 예컨대 유추를 주장하는 법적 논증에 대해서 가령 반대추론을 통한 대안적 제안이 대립될 수 있다면, 그 법적 논증은 설득력이 없는 것이다. 오히려 법적 논증은 **어떤 이유에서** 이러저러한 해석요소에 우선권을 부여하여야 하는지에 대해서 근거를 제시해야 한다. 만일 입법적 결정이 이러한 해석논쟁에 대해 함께 결정을 내리지 않았다고 한다면, 결국 해석논쟁은 사법적으로 결정되어야 한다. 이러한 일은 해석자가 자신이 결정해야 하는 좁은 범위 내에서 관념적으로 입법자의 역할을 대체할 경우에만 일어날 수 있다. 그러므로 **해석자**는 어떠한 해석에 대해서 사법적으로 구속력을 부여했을 때의 **결과**를 대조하고 형량하여야 하며, 그리고 그것도 구체적 결정에 관련된 사람에 대한 결과뿐만 아니라 **해석된 규범**에 관련되는 사람들에 대한 결과를 대조하고 형량하여야 한다. 이 점에서 해석에 대한 제안은 동시에 입법규범의 정확한 내용을 확정하는 규범가설에 대한 제안이다. 법윤리에 뿌리를 두는 법관에 대해서 법적 논증은 이익의 근본성에 대한 고려 하에서 형량이 불편부당하게 이루어지는 경우에만 설득력을 가질 수 있다.

그러므로 법률가는 결코 구체적 경우에 대해서만 결정하는 것이 아니라, 추상적 일반적으로 효력을 가지는 법의 정확한 내용에 대해서 결정하는 것이다. 다른 말로 하자면, 그는 선결례(이에 대해서는 다음 장을 보라)를 형성하는 것이다. 이러한 방식으로 외견적으로는 "해석"을 통해서 법률로부터 "추론"되나, 법률이 처음부터 대답하지 않았거나 심지어는 상이한 대답조차 하지 않은 문제들을 규율하는 수많은 법제도들이 생겨난다.

특히 "분석학파"의 법실증주의자들이 원용하는 존 오스틴 *John Austin*은 법적 의무와 도덕적 의무의 분리를 다음과 같은 말로써 근거지었다.

"무해한 혹은 적극적으로 이익이 되는 행위가 사형에 처한다는 조건하에 군주에 의해서 금지되어 있다고 가정해보자. 내가 이 행위를 한다면, 나는 재판을 받고 유죄를 선고받아야 한다. 신법(神法)에 근거한 예외, 이의, 요청은 결코 법원에서는 받아들여진 바 없다."[2]

이 말은 그 일반적 형식에서 - 오늘날의 관점에서 말하면 - 결코 운명세계의 법현실을 표현하고 있지 않다. 이 말은 비현실적일 뿐만 아니라 경악스러운 것이다.

외국판결의 유사한 실례를 통해서 보충될 수 있는 몇몇 독일판결

---

[2] *Lectures on Jurisprudence*, 4. Aufl. 1873, Bd. I, 215면.

의 예를 들어보자.

형법전이 특정한 행위에 대해서 형벌을 예외 없이 규정하고 있다 하더라도 그리고 그 행위가 명백히 확정되어 있다 하더라도, 법원은 빈번히 무죄판결을 내린다. 왜냐하면 법원은 법전이 애초에 예상하지 않은 일련의 **정당화원칙과 면책원칙**을 형성해왔기 때문이다. 따라서 예컨대 자신의 물건을 파괴하는 것에 대한 피해자의 "승낙"뿐만 아니라 단순한 "추정적 승낙"(예를 들어서 우리가 망가진 수도관 때문에 부재중인 이웃의 집이 침수되는 것을 막기 위해 그 이웃의 문을 부순다)까지도 정당화사유로서 효력을 가진다. 이것은 형법에 따르면 주거침입과 재물손괴로 처벌받는 "무해한 또는 적극적으로 이익이 되는 행위"이다. 그러나 그 행위자는 "재판을 받거나 유죄를 선고받지 않을 것이다." 이러한 근거에서 결국 추정적 승낙의 사실적 조건에 대한 착오도 역시 법적으로 승인되고 무죄판결을 받을 것이다(실제로는 수도관이 망가지지 않았고 다만 그렇게 보였을 뿐이다).

제국재판소 형법판례집 61, 242 이후로 형법에서는 심지어 "초법률적(!) 긴급피난"까지도 정당화사유로서 승인되고 있다(예: 사고에 관여된 사람이 중상을 입은 사람을 병원에 데려가기 위해서 경찰이 나타날 때까지 사고장소에서 기다릴 의무를 **위반한 경우**). **그러나 또한 다른 일련의 정당화사유들과 면책사유들**이 판결에 의해 형법과는 상관없이 발전되었다.

독일에서 효력을 발생하고 있던 1871년의 형법전을 대체한 형법의 새로운 법전화는 사법적으로 발전된 정당화사유들과 면책사유들 그리고 "초법률적 긴급피난"까지도 합법화하였다. 이 점에서 법과 도덕의 분리는 철저하게 수행되었다. 그러나 이러한 "철저한 분리"는 확실히 단지 짧은 기간 동안만 지속된다. 법전이 공포되기가 무섭게 새로운 문제들이 발생하고, 다시 도덕철학적 문제들이 법문제가 되기 때문이다.

그러나 법과 윤리 사이의 조정은 윤리적 이유에서 법률에 표현된 법적 의무들이 사법적으로 제한되도록 예외가 베풀어져야 한다는 것만을 의미하는 것이 아니라, 도덕적 근거들로 부터 새로운 법적 의무들이 사법적으로 새롭게 형성된다는 것을 의미한다. 물론 이러한 사실은 "법률 없이는 형벌도 없다"(nulla poena sine lege)라는 원칙 때문에 형법에서는 불가능하다. 그러나 다른 모든 법영역에 관해서는 이에 대한 수많은 예들이 존재한다. 예컨대 사람들은 **법원에 의하여 발전된 다음과 같은 원칙**들을 염두에 두어야 하다. 즉 적극적 채권침해, '계약체결상의 과실'(culpa in contrahendo), 신탁, 사정변경의 원칙, 양도담보, 사실적 계약과 같은 **민법상의 법제도들**, 또는 취소와 철회이론, 결과제거청구권 이론, 경찰침해의 국가법적 보장과 같은 행정법상의 제도들, 그리고 위험영역의 획정이나 사회적으로 정당화되지 않는 해고와 같은 노동법상의 원칙 등이 염두에 두어야 할 제도들이다.

그러한 법의 제정에 직면해서 비아커 *Wieacker*는 예컨대 채권법은 그 법을 지탱하는 정신적 근거가 (자유주의적·개인주의적 채권법에서 사회지향적인 채권법으로) 변화했다고 말한다. 그 결과 "실제 '효력을 가지는' 사법(私法), 특히 사법일반이론과 채권법이 이미 1933년 이전에 더 이상 법조문에서 추론될 수 없게 될 수도 있다."[3] 민법전이 효력을 가지는 것이 아니라 판결에서 해석된 민법전이 효력을 갖는다. 그렇기 때문에 효력을 가지고 있는 법에 대한 정향(定向)은 법률이 아닌 판결을 매개하는 주석서를 수단으로 해서만 가능하다.

법해석은 일차적으로 법의 이해를 의미한다. 그러나 또한 개별적 경우에 제기되는 구체적 문제에 대답하기 위해서 필요하다면 법해석은 법에 대한 책임 있는 숙고를 의미한다. 이 점에서 법해석학은 **규**

---

[3] Franz Wieacker, *Privatrechtsgeschichte der Neuzeit*, 2. Aufl., 514, 515면.

범형성에의 참여이며, 따라서 "**응용적 해석학**"이다.[4] 그러므로 법해석학은 오직 실제 규범근거와의 관련에서만 파악될 수 있다.

지난 세기의 법철학에서 순수 법실증주의가 우세하였기 때문에 이러한 사실은 광범위하게 의식에서 배제되었다. 사람들은 법현실을 고찰함으로써 제기된 문제들에 대해서, 마치 그것에서 문제가 되는 것이 선의로 여겨질 수도 있는 정치적·도덕적 요구인 것처럼, 단순히 법관이 법과 해석기술에 구속된다는 것을 강조함으로써 대답할 수 있다고 믿었다. 법률에 대한 법관의 구속은 사실상 없어서는 안 될 원칙이며, 평화와 민주적 기본질서뿐만 아니라 또한 모든 진보의 관철가능성과 유지가 이 원칙과 생사를 같이 한다. 그러나 법해석을 기술로 환원시키는 것은 결국 불가피하게 모든 해석요소나 추론절차를 결정하는 객관적 근거들과 원칙들을 파악할 수 없도록 만든다. 실증주의의 편파성을 탈피한 새로운 법해석론은 다시금 법적 논쟁의 근거들과 원칙들을 조망할 수 있도록 만들었으며, 그럼으로써 법철학적 성찰을 가능하게 했다.

---

4) Hattenhauer, Reform durch Richterrecht?, in : ZRP 1978, 83면 이하가 그러하다. 이에 대하여는 Haverkate, Untaugliche Warnung vor dem Richterrecht, in ZRP 1978, 88면 이하를 보라. 또한 Wieacker, *Vom römischen Recht*, 1961, 242면 이하; Schulz, *Geschichte der römischen Rechtswissenschaft*, 1961, 362면 이하.

법제정독점의 이념 – 역사적 개관

판결이 규범형성에 참여하는 것에 대하여 입법자의 법제정독점권을 주장하는 법실증주의는 법관을 법의 적용자로 이해한다. 그러나 역사적으로 보면 법관은 법률이 존재하기 이전에 존재하였다(포탈리스 Portalis).5) 법관들은 처음으로 – 그리고 후에 법학자들의 지지를 얻어 – 무엇이 법인가를 선언했다. 입법자들이 존재하게 된 이후, 입법자들은 법적 논쟁을 독점하여 결정을 내릴 우선권을 갖게 되었다. 그러나 처음에는 그것이 법제정독점권을 의미하는 것은 아니었다. 오히려 입법자들이 미처 결정하지 않은 모든 법적 논쟁들은 법률가들에 의해 결정되었다 – 이때에 법관들은 다른 법관들의 이전의 결정들을 원용하고 경우에 따라서는 선결례에 구속력을 부여하는 경향이 있었다. 이러한 의미에서 대체로 로마법은 대부분 법관법이었다. 유스티니

---

5) 프랑스민법전의 가장 영향력 있는 편집자 중 한 사람인 쟝 에티엔 마리 포탈리스 *Jean Etienne Marie Portalis*의 1803년 2월 23일자 연설. 중요한 부분은 다시 Kantorowicz, *Aus der Vorgeschichte der Freirechtsschule*, 30면 이하에 전제되어 있음. 또한 Mendelsohn/Bartholdy, *Das Imperium des Richters*, 1908, 153면; Schäfer, *Die deutsche Justiz*, 1928; Marcic, *Vom Gesetzesstaat zum Richterstaat*, 1975, 24면 이하, 336면 이하, 372, 373면; L. Wenger, *Festschr. zur Jahrhundertfeier des ABGB* I 1911, 481면 이하; Ermacora, *Verfassungsrecht durch Richterspruch*, 1960, 5면을 참조하라.

아누스 황제가 처음으로 이러한 법제정**우선권**을 법제정**독점권**으로 바꾸었다.6) 유스티니아누스 법전은 그 이후로 유일한 법원(法源)으로 간주되었다. 법의 변경뿐만 아니라 보완까지도 황제는 이를 금지하였다. 이러한 요청은 그때부터 유럽의 법실무뿐만 아니라 법이론에도 매우 깊은 영향을 미쳤다. "법실증주의"의 핵심은 입법자가 법률가들에 대해서 가지고 있는 법제정우선권을 법제정독점권으로 바꾸는 것이 유익하고 의미 있으며 또한 정당하다는 주장이다.

이러한 의미에서 법실증주의는 언제나 '**성문법 만능주의 이념**' (Kodifikationsidee)과 연결되어 있다. 법실증주의는 특히 18세기에서 19세기로의 전환기에 번성했고, 법관에 의한 법의 계속형성이 훌륭한 성문화에 의해서 전혀 불필요한 것이 될 수 있다는 견해에서 정점을 이루었다. 그러나 법관은 "법을 말하는 입"이 아니라 순수한 법적용 기계에 불과하다는 몽테스키외 *Montesquieu*의 과격한 표현은 실무에서는 전혀 관철되지 않았다. 그러나 18세기에서 19세기로의 전환기에 유럽에서 행해진 자연법의 성문화는 명백히 법관의 법에 대한 구속을 극단적으로 실현시키고 그리고 그것도 프랑스혁명의 결과 생겨난 법전들7)뿐만 아니라 계몽 군주에 의해 성문화된 법전들까지도 극단적으로 실현시키고자 했다. 프리드리히 대제는 프로이센 일반란트법 제정위원회에 업무를 부과한 1780년 4월 14일의 칙령에서 "어떠한 법관에 대해서도, 꿈에라도 … 이 법을 해석하고 확장하거나 제한하는 것을 허용하지 않을 것이며 더욱이 새로운 법률을 제정하는 것에 대해서는 말할 것도 없다"고 선언하였다. 의심스러운 경우들은 법전이

---

6) Wieacker, *Vom römischen Recht*, 1961, 242면 이하.;Schulz, Geschichte der römischen Rechtswissenschaft, 1961, 362면 이하. "법제정우선권"과 "법제정독점권"의 개념에 대해서는 Kriele, *Theorie der Rechtsgewinnung*, 60면 이하를 보라.
7) 예컨대 모든 재량영역을 배제하고 있는 1791년 페날 법전 제1조.

공포된 이후에도 존속할 입법위원회에 제기되어야 하고, 위원회는 왕에게 전문가소견서를 제출해야 한다. 그렇게 될 경우 법학은 불필요한 것이 될 것이다. "우리의 최종목적이 법률의 개선 … 에서 얻어진다면, 확실히 이러한 사태의 단순화에 의해서 많은 법학자들은 그들의 비밀스러운 존재를 잃게 되고 그들의 극히 사소한 계획까지도 박탈당하며, 이제까지의 모든 변호사단체들은 불필요한 것이 된다."[8] 그 대신 법률가는 유용한 상인이나 기술자가 될 수 있을 것이다. 그 결과 법전에 대한 주석은 금지되었다. 쿠비스톱 *Quistorp*의 바이에른주 형법초안은 주법률에 대하여 주석을 하는 경우에 대해서 자유형을 규정하기조차 하였다.

법관에 의한 법의 계속형성을 완전히 차단하는 것은 결국 불가능하다는 것이 입증되었다. 맨 먼저 소위 **역사법학파** - 사비니 *Savigny*가 그 기초자였고 제1 대변자였다 - 가 이러한 불가능성을 인식하였고 표현했다. 그러나 동시에 역사법학파는 자연법이론과 이성법이론을 계속해서 배척했다.[9] 그럼에도 불구하고 역사법학파의 승리는 결코 사람들이 추측하는 것만큼 획기적인 영향을 미치지 않았다. 사비니는 계속해서, 법관에게 전적으로 "문법적", "논리적", "역사적", "체계적" 수단을 통해서 "법률에 내재하는 사상들"의 재구성을 허용하는 해석론을 고안했다. 이것은 무엇보다도 법관이 법조문에 포함되어 있는 단어들의 자연적 의미를 뒤흔들 수 있다는 것을 의미한다. 즉 법관은 그 단어의 의미를 확장하거나 축소할 수 있다. 물론 이러한 일은 단

---

8) 전문은 Conrad: *Die geistigen Grundlagen des Allgemeinen Landrechts von 1794*, Köln/Opladen 1958, 13면 이하, 각주 9에서 인용함.

9) Savigny, *System des heutigen römischen Rechts* I, 1840, 32-35절. 이에 대하여는 Kriele, *Theorie der Rechtsgewinnung*, 2. Aufl., 77면 이하; Larenz, *Methodenlehre der Rechtswissenschaft*, 4. Auflage 1979, 8면 이하.

지 입법자가 표현하고자 했던 법사상에 대해서 효력을 부여하기 위해서이다. 법관은 이러한 법사상을 그가 관념적으로 입법자를 대체하고 "입법자의 행위를 기술적으로 반복"함으로써 역사적 방법으로 탐구하고, 아울러 법의 위치가 역사적 해석학적인 전체적 연관에서 가지는 의미를 이해함으로써 체계적 방법으로 탐구한다. 사비니 이후 법관에게는 법제도들을 새롭게 형성하는 것이 허용되었다. 물론 이것은 법률 내에서 어떠한 해결방법도 발견되지 않는 경우에 한해서이며, 그 경우에도 새로운 법제도는 기존의 법제도들과 밀접한 관련을 맺고 있어야 한다.

그럼에도 불구하고 법적 사고를 법정책적 요소들로부터 분리시키고 정치적으로 중립을 유지하기 위해서, 사람들은 푸흐타 *Puchta*에서 빈트샤이트 *Windscheid*에 이르는 지난 세기를 지배한 소위 구성적 **개념법학**의 방법을 발전시켰다. 이 방법은 특히 법에 있어서의 "학문적 실증주의"[10] 라고도 표현된다. 개념법학은 모든 법적 개념들을 하나의 포괄적 체계에서 정리하고자 한다. 법학은 우선적으로 흠을 가지고 있는 모순적인 체계를 점진적으로 보완하고 조화시키는 데에서 설명적, 계속적 법형성기능을 가져야 한다고 한다. 실제 법적으로 의심스러운 문제들은 오직 체계에 대한 연구에서만, 즉 개념을 제한적이거나 확장적으로 정의하거나 혹은 체계의 흠결을 개념을 다시 규정함으로써 대답되어야 한다.[11] 법질서는 완결된 구조로 생각되고 그 불완전한 표현이 법률이다. 법개념은 자명한, 피라미드식 형태를 가진 체계 내에 일정한 "위치"를 가지고 있고 서로 논리적으로 추론될 수

---

10) Wieacker, *Privatrechtsgeschichte*, 430면 이하. 이제는 "법학적 형식주의".
11) 주요 대변자: 푸흐타 *Puchta*, 예링 *Ihering* 그리고 빈트샤이트 *Windscheid*. Larenz, *Methodenlehre*, 16면 이하; Wieacker, *Privatrechtsgeschichte*, 2. Aufl. 399면 이하, 430면 이하를 참조하라.

있다. 법률은 이러한 체계로부터 해석되고 보완되어야 한다. 이러한 견해는 당연히 특히 '법학'(Rechtswissenschaft)에 중요성을 부여한다. 이 견해는 법관이 법학의 학문성을 주장하는 것을 허용하고, 그럼으로써 법률을 자유롭게 다룰 수 있도록 허용한다. 일반적인 철학적 실증주의 - "법실증주의"와 동일한 것이 아니다 - 의 영향을 받아 이러한 과정은 19세기의 후반에 특히 예링 *Rudolf von Ihering*에 의해 허구적인 것임이 밝혀졌다. 사람들이 체계로부터 구성하고자 하는 것은 사전에 법정책적 근거들에 삽입되어 있다. 역사적으로 보면 법개념들은 근본적으로 논쟁적 개념들이며 **법을 위한 투쟁**이라는 특정한 목적을 추구하기 위해서 깊은 영향을 받아왔다.12)

이렇듯 법률의 문언으로부터 계속 분리된 결과 예링에서 비롯하여 헤크 *Heck*에 의해 정비되고 오늘날에 이르기까지 지배적인 "**이익법학**"이 생겨났다 이 이론에 따르면 입법자는 서로 경합하는 이익들에 경계를 설정하고자 한다. 그리고 이때에 중요한 것은 법률에 표현된 이익평가에 대해서 효력을 부여하는 것이다. 그럼으로써 법률문언에 대한 수정적 해석뿐만 아니라 창조적 법보완까지도 허용되는 것으로 설명된다.

왜냐하면 사람들은 동시에 의심스러운 법적 문제들의 대부분, 어쩌면 거의 대부분이 **법률의 흠결**이 존재한다는 사실에서 비롯한다는 사실을 인식하고 있기 때문이다. 독일민법전 공포 후 기술된 이러한 사실에 대한 확인은 필립 헤크13)에서 비롯한다. 그는 우리 세기에 독일

---

12) Ihering, *Der Kampf ums Recht*, 1872; *Der Zweck im Recht*, 1877 bis 1884; 이에 대하여는 Erik Wolf, *Große Rechtsdenker*, 4. Aufl.(1963), 622면 이하; Larenz, *Methodenlehre*, 42면 이하; Wieacker, *Privatrechtsgeschichte*, 2. Aufl., 450면 이하, 564면 이하.

13) Heck, Gesetzesauslegung und Interessenjurisprudenz, in: Archiv für die civilistiche Praxis 112(1914), 174면; 저자에 의한 강조.

에서 가장 깊은 영향을 미치고 있는 법적 방법의 분석가이고, 소위 이익법학의 창시자이다. 흠결성에도 불구하고 법제정과 법적용의 분리를 고집할 수 있기 위해서는, 법률가들은 입법자들이 그들의 편에서 행한 이익평가에 구속되어야 한다고 한다. 이익평가는 역사적으로 탐구되어야 하고, 무엇보다도 결정을 필요로 하는 "동질의" 법문제들을 규율하는, 법률이 점하고 있는 위치에서 추측되어야 한다. 사람들은 유추가 법적 사고에 있어서 법정책적 요소들을 차단할 수 있으리라고 가정한다.

물론 이러한 가정은 궤변을 근거로 하고 있다. 왜냐하면 문제는 언제나 결정을 필요로 하는 상황과 입법자에 의해서 규율된 상황이 실제로 같은 종류인가의 여부이기 때문이다. 정도의 차이는 언제나 존재하며, 문제는 이러한 **차이가 중요한 것인가** 하는 점이다.[14] 이 점에 대해서 결정을 내리는 숙고는 불가피하게 법정책적 성격을 지닌다. 즉 법률가는 만일 그가 이러한 또는 저러한 식으로 결정을 내렸을 때 어떠한 실제결과들이 예견되는가를 질문하여야 하고, 어떠한 이유에서 그 가운데에서 한 결과를 다른 결과들에 대해서 선택해야 할 것인지 의문을 제기해야 한다. 이러한 문제들에 대한 숙고를 사람들은 아마도 자연법적 개념이 가지는 "일반적 체계"의 형태라는 부담 때문에 "자연법적"이라고 부르지 않는 듯하다. 만일 사람들이 "이성" 적으로 서로 이야기할 준비자세가 되어 있고, 또한 이러한 관련 하에서 예견되는 규범결과들과 그 결과들이 일반적 내지는 상대적으로 근본적인 이익에 대해서 가지는 중요성에 대해서 서로 논의할 태도가 되어 있다면, 이러한 숙고는 그야말로 이성적이다.

방법론에 있어서 가장 의미심장한 변화는 **"객관적 해석"**론으로의

---

14) Kriele, *Theorie der Rechtsgewinnung*, 2. Aufl., 205면 이하; Wieacker, *Privatrechtsgeschichte*, 574면 이하.

변화이다. 이 이론은 1885년에 빈딩 *Binding*과 바하 *Wach*[15])에 의해서 발전되었고, 곧바로 - 물론 전혀 다투어지지 않는 것은 아니다 - 관철되었다. 이 이론에 따르면 해석은 입법자의 의사가 아니라 "법률의 의사"를 탐구해야 한다. 입법자의 의사는 상황에 따라서 예컨대 의회의사록과 위원회회의록으로부터 역사적으로 탐구되어야 한다. "입법자의 의사" - 기만적 개념 - 에 대한 탐구가 의미하는 것은 변화하는 관계들과의 관련에서 - 실제상황뿐만 아니라, 그 밖의 법질서와의 관련에서 - 법률을 파악하는 것이다. 요컨대 법률을 현실적 관련에서 해석하는 것이다. "법률이 생각하고 의욕하는 것은 이성적으로 해석하는 민족정신이 법률에서 끌어내는 것이다."(빈딩)[16]) 이 이론이 법관에게 광범한 활동영역을 부여한다는 사실은 명백하다. 이 이론은 예컨대 민법전의 입법자에게서 고백되었지만 의식적으로 배척된, - '사정변경약관'(clausula rebus sic stantibus)으로서 - 오랜 전통을 가지고 있는 사정변경의 원칙과 같은 법제도들을 법관이 도입하는 것을 허용한다.

객관적 해석론은 이러한 광범위한 법관의 활동영역 때문에 다투어진다. 이 이론이 가지는 논의의 여지는 법률의 해석시에 판결이 이 이론 또는 다른 이론에 - "객관적" 또는 소위 "주관적"(역사적) 이론에 - 의존하는 것을 가능하게 한다. 판결은 독립적으로 선택할 수 있고 또한 그렇게 한다. 두 이론은 모두 실무에서 응용되고 있다. 이러한 사실은 법관의 자유를 다시금 현저하게 확장시킨다.

이와 유사한 사실이 **법적 논리**의 적용에 대해서도 타당하다. 어떤 규범도 어떤 추론절차를 선택하여야 하는지에 대해서는 규정하고 있

---

15) Binding; *Handbuch des Strafrechts* I, Leipzig 1885, 450면 이하; Wach; *Handbuch des deutschen Zivilprozeßrechts*, 1886, 254면 이하.
16) Binding, 같은 책.

지 않다. 법관은 법률에 규정되어 있지 않은 청구를 그것이 보장되어서는 안 된다는 이유로 규정하지 않았는지(소위 반대추론), 또는 "유추"를 통해서 보충될 수 있는 흠결이 존재하는지 결정한다. 법관은 법률의 일정한 부분을 확장해석할 것인가 아니면 축소해석할 것인가 등의 문제에 대해서 결정한다. 결국 법관에게는 일정한 법적 조작(操作) - "논리적인 수 초"간의 "통과운송영업"과 같은 - 이 허용된다. 법관은 통과운송영업이 시작되었는지에 대해서 결정하고 이 방식으로 그 결과를 규정한다. 그러므로 - 비아커 *Wieaker*가 말하고 있듯이 - "법률가들이 뜻대로 그러한 구조를 적용하거나 무시한다"는 외견적 "무책임성과 비논리성의 인상이 발생한다. 그들은 그것에 대한 어떠한 확신도 가지고 있지 않다."17) 만일 법관이 이러한 방식으로 엄격히 논리적으로 입증함으로써 자신의 결정을 법률로부터 이끌어낸다면, 그는 "탄착점에 표적을 그려놓고 당연히 12점 만점을 맞는 사람"과 똑같은 사람이다.18)

---

17) Die juristische Sekunde, in: *Festschr. f. Erik Wolf*, Frankfurt 1962, 421면 이하(452면).
18) K. Michaelis, Über das Verhältnis von logischer und praktischer Richtigkeit bei der sogenannten Subsumtion. Eine Kritik der Subsumtionsbegriff, in: *Göttinger Festschr. für das OLG Celle*, Göttingen 1962, 117면 이하(130면).

제17절

법률에 대한 이해

 법실증주의의 정당한 핵심은, 흔히 이야기하는 바와 같이, 법률의 구속력에 관한 완고한 주장이다. 법률을 적용하는 것은 법에 대한 "이해"를 전제로 한다. 그러나 이해는 단지 논리의 문제만이 아니라 언어의 문제이기도 하다. 법조문은 단지 논리의 문제만이 아니라 언어의 문제이기도 하다. 법조문은 문학적 문장이나 신학적 문장과는 전혀 다른 것이다. 그리고 그 결과 법해석학은 문학적 해석학이나 신학적 해석학과는 전혀 다른 것이다.[19] 법률은 결정에서 비롯되며, 결정은 **실제문제**에 대해서 구속력 있는 대답을 주는 것이다. 그러한 대답은 우리가 법이 대답을 주고 있는 실제문제들을 곰곰이 생각해볼 때에만 이해될 수 있다. 그러므로 법률에 대한 이해는 실천이성적인 숙고능력을 전제로 한다. 법률에 대한 "이해"가 의미하는 것은, 우리가 관념적으로 입법정책논쟁에 참여하고, 입법자가 구속력을 부여하고자 했던 의견을 그 근거로부터 추적하는 것이다. '입법이유'(ratio legis)에 대한 재고(再考) 없이는 문법적, 논리적, 체계적 해석과 그 밖

---

19) 이에 대하여는 *Poetik und Hermeneutik*, Bd. IX, Fink Verlag, München 1980년 출간 예정을 보라.

의 해석은 전혀 존재할 수 없다. 법률이 가지는 근거들로부터 그 내용이 정확히 파악되었는지 등의 문제가 대답된다. 다른 말로 하면, 다음과 같다. 즉 민주적 헌법국가에서 불편부당한 정의라는 대표윤리에 복종하는 법을 위한 투쟁의 산물로 법이 생겨나면, "법률해석"은 명백히 다음과 같은 것을 의미한다는 것이다. **"어떤 이유에서"** 입법자는 그러한 결정을 내렸고 그와 다른 결정을 내리지 않았는가 하는 것이다. 이를 위해서 우리는 입법자가 자신의 결정을 통해서 잠정적으로 종결시키려 했던 법정책적 논의에 참여하여야 한다.

고전법철학은 법관은 "정의로워야" 한다는 점에서 출발한다. 이것은 결코 법관이 법에 충실하지 않아야 한다는 것을 의미하지는 않는다. 오히려 그 의미는 법관이 법률을 올바르게, 법의 목적에 맞게 해석해야 한다는 것이다. 그리고 여기에는 법의 목적은 정의의 실현이라는 사실이 전제되어 있다. 그에 대해서 법실증주의의 영향을 받아 발전된 방법론은, 법관은 오직 습득할 수 있는 해석방법상의 기술을 공정하게 적용하기만 하면 된다고 생각한다. 이 경우 중요한 것은 지적 이해과정이며, 이것은 정당한 형량과 정의의 정신에 일반적으로 여지를 인정하지 않는다. 이러한 견해는 두 가지 점에서 잘못 판단하고 있다. 첫째, 법정책적 논쟁문제들에서 우리는 실천이성의 실현을 목적으로 하는 법률을 그 법률이 가지는 이성적 근거들과 관련시키지 않는 한 전혀 이해할 수 없다는 점이다. 둘째, 입법자가 예견할 수 있었던 것보다는 훨씬 더 많은 법적 문제들을 생활이 야기시킨다는 점에서 대부분의 법적 논쟁문제들이 발생한다는 점이다. 이 경우 법적 논증은 **법률의 구속력 범위 내에서** 법정책적 내용을 가진다. 입법적 논증이 윤리적 논증의 특별한 경우인 것과 같이, 법적 논증은 법정책적 논증의 특별한 경우이며 입법자에 의해 내려진 결정에 구속된다는 사실로부터 깊은 영향을 받는다. 공평하고 정당하게 형량할 수 있는 법관만이 훌륭한 법관이 될 수 있다. 그러나 그것은 책임능력을 전제로 하며, 단순히 습득될 수 있는 기술에 불과한 것은 아니다.

법과 정의의 관련은 근대의 계몽주의적 법이해에서 전혀 그 의미를 잃지 않았다. 다만 정의의 이념을 새롭게 정의하는 것에 의해서 변화했을 뿐이다. 계몽주의 이전의 법질서는 suum cuique - 각자에게 그의 몫을 - 이라는 원칙을 의미한다. 근대입법국가는 선존하는 법을 주권적으로 처분할 가능성만을 형성한 것이 아니다. 근대입법국가는 법을 끊임없이 정치적 변화라는 역동적 과정에 종속시켰고, 법으로 하여금 "모든 사람은 자유와 존엄에 대한 동등한 청구권을 가진다"라는 계몽주의원칙을 지향하도록 하였다. 이러한 의미에서 **법률의 목적은 법을 정의에 접근시키는 것이다.** 법률가는 그가 이러한 법의 목적을 추구할 수 있는 경우에만 법률을 이해하고 해석하고 계속 형성해 나갈 수 있다. 불편부당한 형량에 대한 선의(善意) 없이는 우리들은 선존하는 법률을 해석할 수 없을 것이다. 즉 정의에 대한 선의 없이는 훌륭한 법률가가 될 수 없다.

입법적 결정을 이해하는 것은 다음과 같은 사실에 의존한다. 그것은 우리가 공평무사한 형량에 대한 선의를 민주적 입법자가 보통 가지고 있다고 간주하는가의 여부이다. 이러한 점은 우선 법률의 내용이 명백히 비이성적이고, 사도(邪道)의 것이며, 정당치 못한 의미를 가져오는 경우 우리가 그 법률의 내용에 얽매일 수 없다는 사소한 사실에서 나타난다. 그러한 경우 우리는 곧바로 다음과 같이 추론할 수 있다. 즉 "그것은 그렇게 생각될 수 없다"는 것이다. 헌법에서 보이는 몇 가지 예들이 이 점을 명백히 해준다.

예컨대 기본법 제1조 제1항 "인간의 존엄은 불가침이다"는 말 그대로 받아들여서는 안 된다. 왜냐하면 이 조문이 의미하는 바는 인간은 자신의 존엄을 침해하지 않고서도 다른 인간에게 모든 자의적(恣

意的)인 일을 할 수 있다는 것을 뜻할 수도 있기 때문이다. 그러나 이 조문이 의미하는 것은 정반대이다. 유감스럽게도 인간의 존엄은 침해될 수 없고, 인간의 존엄을 침해하는 규범 또는 예외는 위헌(違憲)이라는 것이다. 기본법 제1조 제1항이 그렇게 해석되어야 한다는 것은 "자명하다." 이러한 자명성은 동시에 재고의 여지가 없는 것이다. 어째서 우리는 이 해석에 대해서 그렇게 확신할 수 있는가? 그 근거는 다음과 같다. 즉 우리는 국가사회주의가 분쇄된 이후 기본법이 성립되게 된 역사적 상황에서 생각한다. 그리고 우리는 입법자가 경험에 의거하여 인간의 존엄에 매우 특별한 보호를 하고 있고, 모든 권리가 인간의 존엄보호를 지향하도록 의도하였다는 사실을 알고 있다. 이러한 관점에서 기본법 제1조 제1항 제2문 역시 파악된다. "인간의 존엄을 존중하고 보호하는 것은 모든 국가권력의 의무이다"는 제1문과 모순되는 것이 아니다. 이것은 제1문을 보충하고 확인하는 것이다. 제1조 제3항 "이하의 기본권들은 입법, 행정, 사법을 직접 효력을 가지는 권리로서 구속한다" 역시 말 그대로 이해되어서는 안 된다. 즉 "이하의" 기본권들만이 직접 효력을 가지고 앞에 규정된 제1항은 직접 구속력을 가지지 않는 것으로 이해되어서는 안 된다.

다른 예는 다음과 같다. 제3조 제3항 "어떤 사람도 자신의 양심에 반해서 '무장전시근무'(Kriegsdienst mit der Waffe)를 강제당하지 아니한다"는 문언 그대로 오직 전시에만 보호되는 것으로 해석되어서는 안 된다. 이 조문은 사람들이 군사교육 역시 강제당해서는 안 된다고 해석되어야 한다. "무장하여"(mit der Waffe)라는 단어는 "전시근무"(Kriegsdienst)를 보충하는 것이며, "강제된다"(gezwungen werden)를 보충하는 것이 아니다. 어디에서 우리는 이러한 모든 것을 알 수 있는가? 우리는 입법자가 이성적인 결정을 내리고자 했으리라고 간주하기 때문이다. 이와 다른 해석에 대해서 우리는 곧바로 다음과 같이 말할 수 있다. 그것은 그렇게 생각될 수는 없다. 만일 제12조 제1항 제1문 "모든 독일인은 직업, 노동장소 그리고 교육장소를 자유롭게 선택할 권리를 가진다"를 읽고 말 그대로 해석하는 경우 다음과 같이 추론할 수도 있다. 예컨대 의사라는 직업을 규정된 교육을 받지 않고 행사할 수도 있다는 것이다. 그러나 역시 그렇게 생각되어서는 안 된다. 왜냐하면 그렇지 않다면 환자의 건강이 위험하게 될 것이기 때문이다. 헌법규정들이 그렇게 해석되고 다르게 해석되지 않는다는 것은 극단적인 경우에 직접적으로 명백해진다. 왜냐하면 우리는 다음과 같은 점에서 출발하기 때문이다. 즉 입법자는 목적을 추구하며 우리는 그 목적이 이성을 실현시키고자 하는 것이라고 간주한다는 것이다. 그리고 우리는 (입법자 등과) 같이 생각하는 법률가로서 무엇이 명백히 비이성적인 해석인가를 알고 있기 때문이다.

제18절
해석영역과 계속적 법형성

　법적 소송은 일반적으로 결정이 법조문 자체에서 이해될 수 없는 경우에만 발생한다. 이러한 점은 특히 상고심에서 타당하다. 상고심에서는 오직 법적 문제만이 다투어지고, 이 점에서 사실의 확인 역시 문제될 수 있는 항소심과 구별된다. 예컨대 기본법 제93조 제1항 제2문의 규범에서 언급되어 있는 바와 같이 "의심과 상이한 의견들"에 대해서 결정을 내리는 것은 사법절차의 의미이며 목적이다. 엄숙한 법관들에게도 역시 의심과 상이한 의견들이 존재할 수 있다는 바로 그 이유 때문에 결정기관이 필요하다.

　결정한다는 것은 바로, 흔히 말하듯이, 담화에서 합의가 이루어지기 전에 구속력을 창출한다는 것을 뜻한다. 합의가 성립될 수 있다면 해석문제에 대한 어떠한 법적 논쟁도 존재하지 않을 것이며, 그러한 한에서 결코 어떠한 결정도 필요하지 않을 것이다. **법관에 의한 결정** 역시 담화를 차단시키지는 않는다. 담화는 예컨대 재심, 기판력 있는 결정에 대한 법학적 또는 언론적 비판, "소수의견", 선결례를 고려하는 장래의 쟁송절차, 또는 입법절차에서 계속된다. 그러므로 결정에 대해서 합리적으로 논의가 이루어질 수 있다는 점이 전제되어 있다.

또한 나아가서 법원이 자신의 결정을 근거를 통해서 정당화시킬 수 있다는 점이 - 이러한 근거들에 대해서 반대근거들이 대립되는 경우에도 역시 - 전제된다. 결정이라는 개념에는 그러므로 주관적 자의성("결정주의"논쟁이 때때로 가정하듯이)이 아니라 오직 합리적인 토론능력과 논쟁중지와 구속력창출에 대한 실천적 필요 사이의 절충이 있을 따름이다(위 제8절 참조).

법관이 겪게 되는 기본경험 중의 하나는 인생에는 가장 창조적인 입법자가 예견할 수 있는 것보다 훨씬 더 많은 공상적인 일들이 존재한다는 것이다. 생활에 밀접한 실례들을 거의 남김없이 생각하고자 하는 법이론가나 법해석자는 인간의 상상력의 한계를 배우게 된다. 그러나 그가 인간의 생활을 완전히 파악하고자 하여 그에 대한 실례들을 판례집에서 찾는다면, 그는 다음과 같은 사실을 알게 된다. 즉 인생은 그가 생각해내거나 입법자가 예견할 수 있는 것에 비하여 넘쳐흐를 정도로 많은 **뜻밖의 문제상황들**을 야기한다는 것이다. 법관은 그에게 맡겨지는 문제들에 대해서 결정을 내려야 한다. 그는 입법자가 그 일에 대해 미리 결정을 내리지 않았다는 것을 지적하여 대답을 거부할 수 없다. 그것은 법적 거부가 될 것이다. 그는 그 경우에 직면해서 무엇이 정확히 법으로서 효력을 가지는가를 결정함으로써 대답할 수 있을 뿐이다. 그러나 법적 속성에서 나타나는 법적 문제들이 실제로 법조문이 대답을 준 문제와 정확히 일치하고, 그리고 이러한 일이 입법자료뿐만 아니라 입법자가 결정을 내린 역사적 상황까지도 충분히 평가함으로써 이루어진다는 것이 받아들여진다면 논쟁의 여지없이 확정된다. 그러나 이러한 경우에도 역시 일방 당사자가 입법자에 의해서 가정된 **사실이 변화했다** - 사실적 관점 또는 규범적 관점에서 - 는 점을 주장하는 것이 허용된다. 예컨대 민법전은 점유의 이전 없는 저당권이 허용되는가의 문제에 대해서 "아니다"라고 대답했다. 왜냐하면 법률의 문언과 성립사가 그 점을 명백히 증명하기 때문이다. 그럼에도 불구하고 경제적 필요에 직면해서 판결은 "양도담보"제도, 즉 점유 없는 저당권제도에 대해서 근거를 제공했다. 왜냐하면 실제 상황들이 변화했기 때문이다. 다음과 같은 예도 존재한다. 1897년의 형법제정자는 법적 지식이 결여되어 있으면 형벌을 받지 않는가라는 문제에 대해서 "아니다"라고 대답했다. 그럼에도 불구하고 연방법원은 극단적인 경우 금지착오에 대해서 면책적 효력이 있다고 판결했다. 왜냐하면 규범의 범위가 변화했기 때문이다.

그러므로 언제나 다음과 같은 문제가 제기될 수 있다. 오늘날의 법상황을 법률이 성립될 때의 법상황과 달리 평가하여야 하는가? 법관은 이 문제에 대해서 부정적 대답을 할 수 있다. 그리고 만일 특별한 근거가 예외적으로 일탈을 요구하지 않는 한(알렉시 *Rebort Alexy*),20) 우리는 그가 그 문제를 부정해야 한다는 원칙을 내세울 수 있다. 이러한 추정원칙이 소위 "객관적 해석론"의 지지자들에 의해서 주장된다 할지라도, 그 결과는 입법자의 의사("주관적 해석론")가 아니라 "조문에 객관화된 법률의 의사"에 좌우되어야 한다. 그러나 오늘날의 법상황과는 달리 평가되어야 한다는 사실에 대한 확인은 법조문이 대답을 주지 않고 있는 문제에 대해서 대답을 준다. 이 점에서 개별적인 경우에 법원은 어느 정도 "재구성적 해석학"을 지지하는 결정을 내려야 한다. 그러나 이러한 결정 역시 오직 "응용적 해석학"의 범위 내에서만 생각될 수 있다. 결국, 만일 입법자가 법관에 의한 법의 계속형성에 대해서 침묵하지 않고 수정적 법률개정이라는 방법으로 그에 대해서 대답하지 않고 있다면, 이 법률은 - 언제나 그 법률

---

20) "법률의 문언이나 역사적 입법자의 의사에 대한 구속을 표현하는 논거가 다른 논거에 우선한다. 다른 경우에는 다른 논거를 우선시키는 데 대한 이성적인 근거가 제시되어야 한다." *Theorie der juristischen Argumentation*, 1978, 305면.

이 "새로운 것"이고 그 법률의 해석에 대해서 어떠한 진지한 의견의 다양성도 존재하지 않는 경우에 한해서 - "구성적 해석학"에 복종하고 있는 것이다. 그 밖의 경우 모든 법해석학은 "응용적" 해석학이다.

자유주의적 법치국가에서 사회적 법치국가로

법관의 권력은 수십 년 내에 실제 효력을 나타내고 있는 법의 정신적 근거들을 변화시키기에 충분하다. 이 변화를 사람들은 흔히 "자유주의적 법치국가에서 사회적 법치국가로"라는 표어로 특징지우곤 한다.[21] 만일 기본법이 독일연방공화국을 "사회"국가로 표현하고 있다면(제20조 제1항, 제28조 제1항), 기본법은 이 표현으로 오래전부터 지배적인 것이 된 새로운 방향을 승인하는 것이다. 기본법은 이제 그러한 새로운 방향을 헌법에서 정당화하는 것을 가능하게 한다.[22] 그러나 만일 사람들이 사회국가조항이 변화를 가능하게 한다거나 판결이 변화를 단지 고무시킬 것을 필요로 한다고 가정한다면, 그것은 원

---

21) Wieacker, *Das Sozialmodell der klassischen Privatrechtgesetzbücher und die Entwicklung der modernen Gesellschaft*, Karlsruhe 1953.

22) 그러므로 비아커 *Wieacker*는 판결을 사회국가조항에 의해 제한하기 위해서 "사회정형적 행위에서 성립된 계약관계"에 대한 판결을 사회국가조항에서 정당화하려고 한다. Willenserklärung und sozialtypisches Verhalten, in: *Göttinger Festschrift f. d. OLG. Celle*, Göttingen 1962, 263면 이하(284,285면). 사회국가조항에서 정당화하려는 데 반대하는 것으로는 Forsthoff, *Begriff und Wesen des sozialen Rechtsstaates*, VVdStRL Bd. 12, 8면 이하.

인과 결과 사이의 관계를 철저히 오해한 것이다.

이러한 과정이 가지는 의미를 명확하게 하기 위해서, 이 과정을 하나의 예를 들어 설명해 보자. "계약"의 개념은 법의 기본개념에 속한다. 계약상의 의무의 발생, 범위, 소멸은 오늘날에도 여전히 민법전(BGB)이 규정한 원칙들 아래에 있지 않다 - 어떻든 오직 이 원칙에 의해서만 규율되는 것이 아니다. 이 법전 - 1896년 8월 18일 공포, 1900년 1월 1일 효력발생 - 에 따르면 사람들은 서로 일치하는 의사표시를 교환(의사주의 또는 표시주의)함으로써 계약관계에 들어간다. 오늘날 사람들은 의사표시를 교환하지 않고서도 계약관계에 들어갈 수 있다. 왜냐하면 가령 사람들이 의사표시를 하였다는 의견을 다른 사람이 가질 수 있기 때문이다(신뢰보호설).[23] 또한 무효의 의사표시에도 불구하고 "사실적 계약관계"가 성립할 수도 있다.[24] 결국 사회정형적인 관계들은 계약관계에 들어가지 않겠다는 의사가 명백히 표현되지 않는 한 스스로 계약을 발생시킬 수 있다.[25]

민법전에 따르면 계약체결을 통해서 의무가 발생하고, 사람들은 의사표시에 의해서 법률이 계약체결의 경우에 대해서 규정한 모든 의무를 지게 된다. 이에 덧붙여서 오늘날에는 수많은 부수의무들이 존재하고, 이 부수의무[26]를 침해하는 것(적극적 채권침해)에 대해서는 손해배상의무가 발생한다. 주의의무는 심지어는 준비행위에 착수하는 때에도 이미 발생한다. 그리고 이 경우의 주의의무위반에 대해서도

---

[23] 예: 편지원고가 발견되어 송부된다. 또는 누군가가 잘못하여 제3자에게 나의 대리인이라고 하였다. 그리고 나는 세심한 주의를 했다면 그것을 예방할 수 있었을 것이다.
[24] 예: 가사나 기업에 사실상 고용하는 계약 또는 외관상의 조합을 신뢰하여 행동한 상대방을 보호하기 위한 조합계약.
[25] 예: 유료주차장 사용의 경우, 전기도용(盜用)의 경우.
[26] 보호의무, 고지의무, 보관의무, 협조의무 등

역시 후에 계약이 성립하지 않게 된 경우에는 손해배상의무가 발생한다(계약체결상의 과실 culpa in contrahendo).

당사자의 계약에 대한 신뢰가 존재하는 경우 계약의 구속력을 면하는 것에 대해서 민법전은 알지 못했다(계약은 지켜져야 한다 pacta sunt servanda). 오늘날에는 계약체결시에 가정된 상황들이 변화한 경우 급부의무를 감소시키거나 급부의무를 완전히 소멸시킬 수 있다(사정변경의 원칙, 행위기초론). 나아가서 계약상의 권리를 행사하는 것이 허용되지 않을 수도 있다. 왜냐하면 예컨대 그러한 권리의 행사가 자신의 선행행위에 모순되고(금반언(禁反言)의 원칙 venire contra factum proprium),[27] 사람들이 권리를 장기간 행사하지 않음으로써 - 그러한 권리의 불행사가 지속되리라는 것에 대해서 계약상대방이 신뢰를 가질 수 있다 - 이미 실효 이전에 권리를 "박탈"당하거나 그와 유사한 일을 당할 수도 있기 때문이다.

이러한 일련의 예들은 예컨대 계속적 채권관계, 일반적 계약조건들, 부분적 파업시 기업의 위험획정 등과 관련하여 현저하게 확장될 수 있다. 입법에 의한 **계약법의 변화**[28]는 그것이 적지 않은 범위에서 발생한 것이라 할지라도 이러한 관련에서 고려되지 않았다. 다른 많은 법영역에서 유사한 발전이 보인다. 광범위한 주석서는 불가결하다. 왜냐하면 법률은 오늘날의 법상황에 대해서 더 이상 정보를 제공하지 않기 때문이다.

결론을 내리자면 다음과 같다. 계약상 의무와 근거와 범위를 민법전은 개인의 의사에 두었다. 그러나 그 경우 역시 개인을 철저하게 자신의 결정에 구속시켰다. 자유주의적·개인주의적 방향은 명백하

---

[27] 예컨대, 허락 없이 형식흠결에 공조한 자는 형식흠결을 원용할 수 없다.
[28] 행정행위(강제 임대차계약) 또는 법관의 명령에 의한 계약성립, 법관의 계약원조를 생각할 수 있다.

다.29) 민법전의 주체는 재산적 이익을 자신의 책임하에 선견적으로 관리하는 사람이며, 그가 한 임의의 약속을 다른 사람은 무제약적으로 신뢰할 수 있다. 오늘날 사람들은 개인의 의사보다는 사람들 사이의 관계에 훨씬 더 많은 주의를 기울인다. 이 관계는 사람들이 경제적 접촉에서 맺게 되는 관계이며, 서로가 고려할 것을 요구하는 관계이다. 사람들은 어떤 사람이 자기 자신을 구속하고자 하는 경우뿐만 아니라, 다른 사람을 고려해서도 또한 계약상의 의무를 발생시킨다. 그리고 반대로 다른 사람은 첫 번째 사람을 고려하지 않고는 획득된 권리를 주장할 수 없다.

가장 빈번히 사용되는 구조는 **법적 유추**이다. 법을 계속형성하기 위한 목적에서 법적 유추를 사용하는 데 대해서 라렌츠 *Larenz*30)는 다음과 같이 기술하고 있다. "최초에 오직 법률에 의거한 해결이 법의식에 명백히 모순되는 경우가 발생한다. 사람들은 사태에 합당한 해결을 위한 노력을 경주하면서 여전히 그 영향력에 대해서 의식하지 못한 채 다음과 같은 원칙과 만난다. 그것은 사람들이 사태에 맞는 해결을 위해 실정법에서 적합한 조문을 찾고 그리고 그 원칙이 개별적인 경우에 한해서이기는 하지만 그 조문에서 끄집어낼 수 있다고 믿는 것이다. 그리고 이 경우 그 원칙은 '법률로부터' 법적 유추를 통해 정당화된다." 그러므로 "적극적 채권침해"는 지체와 불가능성에 대한 법률규정들로부터 유추를 통해 결론된다. 계약상의 의무를 엄수하지 않는 것(급부의 지체나 불능의 경우), 즉 소위 소극적 채권침해는 민법전에 의거하여 손해배상의무의 근거가 된다. 그러나 적극적 행위를 통한 채권침해도 존재한다. 그러므로 그러한 채권침해도 역시

---

29) 이에 대하여는 Wieacker, *Das Sozialmodell der klassischen Privatrechtsgesetzbücher und die Entwicklung der modernen Gesellschaft*, Karlsruhe 1953을 보라.
30) *Methodenlehre der Rechtswissenschaft*, 4. Aufl., 350면 이하.

손해배상의무의 근거가 된다. 이때에 사람들은 계약불이행의무를 진다.[31] 사람들은 이 의무를 "부수적 의무"라고 부를 수 있다. 따라서 그 경우 손해배상의무를 야기하는 적극적 행위만이 문제될 수 있다. 이러한 논리를 통해 사람들은 예컨대 계약 상대방에게 계약의 실현을 위해 필요한 관청의 인가를 얻기 위해 조력할 의무를 부과할 수 있게 된다. 물론 실제로 이러한 의무부과는 지체와 불가능의 조문으로부터 유추에 의해서 결론되지는 않는다. 오히려 이러한 의무부과는 사람들이 다음과 같은 사실에서 출발할 경우에 결론된다. 즉 사회적 접촉을 가지는 시민들이 어느 정도의 신빙성과 수미일관성(首尾一貫性) 그리고 고려를 가지고 행위를 결정해야 한다는 사실이다. "유추"는 법적 근거로서 "유추냐 반대추론이냐?"라는 문제에 대한 결정을 전제로 한다. 이 결정은 법적 논리에서 다투어지는 것이 아니라 법적 논리에 선존하는 객관적 근거들에서 비롯한다.

다른 실례는 한 조문이 가지고 있는 **"법사상으로부터의" 추론**이다. 이러한 관점에서 민법 제242조는 특히 풍부한 결과를 가져오는 조문이라는 것이 입증된다. 이 조문은 다음과 같이 규정하고 있다. "채무자는 거래관계에 대해서 신의성실이 요구하는 바에 따라 급부를 이행할 의무를 진다." 이 규정으로부터 예컨대 사정변경의 원칙이 "추론된다." 채무이행의 종류와 방식에 관하여 채무자에게 의무를 부과하는 제242조는 사정변경의 원칙을 정당화할 뿐 그 원칙을 일반적으로 실현시키지는 못한다. 논리적 연결점은 제242조가 다음과 같은 점에서 오직 "일반적 법사상의 표현"이라는 것이다. 첫째, 이 법사상은 채무자뿐만 아니라 채권자에 대해서도 의무를 부과한다. 둘째, 이 법사상은 채무이행의 종류와 방식뿐만 아니라 급부의무 일반의 여부에 대

---

31) 예컨대, 매수인의 나머지 가축에게 전염병을 옮길지도 모르는 병든 가축을 인도하지 않을 의무.

해서도 적용된다. 그밖에도 셋째, "신의성실원칙"은 해석되어야 한다. 사정변경의 경우에 채무자는 곧바로 계약을 성실하게 지킬 필요가 없고, "계약은 지켜져야 한다"는 원칙에 따라 채권자가 계약의 존재에 대해서 가지는 신의와 성실은 무산(無産)된다. 결국 사람들은 제242조로부터 그 조문이 말하고 있는 것과는 거의 반대의 것을 추론한다. 이 논리적 연결점을 이 법사상은 지금도 여전히 형성하고 있다. 제242조는 계약당사자는 협약의 범위 내에서 서로를 고려해야 한다는 법사상을 그 법사상이 적용되는 특별한 경우에 표현한다. 그러나 그 법사상은 일반적 효력을 가진다. 판결을 주도하는 고유한 근거는 다음과 같다. 즉 급부와 반대급부가 어떠한 관계에서도 서로 상응하지 않는다면, 상황에 따라 계약을 고수하는 것이 더 이상 기대될 수 없다고 생각된다는 것이다. 이러한 법사상은 민법의 입법자들에 의해서 숙고되지 않았고, 배척되었다. 그들의 견해에 따르면 개인은 자신의 책임하에 자유롭게 결정할 수 있고, 그 결과에 대해서도 역시 스스로 책임을 진다. 그리고 그들은 판결이 사정변경이 있는 경우 급부의무를 소멸시키고자 한다면 판결은 그러한 결정을 제242조에서 단지 외견적으로만 정당화시킬 수 있다고 한다.

법적 구성과 실천이성

법률로부터의 연역은 법제도형성의 이러한 도덕적 동기에 의해서 결코 불필요한 것으로 되지 않는다. 소위 자유법학파[32]는 성실하게 연역하거나 전혀 하지 않고, 명목상의 연역은 언제나 포기하며, 고유한 결정을 가져오는 판결이유 - 그들은 이를 법감정에서 찾는다 - 에 대해서 공적인 효력을 부여할 것을 제안한다. 이 제안은 숙명적으로 효력을 발휘할 것이다. 자유법학파는 법관으로 하여금 자기 자신에 대해서 책임지게 하고, 그들을 전통과 학문의 관련으로부터 해방시킨다. 자유법학파는 법관에게 책임이라는 지나친 부담을 지운다. 돌발적인 깨달음과 같지 않은, 구성과 '관점들'(Topoi)을 통해서 이끌어지고 언제나 충돌과 논쟁에서 구성과 관점에 의하여 구체적 결정을 찾는 법감정은 이제 자유의지에 의해서 결정을 내려야 한다. 이것이 의미하는 것은 실제로는 오직 관점의 결합은 의식되지 않은 채로 남는 것이다.

---

[32] 주요 문헌: H. U. Kantorowica(필명: Gnaeus Flavius), *Der Kampf um die Rechtswissenschaft*, Heidelberg 1906; E. Ehrlich, *Die juristische Logik*, Tübingen 1918; H. Isay, *Rechtsnorm und Entscheidung*, Berlin 1929.

학문과 판결은 결과를 고려하여 구성되기 때문에, 결국 **구조 내에는 이성이 존재한다.** 법관이 습득한 구조와 주석서에서 추출해낸 구조를 그 결과를 생각하지 않고 사용할 만큼 정신적으로 예속되어 있고 비독립적이라고 가정한다면, 그는 아마도 많은 경우에 올바른 결과에 도달할 수도 있을 것이다. 왜냐하면 언제나 정형적인 경우가 문제가 되는 경우에는 그 경우에 대해서 구조가 형성되어 있을 것이기 때문이다. 그렇기 때문에 결과를 존중하는 법관에 대해서도 역시 구조는 유효한 수단이다. 구조는 법관에게 올바른 결과에 대한 통찰을 보증할 수 있고, 심지어는 종종 올바른 결과에 대한 통찰을 매개하기도 한다. 구조는 법관에게 선임자와 일치하는 결정을 하는 것을 보장하고, 그들 선임자들의 판결은 이미 비판을 벗어나서 훌륭한 것으로 인정된 것이다. 덧붙여서 자유법운동은 법관을 판결 전에는 이데올로기적으로 영향을 미치려하는 시도의 연속에, 판결 후에는 판결에 대한 격렬한 비난에 내 맡긴다. 결국 다음과 같이 생각할 수 있다. 즉 만일 하나의 결정이 단지 구체적인 경우만을 고려하고, 그 결정이 가지는 선결례적 효력을 고려하지 않는다면, 그 결정에는 법을 계속형성하고 질서를 심화시킬 효력이 결여되어 있다는 것이다.

물론 자유법학파의 주장은 관철되지 않았다. 그러나 그 이유는 여기에서 언급된 이유와는 본질적으로 다른 이유에서이다. 왜냐하면 주로 사람들은 자유법학파에 대해서 다음과 같은 비난을 하기 때문이다. 즉 법관의 법률에 대한 구속을 파괴하였고, 법적 안정성과 판결의 예견가능성을 파괴했다는 것이다. 다음과 같은 점에서는 자유법학파는 비난을 받지 않는다. 자유법학파는 법관의 결정영역을 이끌어내려 한 것이 아니라, 기술하고자 했다. 자유법학파의 공로는 다음과 같다. 첫째, 법관의 결정이 방법적 해설기술에 의하여 획득될 수 있으리라는 환상을 분석했다. 물론 자유법학파에 대해서는 왕이 목을 치라고 명령한 우화 속의 흉보(凶報)를 전달한 사자(使者)에게 일어난 일과 같은 일이 일어났다. 즉 사명을 전하는 사람에 대한 책임판정은 불행을 일어나지 않은 것으로 치고자 하는 것이었다. 결국 법관에 의한 법창출의 현실을 무시하는 것은 잠시 동안에 불과했다.

그러나 그 후 법질서의 근거가 변화되었기 때문에 현실과 새로운 대결을 해야 했다. 더 명확하고 정확하게 말하면 다음과 같다. 즉 자유법학파의 논쟁적 과장이 순화(純化)되고, 그리고 무엇보다도 모든 외견적 연역을 포기하라는 숙명적 요구가 순화된다면, 법발견에 대한 현실적 분석은 법과 정의 관련에 대한 심화(深化)된 이해의 출발점이 된다. 법적 근거에 대한 연구의 과제는 개개 판결에 대한 분석 후에 실제로 지배적인 전체질서의 원칙들을 의식 속으로 고양시키는 것이다. 이렇게 함으로써 비로소 오늘날 우리를 둘러싸고 있는 법현실이 극복되고, 있는 그대로의 현실을 인식할 수 있게 될 것이다. 이러한 인식은 우리가 과거와 현재의 수많은 법률가들 - 필경 역시 어떠한 것을 생각했음에 틀림없는 - 을 원용함으로써 법현실에 내재하는 이성을 주장할 수 있게 할 뿐만 아니라, 사람들이 정확히 생각하고 있는 것을 보이고, 설득시킴으로써 그러한 이성을 내보이는 것 또한 허용한다. 이것은 법정책적 비판이 일괄적으로 판단하는 것을 더욱 어렵게 만든다. 그러나 비판은 더욱 유용한 것이 된다. 이전의 비판적 법학자들이 흔히 오직 다음과 같은 방법, 즉 다른 교활한 사람과 구성된 외견적 연역을 함으로써 법의 계속형성에 기여할 수 있었던 반면에 구체적으로 언급할 수 있고, 단도직입적으로 논의를 할 수 있다.

법관은 언제나 그가 "법률을 적용한다"는 허구를 고집하는 것이 가능하다는 것은 언급할 만한 가치가 있다. 그는 법률에 표현된 법사상이나 이익평가에 효력을 부여하고, 입법자의 의사나 법률의 의사를 실현시키고, 그리고 법률로부터 논리에 의해 결론을 이끌어내는 것과 같은 일 이외의 다른 일은 전혀 하지 않는다고 고집하는 것이다. 결정이 법학에서 일반적으로 승인된 방법에 의해서 법률을 통해 정당화되는 것은 모든 개별적 결정에서 입증된다.

물론 오늘날 이러한 것은 더 이상 고전적 모델이 예견했던 것과 같이 논리적 추론절차에 의해 사태가 구성요건에 포섭되는 것에서 정당화되지 않는다. 오히려 법률은 흔히 판결을 오직 다음과 같이 정당화한다. 하나 또는 많은 법조문들에서 그 "근본사상"을 고려하고, 현실상황과 관련시켜 이러한 결과를 가져오는 법조문들에 표현된 이익평가를 언급하는 것이다. 당연히 그 경우에는 민법 제242조나 기본법에 독일연방공화국을 "사회국가"와 관련시킨 것과 같은 일반조항들이 특별한 역할을 수행한다. 민법전에 대한 뛰어난 주석서(Staudinger)는 2385개조의 민법을 여섯 권에서 주석했고 이 가운데 한 권을 전적으로 제242조의 주석에 바쳤다.

이러한 상황에 직면해서 피벡 *Viehweg*[33])은 법적 방법론의 현실을 고전적 문제변증법의 의미에서 '문제변증법적'(topisch)인 것으로 표현했다. 법관은 그에게 제출된 사안에서 올바르고 정당하게 해결해야 할 문제에서부터 출발한다. '관점'(topoi)은 그 경우 법관에게 문제해결에 대한 제안으로서 기여한다. 이 때 그 제안은 물론 문제해결을 위해서 그 하나만으로는 충분하지 않다. 왜냐하면 사람들은 수많은 제안 가운데에서 하나를 선택해야 하기 때문이다. 이때에 사람들은 수많은 제안들 가운데 많은 것들이 모순된다는 어려움에 봉착하게 된다. 예컨대 책임원칙은 무과실책임원칙이 적용되지 않는 경우에만 적용된다. "개인의 자유"는 "신의와 성실"에 의해서 제한된다. 그리고 "자기가 가지지 않은 것은 누구도 남에게 줄 수 없다"(nemo plus

---

33) Viehweg, *Topik und Jurisprudenz*, 5. Aufl. München 1974; 이에 대하여는 Kriele, *Theorie der Rechtsgewinnung*, 2. Aufl. 1976, 30절 이하.

juris transferre potest quam ipse habet)라는 원칙은 선의보호에 의해서 배제될 수 있다. 법관은 관점만을 지향할 수는 없다. 오히려 그는 관점에 표현된 도덕적 명령들 가운데에서 선택해야 하고, 그 도덕적 명령들 사이에 경계를 그어야 한다. 그럼으로써 마지막 장막이 걷힌다. 판결은 **사회적 · 도덕적** 숙고를 지향한다. 판결은 도처에서 그렇게 하고 있으며, 제242조나 사회국가조항만을 근거로 하는 것이 아니고, 그 밖의 조항들 또한 근거로 한다. 그리고 그것은 판결이 자신에 허용된 선택가능성을 행사하는 경우에 그러하다. 그러나 사회도덕적 숙고는 많은 경우에 화제가 되지 않는다. 사회도덕적 숙고가 논의되지 않는다면, 그러한 숙고는 비판적 기능을 회피하는 것이다.

그러나 그러한 사회도덕적 숙고가 의식된다면, 거의 두 세기 동안의 자연법비판이 차단시켜온, 거대한 역사적 전통과의 관련이 다시 **부활된다**. 왜냐하면 다음과 같은 사실은 주의할 만한 가치가 있기 때문이다. 즉 판결은 - 부지불식중에 - 오래된 **자연법적** 사고, 즉 칸트 Kant에 의해 깊은 영향을 받은 자유윤리와 의무윤리를 19세기의 법학과 민법과 차단시킨 사고에 다시금 효력을 부여해왔다는 사실이다. 따라서 예컨대 계약에 있어서의 급부와 반대급부의 상응이라는 원칙(등가원칙 Aquivalenzprinzip) - 아리스토텔레스 Aristoteles로부터 토마스 아퀴나스 Thomas Aquin를 거쳐 푸펜도르프 Pufendorf에 이르는 자연법전통에 있어서의 일반적 정의가 가장 직접적으로 적용되는 것이 자명한 원칙 - 은 민법에서 추방되었다.[34] 그러나 이 원칙은 반대급부가 사후에 급부와 적합하게 될 수 있다고 하는 사정변경의 이론에서 부활했다. 이 경우 이러한 전통은 사정변경에 대한 판결과 학문적 변화에서, 우리가 볼 수 있는 한, 언급되지 않았다. 이와 똑같은 경우가

---

34) 폭리행위는 "궁박, 경솔 또는 무경험을 악용한다"는 부수적 주관적인 전제하에서만 법률행위를 무효로 한다(민법 제138조 제2항).

적극적 채권침해이론을 통해서 계약상의 부수적 의무를 구성하는 것에 대해서나, 그 밖의 다른 많은 것들에 대해서 타당하다. 결국 다음과 같은 생각이 등장한다. 즉 철학자들 자신에 의해서 배척되었고 평균적 법관들을 교육시키는 의식에서 배제된 자연법전통을 오늘날 정의를 지향하는 법관들이 무의식적으로 그리고 직관적으로 회복했고, 그에 대한 효력을 새롭게 주장하는 견해들을 매개했다는 것이다.

제4장

선결례추정

제21절

법원론(法源論)과 법적 방법

　법적 논증과 방법학의 이론은 법원론과 매우 밀접하게 관련되어 있다. 법실증주의이론에 따르면 오직 선존하는 규범들 - 헌법, 법률, 명령, 규칙, 그리고 관습법적으로 효력을 가지는 규범들 - 만이 법원으로서 고려된다. 다른 의견은 우리가 법적 방법론이나 법원론을 근본적인 것으로 간주하는가라는 문제에서 제기된다. 우리는 다음과 같은 두 가지 중 하나를 택해서 말한다. 즉, 법원론은 우리에게 선존하고 있으며, 방법론은 법원론을 근거로 해서 어떻게 법원으로부터 구체적 결정이 얻어지는가를 추구해야 한다고 말하거나, 아니면 우선 우리가 지배적 법원론을 고려하지 않은 채 방법론을 발전시키고 - 그러므로 지배적 법원론을 배제하고 - 후에 법원론이 우리가 숙고한 결과에 의해 승인되는가, 수정되어야 하는가 또는 가능한 한 완전히 새롭게 발전되어야 하는가를 말한다. 두 번째 방법은 확실히 과격한 것이기는 하지만, 그것은 풍부한 성과를 얻을 수 있다. 두 번째 방법은 오직 법철학과 국가이론의 근본문제들이 완전히 개방된 상태에서 새롭게 제기되어야 한다는 결론을 내리게 할 뿐이다.

　두 번째 다른 의견은 우리가 근본적으로 법적 논증을 법적 결정

전에 주시하느냐 아니면 결정 **후에** 주시하느냐 하는 문제의 결과로 발생한다. 만일 우리가 법률가로서 판결문을 쓰는 경우 우리는 이미 결정을 알고 있다. 그리고 이때 문제가 되는 것은 우리가 그 결정을 선존하는 법원론으로부터 추론함으로써 그 결정을 납득할 수 있도록 근거지우는 것이다. 그러나 그 경우 우리는 적어도 어느 정도 이미 승인되어 있는 법원론을 고려할 수밖에 없다. 또한 만일 우리가 우리의 결정안에 대해서 최종적으로 결정을 내린다면 우리는 비로소 전문가소견서에 나타난 전문가들의 궁극적 견해와 대조된다. 이 마지막 단계에서 전문가소견서는 본질적으로 그것이 오직 소견의 양식과 대안적인 의견에 대한 상론에 의한다는 점에서 판결과 구별된다. 그렇기 때문에 아직 확정되지 않고 여전히 결정을 추구하고 절차에 참가하고 있는 모든 사람들의 논거들에 대해서 개방되어 있는 단계에서 법적 논증을 행하는 것이 더 커다란 성과를 가져온다.

끝으로 다음과 같은 문제, 즉 우리가 결정을 추구하는 법관의 논증을 지향할 것인가 아니면 변호를 맡은 변호사의 논증을 지향할 것인가 하는 문제는 여전히 남아있다. 가장 커다란 성과를 가져오는 것은 결정을 내리는 법관을 중심에 두는 것이다. 왜냐하면 법관은 자신의 숙고 속에서 모든 결정과정을 수행함에 비해, 변호사의 논증은 오직 일부의 과정만을 포함하기 때문이다. 변호사는 자신의 논거를 일정한 결과를 향해 행하며, 유리한 논거를 강조하고, 불리한 논거들을 비난하거나 배제하려 한다. 이에 반해 법관은 모두에게 불편부당하고 공명정대하지 않으면 안 된다. 변호사는 오직 법관을 설득하고자 시도해야 하며, 법관은 그가 자신의 결정을 근거지우는 경우 후에 전체 법사회를 설득시키려 해야 한다. 그렇기 때문에 변호사의 논증방법은 법관의 논증방법에 근거해서 이해되어야 하고, 그 반대로 되어서는 안 된다.

여전히 결정을 추구하는 법관의 논증방법은 법의 형성을 우연히 규정하는 것이 아니다. 학생들이 '필기시험'(Klausur)과 하우스아르바이트(Hausarbeit, 일정한 법적 문제에 대하여 보고서를 제출하는 것으로 독일의 국가시험에서 필수부분임)를 치르는 경우, 그들에게는 일반적으로 학생들이 결정을 내리고 전문가소견서를 내는 합의부구성원의 입장에 처해 있다고 생각해야 할 사례들이 주어진다. 또한 1차 시험 때의 Hausarbeit와 2차 시험 때의 Hausarbeit 그리고 사법관시보 부서에서의 보고서에서도 젊은 법률가는 법관의 결정발견을 준비하는 전문가의 역할을 수행하게 된다.

이러한 결정을 탐색하는 법관의 입장에서 두 가지 점을 강조하는 것이 가치가 있다. 첫째, 우리는 **규범가설**을 정립하고, 우리가 법적 과제를 수행함에 있어서 규범가설이 우리를 선도(先導)하도록 해야 한다. 우리는 규범가설을 실정법에서 재발견하는가, 아니면 그렇지 않은가? 두 번째 경우에 우리는 규범가설을 수정하고, 보충하고, 확장하고, 축소하거나 아니면 전혀 새로운 것으로 대체해야 한다. 그러한 규범가설이 없다면 우리는 어떤 법률을 살피고, 어떤 결정을 읽고, 어떤 학문적 서적들을 인용해야 할지 전혀 알 수 없다. 많은 경우에 규범가설은 바로 나타나며 또한 곧바로 법률에서 확인된다. 그러나 우리는 이러한 사실로부터 우리가 선존하는 규범들이 없더라도 규범을 발견할 수 있다고 생각하도록 오도(誤導)되어서는 안 된다. 전문가소견서의 발달은 우리로 하여금 이 밖의 수많은 하부문제와 하부의 하부문제들을 다루도록 한다. 우리는 이 문제들을 규범가설을 정립하고, 이 규범가설을 증명하거나 하지 않는 것을 통해서만 해결할 수 있다.

강조할 가치가 있는 것으로 생각되는 두 번째의 것은 판결, 특히 법률해석에 대해서 **최고 법원이 내리는 판결**이 가지는 커다란 실천적 의미이다. 예컨대 우리는 채권법사례를 대부분 순전히 민법전에 의해서만 해결할 수는 없다. 우리는 제국법원과 연방법원에 의해 행해진 민법전에 대한 해석을 참고해야 한다.

이러한 사실은 특이하게도 우리의 법적 방법론과 논증이론에서 거의 보이지 않는다. 이와 같은 것은 오직 구속력 있는 규범만을 법원으로서 승인하는 법원론에서 명백해진다. 우리가 일단 연방헌법재판소의 결정(연방헌법 제31조 제1항과 제2항)이 구속력을 가지는 특별한 경우를 도외시한다면, 선결례들은 구속력을 가지지 않는다. 그러므로 다음과 같은 추론이 이루어진다. 즉 선결례들이 구속력을 가지지 않는다면, 그것들은 비구속적이고 존경해야 할 법학자들의 법적 견해가 가지는 그러한 권위만을 가진다는 것이다. 그 경우 사람들은 흔히 다음과 같이 말한다. 즉, 법적 결과가 최고법원의 판결과 일치하는 것은 역시 구속력을 가지지 않고 단순히 그들이 가지는 근거의 비중에 의해서만 설득력을 가질 수 있는 통설과 일치하는 것과 마찬가지로 그 결과가 가지는 정당성의 간접증거로서 타당할 수 있을 것이다. 그러나 우리는 그에 대해서 법적 경험을 원용할 수 있다. 선결례는 구속력을 가지지는 않으나, **근거제시의무를 전환**시킨다. 선결례는 일반적으로 우리의 법적 숙고의 출발점이다. 우리는 선결례의 근거를 검토한다. 그리고 그 경우 설득력 있는 반대근거들에 효력을 부여할 수 있다. 이 경우 우리는 세심한 논증을 통해서 선결례에 대해서 자유롭게 논증하고, 그것을 분류하고, 축소하고, 확장하거나 그것들이 새로운 상황에 비해서 시대에 뒤떨어져 있다고 설명하거나, 경우에 따라서는 처음부터 잘못된 것으로 설명할 수도 있다. 그러나 우리에게서 기대되는 것은, 선결례에 대한 세심한 논쟁에서 우리가 그 납득가능성과 설득력에 대해 확실한 믿음을 가지고 있는 반대근거에 의해서 다른 의견을 근거지우는 것이다.

이러한 **선결례추정**원칙은 법실무에서 성문화되지 않은 원칙에 불과한 것이다. 그러나 이 원칙을 존중하지 않는 사람은 법률가의 대열에서 밀려나고, 변호사로서는 거의 성공을 거둘 수 없다. 그리고 법관으로서는 승진할 수 없으며 전문가소견서, 저서 또는 논문들을 통해서 거의 영향을 미칠 수 없다. 만일 어떤 법원이 상급법원의 중요한 선결례를 간과한다면, 이는 재심사유가 된다. 만일 공무원이 선결례를 간과한다면, 이는 직무의무위반에 의한 국가배상의 원인이 될 수 있는 과실이 된다. 만일 변호사와 공증인이 선결례를 간과하면, 그들은 그들의 의뢰인에게 그에 대한 책임을 지게 된다. 만일 연방법원의 한 부(部)가 다른 부의 선결례와 다른 판결을 내리고자 하면, 그 부는 전원합의부에 심사를 청구해야 한다(법원조직법 GVG 제136조). 다섯 개 연방최고법원 가운데 하나가 어떤 법문제에서 다른 연방최고법원의 결정과 다른 결정을 내리고자 한다면, 그 연방최고법원은 최고법원연석합의부에 심사를 청구해야 한다(기본법 제95조 제3항). 이러한 모든 규정들은 선결례추정을 전제하지 않고는 이해될 수 없다.

그렇기 때문에 1차 시험에서 뿐만 아니라 2차 시험에서도 역시 선결례를 정확히 안다는 것은 법적 Hausarbeit를 평가하는 결정적 관점이다. 관련되는 선결례들은 간과되어서도 안 되고, 등한시되어서도 안 되며, 특정한 상황 하에서 선결례가 문제시되는 경우에 논의를 거치지 않고 근거가 되어서도 안 된다. 오히려 바람직한 것은 수험자가 선결례들의 근거들을 논증적으로 논하고, 그와 다른 의견을 엄밀하게 근거지우는 것이다. 학생들은 필기시험과 Hausarbeit를 완성해야만 하는 연습에 있어서도 시험이 요구하는 이러한 것을 지향한다. 법학방법론이나 논증이론에 대한 강의를 듣는 것은 우리 교과과정에 의하면 연습에 참여하기 위한 전제조건이 아니다. 반대로 법학방법론에서 교수되는 것을 우리는 연습에서 광범위하게 고려하지 않을 뿐만 아니라, 학생들에게 그 영향을 받지 말 것을 요구한다.

일단 우리가 최고법원의 판결을 고려하지 않았거나 기껏해야 그가 발견한 결정안에 대한 "간접증거"로서 차후에 인용하였을 뿐이고, 그 대신 순수한 법조문과 다양한 방법론을 이용하여 결론을 내리고 있는 어떤 학생의 Hausarbeit를 평가해야 한다고 가정해보자. 그러므로 우리는 그 학생이 최고법원의 판결을 언급하는 대신 문법적, 논리적, 체계적, 목적론적 해석을 이용하여 법률을 해석하고자 하거나 법률을 목적 또는 그와 비교될 수 있는 가치 또는 법논리를 근거로 삼고자 하며, 그렇지 않으면 자신의 결정을 "민법의 체계원칙"(카나리스 Canaris)으로부터 이끌어내려 하거나 그렇지 않으면 그는 법률규범을 "방법론적 요소, 규범영역의 요소, 해석적 요소, 이론적 요소, 해석기술요소 그리고 법정책적 요소나 헌법정책적 요소를 관련시키고자 하는 시도"(뮐러 F. Müller)를 통해서 구체화시키려 하거나, 우리의 방법론자들이 그에게 가르친 그 밖의 것들을 관련시키려 한다고 생각해보자. 그런 경우에 그의 과제는 무용지물이고, 그 결과가 우연히 최고법원의 판결과 일치하고 나아가서 과제 작성자가 이 판결을 자신이 내린 결정의 정당성에 대한 간접증거로 인용하였는지의 여부에 관계없이, 오직 "불합격"으로 평가받을 수밖에 없다.

왜냐하면 그 경우에도 역시 그러한 일치는 방법적으로 합당하게 이루어진 것이 아닐 것이기 때문이다. 우리는 그 학생에게 다음과 같이 가르치려 할 것이다. 즉 Hausarbeit는 최고법원의 판결을 신중하게 숙지할 것을 요구하며, 그가 최고법원의 판결에 엄격하게 구속되지 않는 것은 사실이나, 역시 그 경우에도 최고법원의 판결과 판결의 근거들을 논의해야 한다는 것이다. 그러나 그는 일반적으로 그러한 것을 특별히 법학방법론에 전력하는 강의나 책에서 배울 수 없다. 훌륭한 법관은 방법론을 알아야 함에는 틀림없다. 그러나 그는 동시에 방법론과 회의적으로 거리를 두는 관계를 유지해야 한다. 훌륭한 법관은 이러한 거리를 필연적으로 의식할 필요는 없다. 오직 중요한 것은, 선결례와의 이러한 관계를 합당치 않은 것으로 고려하거나 심지어는 무시하는 방법론에 의해서 그가 자신의 실제경험에 현혹되지 않는 것이다. 순수한 학문적 영역이 그러한 방법론의 고유영역이다. 왜냐하면 사람들은 방법론의 도움을 받아서 교수가 될 수 있기 때문이다. 그러나 방법론교수는 다음과 같은 경우에만, 즉 그가 최고법원의 판결을 해석함에 있어서 법률로부터 출발하는 보통의 법적 방법을 이용하고, 자신의 법적 과제를 지속하기 위하여 자신의 고유한 방법론을 무시하는 경우에만, 법률가로서도 성공을 거둘 수 있다.

선결례추정은 어떤 법률에도 존재하지 않으며, 어떤 방법론에도 존재하지 않는다. 그럼에도 불구하고 선결례추정은 마치 그것이 법률로 규정되어 있거나 모든 법학방법론의 근본원칙인 것처럼 우리의 실제 법과제들을 결정하고 있다. 선결례추정은 테두리를 제공하고, 그 테두리 내에서 법적으로 논증이 이루어진다. 법적으로 논증한다는 것이 의미하는 것은 본질적으로 다음과 같은 두 가지 문제를 상론하는 것이다. 첫째, 선결례들이 관련되는가 아니면 경우가 다른 것인가. 둘째, 선결례들은 그것이 관련되는 한에 있어서 수정이나 포기를 필요로 하는가.

선결례추정의 근거

 법률가들이 이 테두리 내에서 질문하고 꼭 그래야만 한다는 것은 어떤 방법론의 요구에 의해서도 저지되지 않는다는 것은 명백하다. 선결례추정은, 사람들이 흔히 말하듯이, 사물의 본성과 일치한다. 이것은 정확히 무엇을 뜻하는가? 어떤 객관적 근거가 그 경우 결정적인 역할을 수행하는가?

 ① **일반적 격률지향**. 우선 선결례추정은 법적 결정이 개별적 경우를 넘어서는 일반적인 격률을 지향하기 위한 조건이며, 결국 동등한 대우, 저항의 자유, 법적 안정성, 계속성 그리고 결정에 대한 확실한 예견가능성의 조건이다. 이러한 근거들은 흔히 언급되고 있다. 그러나 또한 다른 관점들이 일정한 역할을 수행하고 있다.

 ② **제도형성**. 도대체 어떻게 하면 법해석학적 상론(詳論)들이 유익하게 될 수 있는가? 해석학적 상론의 결과 법률을 개정하게 되는 것은 예외이다. 원칙은 그것이 판결에 이르는 수단이라는 것이다. 해석학적으로 발전된 법제도들은 판결이 그것을 제 것으로 만듦으로써 실정법화 한다. 법해석학자들은 오직 제안을 할 수 있을 뿐이며, 결정은 법관이 한다. 통설이라 하더라도 역시 실정법은 아니며, 제안 이상의

것을 의미하지 않는다. 이러한 사실은 독일법학의 전통적 자기이해와 일치하지 않는다. 그리고 이러한 사실을 간단히 배제하는 방법론이 존재한다. 그 점에서 판결에서 관철되지 않는 학설은 현실에 대한 영향력을 가지지 않는 의견에 불과하다. 그들은 오직 판결이라는 수단에 의해서, 선결례추정은 제도형성의 전제조건인 계속성을 형성한다는 이유에서, 실정법의 제도가 될 수 있다.

③ **복잡성의 감소** 그러나 오직 제도형성이라는 수단을 통해서만 복잡성은 감소되고 법관은 구체적 절차에서 모든 법해석학적 논쟁을 새롭게 전개시켜야 할 부담을 면한다. 매우 기본적인 민법의 해석학적 도식, 예컨대 적극적 채권침해, 계약체결상의 과실, 사정변경의 원칙, 양도담보 등은 오늘날 모든 법률가들에 의해서 새로운 논쟁을 거치지 않고 그들의 문제에 대한 근거가 될 수 있다. 본래의 법해석학적 제안으로부터 법제도가 생겨나고, 그 제도는 법적 숙고의 근거가 되며, 새로운 반대논거에 의해서만 수정되고 발전되고 동요하게 된다. 그러므로 선결례추정은 그렇지 않을 경우 법관이 지게 될 복잡한 지식적 문제의 부담을 덜어주고, 그럼으로써 그가 상세하게 논의하여 좋은 것으로 인정된 믿을 만한 법도식을 적용하는 경우 책임을 면제시킨다. 선결례추정은 동시에 판결 전의 이데올로기적 영향력행사의 시도와 판결 후의 판결에 대한 비판이라는 법관의 부담을 덜어준다.

④ **일반화와 불편부당성의 윤리** 이와 함께 선결례추정의 광범한 근거들은 다음과 같은 점, 즉 법관을 자신의 '판결이유'(ratio decidendi)에 대한 일반화가능성과 불편부당한 형량의 원칙에 윤리적으로 구속시키는 것과 밀접한 관련을 맺고 있다. 선결례추정은 실제로 두 가지 측면, 즉 회고적 측면과 예견적 측면을 가진다. 법률가는 과거의 관련 선결례들에 관하여 언급한다. 그러나 그는 자신의 결정이 장래에 선결례로서 인용될 수 있다는 것을 고려해야 한다. 그리고 특히 그가

새로운 법문제에 대해서 처음으로 결정을 내리는 경우에는 더욱 그러하다. 그러므로 법관은 자신의 결정이 **장래에 선결례로서 적합할 수 있다**고 스스로 주장할 수 있는 결정을 내려야 한다. 따라서 그는 구체적 개별적 경우에 대한 책임을 넘어서는 책임을 진다. 이것은 그가 구체적 법적용자일 뿐만 아니라 또한 규범형성에도 참여한다는 것을 의미한다. 법률을 선결례적으로 해석하면서, 그는 법의 개념들을 축소시키거나 확장시켜 이해하거나, 유보를 두거나 제한적으로 이해해야만 한다거나 하는 점에 대한 장래에 대한 효력을 확정한다. 그의 해석은 규범에 깊은 영향을 미친다. 그러므로 **판결이유는 그러한 점에서 추상적·규범적** 성격을 가진다. 이것은 칸트의 정언명령이 적용되는 경우와 다르지 않다. 법관은 자신의 구체적 결정의 격률이 일반적 격률이 될 수 있도록 의욕할 수 있어야 한다.

⑤ **진보** 결정이 가지는 구속력에도 불구하고 결정은 비판에 대해 개방되어 있다. 그러나 사람들은 한 걸음 더 나아가서 다음과 같이 말해야 한다. 즉, 바로 결정이 가지는 구속력이 비로소 객관적이고 유용한 논의를 가능하게 한다는 것이다. 왜냐하면 일반적인 윤리적 논의에서는 달성된 모든 진보가 밑바닥부터 다시 문제시되고 다투어지는 도덕의 다양한 형태들이 그러한 방식으로 얻어질 수 있음에 비해, 법적으로 작성된 윤리는 단면에서는 진보가 존재하기 때문이다. 그 이유는 일단 도달된 상황은 그것이 보다 나은 근거들에 의해서 수정되지 않는 한 결정에 의해서 견지되기 때문이다. 이미 내려진 결정에 대한 언급이 그것을 비판하는 사람에게 근거제시의무를 부과함으로써 비판자의 논증이 구체화되고, 결정에 중요한 문제들이 첨예화되고, 그 결정의 근거에 대한 구체적이고 비판적인 검토가 가능해진다. 또한 그러한 한에서 선결례추정은 윤리적으로 고도로 진보된 법문화의 조건에 속한다. 그러므로 선결례추정은, 얼핏 보아서 생각되는 것처럼,

보수적 원칙이 아니다. 그 원칙이 보수적 원칙이 되는 것은 도달된 진보의 조건을 유지시키는 경우에 한정된다.

예컨대 우리가 형법적인 절차에서 추정적 승낙의 사실적 조건들에 대한 착오와 관련되어 있고, 이 착오는 실제로 입증되지도 않지만 부정되지도 않는다고 가정해 보자. 과거에는 피고인은 유죄를 선고받았다. 그러나 형사소송법의 역사가 흐르면서 처음 승낙이 정당화사유로서 승인되었다. 그리고 이것을 근거로 추정적 승낙 또한 승인될 수 있었다. 이 근거로부터 비로소 다음과 같은 것이 생각될 수 있었다. 즉, 구성요건요소의 사실적 존재에 대한 착오의 원칙은 정당화사유나 면책사유의 사실적 조건이 존재하는지의 여부에 대한 착오에 대하여도 적용된다는 것이다. 오늘날 '의심스러운 경우에는 피고인에게 유리하게'(in dubio pro reo)라는 원칙은 이러한 착오에 대해서도 적용될 수 있다. 하나의 원칙 위에 다른 원칙이 정립되는 것이다. 그러므로 법문화의 수준, 즉 정당한 법제도의 형성은 선결례추정에 달려있다. 이성은 이전에 형성된 법제도에 감추어져 있다. 어떻든 이러한 법제도들에 대하여 반대근거가 존재하지 않는 한, 사람들은 이러한 사실을 추측할 수 있다.

선결례해석

실제 법문제의 해결은 일반적으로 적어도 다음과 같은 단계들을 포함한다.[1]

① **관련 법률의 발견**. 이것은 규범가설의 관념적 형성을 전제한다. 이미 규범가설은 변호사에게 자신을 위하여 소송을 제기해달라고 요청하는 시민에게 동기를 제공한다. 그는 일정한 관점, 즉 "사람들이 행해서는 안 되는 것이 무엇인가"라는 관점에서 생활사태를 보고한다. 형법학자들이 "세속적 영역에 있어서의 비교형량"이라고 부르는 것이 사법 일반에서 불법에 대항한 법을 위한 투쟁을 처음으로 발생시켰기 때문에, 그것은 법형성의 기초이다. 규범가설은 그 경우 법률가들이 관련 법조문에 도달할 수 있는 안내판 역할을 한다.

② **관련 선결례의 발견**. 또한 규범가설은 관련 선결례에 도달할 수 있는 지침을 형성한다. 문제가 되는 것은 우리가 우리의 규범가설을 선결례의 판결이유에서 재발견하는가이다. 얼핏 보기에는 우리가 피할 수 없는 딜레마에 처해 있는 것으로 생각된다. 즉, 우리는 선결

---

[1] 이하 더욱 자세한 것은 저자의 *Theorie der Rechtsgewinnung*, 42절 이하, 72절 이하를 보라.

례에서 규범을 찾는다. 그러나 선결례의 관련성은 오직 우리가 규범을 이미 가지고 있는 경우에만 확정된다. 우리는 규범을 규범가설의 형태로 가지고 있다. 그리고 문제는 선결례가 이러한 규범가설을 뒷받침하는가 여부이다. 이러한 문제를 해명하기 위해서 우리는 규범가설을 어느 정도 가정적으로 선결례에 복종시키고, 선결례가 결정을 뒷받침할 것인가를 질문하여야 한다.

③ 그를 위해서 **선결례의 판결이유를 해명하려는 노력**이 필요하다. 왜냐하면 선결례의 판결이유가 다음과 같은 이유 때문에, 즉 결정을 내리는 법관이 판결이유를 자명한 것으로 전제하였고 그 절차에서 논쟁이 다른 문제로 옮아갔기 때문에 결정을 내리는 판결이유를 명시적으로 표현하지 않았을 수도 있기 때문이다.

사람들은 흔히 선결례를 인용하는 것이 두 가지 구체적인 경우를 유추적으로 비교하도록 한다고 말한다. 유추적 비교는 무엇을 뜻하는가? 중요한 것은 많은 요소들이 일치한다는 의미에서의 유사성이 아니라, 그때그때 본질적인 관점의 일치이다. 어떠한 관점이 선결례에 있어서 본질적인가 하는 것은 판결이유에서 자명해진다. 판결이유는 결정을 위한 본질적인 관점이고, 관념적으로 또는 명시적으로 일반적·추상적 원칙으로 표현된다. 극단적인 경우에 판결이유는 명백히 표현되고 우리의 규범가설과 정확히 일치한다. 그러한 경우 선결례를 통해서 결정을 획정하는 것이 의미하는 것은 바로 결정을 내려야 할 경우를 선결례의 판결이유에 포섭시킨다는 것이다. 극단적인 경우에는 주의를 요한다.

④ **선결례의 판결이유의 해석**. 많은 경우에 판결이유는 판결근거에서 표현되기는 하지만, 그러나 그것을 확장 또는 축소해서 이해하는 것이 필요하다. 이러한 경우에 우리는 확장적인 이해나 축소적인 이해가 법사상을 더욱 명확하거나 올바르게 표현할 수 있을까를 숙고

할 수 있을 것이다. 중요한 것은 추상화정도이다. 즉, 판결이유가 생선장수, 소매상, 개개 상인, 혹은 어떤 매매계약의 당사자에게 관련되는가 하는 문제가 중요한가? 우리는 또한 판결이유가 원칙적으로 승인받을 만하지만 그러나 특정한 경우에 대해서 예외가 이루어진다고 유보할 수 있다. 이러한 맥락에서 영미법학은 '**소수의견**'(distinguishing)에 대해서 언급하고 있다. 소수의견을 통해서 법률의 해석은 명확해지고, 심화되고, 개선된다.

⑤ **선결례의 극복**. 선결례가 관련되지만 잘못된 것이고, 나아가서 수정에 의해서 오류가 고쳐질 수 없을 정도로 잘못된 것이라고 법원이 확인하는 것이 허용된다. 이 경우 선결례는 배척되고, 이제까지의 판결과 관련이 없는 판결이 내려진다. 영미법학은 이러한 경우를 '**폐기**'(overruling)라 말한다. 폐기는 대륙법학에서와 마찬가지로 영미법학에서도 가능하다. 물론 그 경우 대륙에서와 마찬가지로 영미에서도 근거가 필요하다. 그러나 이러한 경우에도 역시 선결례추정의 원칙은 장래에 내려질 결정이 갖게 될 미래의 선결례적 효력과 관련하여 효력을 가진다.

이상에서 말해진 것이 법에 대한 **영미법적 고찰방법**에서 기인한다고 하는 이론이 제기될 수 있다. 영국과 미국의 법에서는 선결례추정의 원칙이 실제로 입증된다. 그러나 사람들은 다음과 같은 이의를 제기할 수도 있을 것이다. 즉, 영국의 법관은 대륙의 법관과는 전혀 다른 위치에 있고, 그렇기 때문에 영미의 고찰방법은 대륙법계에는 전용(轉用)될 수 없다는 것이다.[2] 영미에서는 법이 **귀납적** 방법으로 발견되지만, 이곳 대륙에서는 **연역적** 방법으로 발견된다. 영미법에 있어서는 개별적 사례에서 출발하여 선결례를 소급적으로 파악하는 것이

---

2) Gustav Radbruch, *Vom Geist des englischen Rechts*, 3. Aufl. 1956.

특징이다. 그러나 대륙의 법관은 결정을 학문적으로 얻어진 방법론의 원칙에 의해서 법률로부터 이끌어낸다. 영미법은 이미 법관의 교육과정이 보여주듯이 어느 정도 개인적으로 영향을 받는다. 반면에 대륙법계에서는 체계적 법학이 결정적으로 법에 깊은 영향을 미친다. 영미법계에서는 '선례구속'(stare decises)의 원칙이 효력을 가진다. 이는 물론 소수의견과 폐기가 허용됨으로써 보완된다. 그러나 대륙법계에서는 선결례는 기껏해야 법해석의 정당성에 대한 간접증거로서 인용될 수 있을 뿐이다. 그리고 그것은 모든 법학적 견해의 경우에 마찬가지이다.

  그러나 현실은 다르다. 대륙의 법이론과 영미의 법이론 사이에 커다란 차이가 존재하는 것은 사실이며, 그 결과 법학적 표현과 이론의 종류와 방식 사이에도 역시 차이가 존재한다. 그러나 어떠한 결정적 역할도 수행하지 않는다. **오히려 선결례가 대륙의 법관에 대해서 가지는 의미는 영미의 법관에 대해서 가지는 그것과 대체로 같다.** 그리고 그것은 법영역이 성문화 되어 있는지의 여부와 상관이 없다. 이곳 대륙에서 선결례는 영미에서와 마찬가지로, 대륙의 법이론이 가르치는 것처럼 그렇게 구속력을 가지지 않는 것도 아니고, 영미의 일부 법이론이 주장하는 것처럼 그렇게 구속력을 가지는 것도 아니다. 오히려 이곳에서도 영미에서와 마찬가지로 선결례에 우호적인 추측이 효력을 가지고 있다. 표현상의 차이는 오직 이론에서만 존재할 뿐이고, 실무에서는 차이가 존재하지 않는다. 똑같은 현실이 이론적으로 반영됨에 있어서 어느 정도 두 개의 영상으로 비추어지고 있고, 그것이 의식에서는 전혀 상이하게 반영되고 있다.

제24절

독일법제사에서 선결례추정

만일 선결례추정이 강제적인 객관적 법칙성에 상응한다면, 선결례추정이 그것과 대립하는 상이한 법원론과는 전혀 무관하게 법제사에서도 역시 입증되어야 한다는 가설이 제기될 수 있을 것이다. 이러한 가설은 실제로 증명된다. 독일법제사에서는 선결례에 관하여 이론과 실무 사이에 현저한 괴리가 발견된다. 실무에서는 선결례추정은 언제나 매우 큰 의미를 가지고 있었다. 반면 이론은 선결례추정의 의미를 거의 언제나 부인해 왔다.[3]

절대군주의 법제정독점권에 대한 국가법적 요구는 선결례를 고려하는 것을 허용할 수 없었다. 그렇기 때문에 선결례가 존중되든 안 되든, 또는 나아가서 선결례가 출판되든 그렇지 않든 그것은 명시적으로 금지되었다. 그럼에도 불구하고 실무에서 선결례추정의 불가피

---

[3] 이하에서는 하인츠 벨러 *Heinz Weller*의 유익한 박사학위논문 *Die Bedeutung der Präjudizien im Verständnis der deutschen Rechtswissenschaft*, Berlin 1979을 참조하라. 벨러는 이 가설을 입증하는 풍부한 자료를 수집하였다. 그의 방법상의 특이한 점은 그가 상이한 법시기의 선결례의 의미를 이제까지 원칙이었던 것처럼 법원론과 헌법적 또는 법이론적 도그마에서 추론하지 않은 점이다. 오히려 그의 관심사는 특히 판결집과 공표된 판결, 그것들이 정당화되는 이유와 그것들이 법발견의 실제에 대하여 가진 의미이다.

성은 매우 강한 효력을 나타내어, 이론적 요청뿐만 아니라 명시적 고권적인 금지까지도 무시되거나 회피되었다.

결정의 근거를 당사자에게 알려주거나 나아가서 공포하는 것에 대한 금지는 16세기에서 18세기까지 '**제국황실재판소**'(Reichskammergericht)에 대해서 효력을 가졌다. 1714년 이후 비로소 적어도 구성요건을 당사자에게 알려주는 것이 허용되었다. 그럼에도 불구하고 결정의 근거들은 광범위한 범위에서 **금지를 위반하여 확산**되었고, 심지어는 출판되기도 하였다. 개별 국가 내에서도 역시 부분적으로 명시적인 비밀유지조항들이 존재했고, 그 조항들은 17, 18세기에 비로소 실무의 압력에 의해서 적어도 몇몇 국가들에서는 점진적으로 완화되었다. 그럼에도 불구하고 비공식적인 그리고 부분적으로는 **불법적인 판례집**이 사법실무에 대해서 뿐만 아니라 법해석학의 점진적 발전에 대해서도 커다란 역할을 수행했다. 16세기 중엽부터 18세기 말까지 세권으로 나눠진 340부 이상의 판례집이 존재했고, 부분적으로는 많은 신판이 이루어졌다. 색인표는 이들 판례집을 실무에 적용하는 것을 쉽게 만들었다.

16세기에서 18세기까지의 법학에서 선결례추정은 계속해서 거추장스러운 것이었다. 왜냐하면 유스티니아누스 법전에는 황제의 법제정 독점권의 이념이 결합되어 있고, 이 이념은 해석의 독점권으로 표현되었으며, 이것은 다시 선결례는 존중되지 않을 것으로 공언되는 것에 이르렀기 때문이다(cod. Iust. 7, 45, 13). 그럼으로써 법원론은 **법률과 관습법**의 두 가지 요소로 축소되었다. 그때부터 **법실무와 법이론 사이에 가교될 수 없는 괴리**가 생겨났다. 그리고 그 괴리는 오늘날까지 존속하고 있다. 한편으로는 "그 당시의 어떠한 법학자도 선결례가 가지는 커다란 실천적 의미를 실제로 부정하지 않았다."[4] 다른 한편으로는 선결례가 구속력을 가지는 것인가 아니면 가지지 않는 것인가 하는 선택안이 존재했다. 선결례가 구속력을 가져서는 안 되었기 때문에, 선결례를 고려하는 것이 "남용"이라고 비난받았다. 그러나 사람들이 선결례를 통한 계속적이고 통일적인 법발전의 필연성을 통찰하는 곳에서는, 이러한 사실을 이론적으로 정립하려는 노력을 경주했다.

법률이 해석을 필요로 하고 흠결을 지닌다는 현상을 사람들은 우선("비꼬는 의미"에서) '공통된 의견'(communis opinio)을 척도로 삼는 "올바른 해석"이라는 개념에 의해서 해결하고자 했다. 그러나 수많은 해석상의 모순에 직면해서 구속력의 중점은 무엇보다도 제국황실재판소의 선결례로 옮겨졌다. 최초의 이론적 정당화시도는 제국황실재판소에 대한 믿을 만한 해석에 대해서 입법자에게 전적인 권능을 부여하는 것이었다. 물론 그 경우 믿을 만한 해석의 한계에 대한 고전적 원칙들은 대폭 확장되었다. 다른 정당화시도는 판례법을 입법자가 묵시적 동의를 통해 법률의 효력을 인정한 "관습법"이라는 법원(法源)에 포섭시키는 것이었다.

선결례집(불법적인)의 출판자들이 선결례가 구속력이 있지도 않고 없지도 않다는 점과, 선결례와 다른 의견을 주장하는 것이 허용되지만 그러나 근거제시를 필요로 한다는 점을 생각하게 되었다는 것은 언급할 만한 가치가 있다. 심지어 그들은 선결례가 '법률상 형성의 기초'(in jure et aequitate fundata)라고 하는 결정적인 관점에까지 도달했다. 그와 함께 다음과 같은 중요한 문제가 표명되었다. 즉 형평은 특히 현저하게 부당한 경우에 실정법을 수정하는 것에 제한되는 것이 아니기 때문에, 사람들이 실정법을 그것이 **형평의 표현**이기를 원한다고 추정함으로써 신뢰할 수 있을 경우에만 실정법을 이해할 수 있고

---

4) Weller, 같은 책, 43면.

해석할 수 있다는 것이다. 이러한 생각으로부터 **이미 그 당시에 제기된 원칙**, 즉 선결례의 관련성은 상세히 검토되어야 하고 그렇기 때문에 전문(全文)이 접근되어야 하며, 선결례와 일치하지 않는다는 것은 모든 본질적인 관점에서 근거가 지어져야 한다는 원칙이 명백해진다. 이 점으로부터 나아가서 모순되는 선결례들의 도태라는 관점이 명백해진다. 즉, 동시에 통설과 일치하는 선결례가 우선하며(물론 통설에 대해서는 마땅히 선결례가 우선한다), 나아가서 더 최근의 선결례가 오래된 선결례에 우선한다. 그리고 "질서가 잡히고 안정된 시대의 선결례가 유동적인 관계에서 얻어진 선결례에 우선한다."5)

법실무보다는 법원론을 지향하고 그렇기 때문에 선결례추정의 원칙과 실정법의 기초를 형평에 두는 것을 인정하지 않았던 다른 저술가들은 선결례의 비구속성을 주장했고, 선결례에 기껏해야 정당한 법해석의 간접증거로서의 효력을 인정할 뿐이었다. 그들은 판결의 계속성을 그들이 어느 정도 부인하고 있던 "관습적 효력"에서 설명했다.

이러한 잘못된 이해는 다음과 같은 세 가지 본질적 요소로부터 영향을 받은 데 그 원인이 있다.

① **'명백한 법'(jus certum)이라는 이상**. 이 이상은 흠결 없는 법전의 편찬과 확고한 해석원칙에 의해서 실현되리라 기대되었다. 이러한 이상은 후에 18세기와 19세기의 법전편찬노력에서 표현되었다. 그러나 이 이상은 17세기 이래로 행해진 보통법규정과 경찰규정을 제정하기 위한 노력에서 이미 보여진다. 사람들은 법률을 통한 법적 안정성의 창출을 추구했기 때문에, 그들은 판례법 때문에 법률질서가 무력해진다고 생각하였다.

② **법제정독점의 이상**. 17세기 이래 절대주의 국가이론은 지배자

---

5) Weller, 같은 책, 65, 66면.

의 의사를 유일한 법원이라고 전제하였다. 그렇기 때문에 이 이론은 선결례에서 또한 이러한 법제정독점권에 대한 도전을 탐지하였다. 이러한 주의주의적 법이해는 다음과 같은 결론에 이르렀다. 즉, 법률의 해석까지도 법창조로서의 효력을 가지고, 그렇기 때문에 지배자에 의해서 독점되어야 하며, 그 결과 결국 심지어는 주석과 해석이 금지되었다.

③ **이성법과 자연법의 영향**. 사람들은 실정법을 자연법의 표현이라고 간주했다. 그러나 그것은 비역사적인 의미에서였다. 그들은 이성은 구체적인 경우에 선결례에 의하여 발견되는 것이 아니라, 시간을 초월하여 실정법 속에 포함되어 있는 것이라고 한다. 이성은 "체계화"를 통해 발견된다고 한다. 그리고 무엇보다도 유스티니아누스 법전은 그 이성의 원칙에 근원을 두고 있으며, 결정은 논리적·개념적으로 그 법전으로부터 추론된다고 한다. 이러한 관점으로부터 선결례는 단어의 비과학적 "선입견" - 논쟁적 의미에서 - 이라고 생각되었다. 또한 이러한 관점은 입법을 촉구한다. 왜냐하면 법관에 의해 법의 계속발전과 변화된 상황에서의 법의 적응은 체계적 혼란이라고 생각되었기 때문이다.

그러나 이러한 모든 이론적 관점들이 선결례추정을 지지하는 실무를 극복할 수는 없었다. 현실을 이론과 일치시키기 위해서 사람들은 때때로 하나의 트릭을 생각해냈다. 소위 '**선결례입법**' (Präjudizialgesetzgebung)에서 그때까지 사법적 법형성에서 얻어진 결과들이 명시적 법률적으로 승인되었다. 이것은 사법적 법형성이라는 불편함과 그때부터 최종적으로 결별하고자 하는 의도에서였다. 이것은 곧 환상이라는 것이 입증되었다.

사람들은 18, 19세기의 법전편찬에서 이와 똑같은 경험을 했다. 이러한 경험을 사람들은 새로운 방식으로 받아들이고자 시도했다. **판례**

집에 대한 일반적 필요에 직면해서 사적인 판례집이 우선 용인되었고, 후에 명시적으로 허용되었다. 19세기 중엽부터 결국 **공적인** 판례집 역시 발간되었다. 점차적으로 최고법원의 판결은 영방국가(領邦國家) 내에서 그에 합당한 승인을 받았다.

19세기의 법이론은 물론 여전히 선결례추정을 이해하는 데 어려움을 가지고 있었다. 오직 몇몇 역사법학파의 지지자들만이, 특히 요르단 *Jordan*과 마우렌브레허 *Maurenbrecher*가 선결례추정을 승인하는 데 성공했다. 선결례를 이론적으로 이해하는 것은 역사법학파에 있어서도 역시 어려운 일이었다. 이성법에 전면적으로 대항하는 것 - 사소한 것과 함께 중요한 것 역시 버렸다 - 을 통해서, 역사법학파는 사법적 법발전의 과정 속에서 실현되는 법이성을 무시하는 지나치게 협소한 법원론을 만들어냈다. 선결례는 국민적 확신의 표현, 즉 **관습법**으로 간주되거나, 아니면 **학문적**인 법적 견해의 표현으로 간주되었다. 첫 번째 경우에 선결례는 구속력을 가졌다. 그러나 두 번째의 경우에는 다른 모든 학문적인 법적 견해와 마찬가지로 고도의 추정을 근거지울 수 없었다. 사비니 *Savigny*는 양자를 결합시켰고, 선결례를 관습법으로 인정했을 뿐만 아니라 학문적 법의 일부로도 인정했다.

개념법학적 형식주의가 - 푸흐타 *Puchta*에서 시작하여 그 세기 말까지의 독일법학을 지배했다 - 관철되었을 때, 선결례추정의 원칙은 법발전에 대한 역사적 이해와 함께 시야에서 사라졌고, 체계적 사고와 체계원칙으로부터 결정을 추론한다는 이상에 길을 내주었다.

또한 계속적인 판결 역시 다시 기껏해야 "**학문적 정당성의 간접증거**"로서 타당하게 되었고, 선결례추정을 근거지울 수 있는 어떠한 권위도 요청할 수 없게 되었다. 물론 사람들은 공적 판례집에서 표현된 것과 같은 선결례추정이 가지는 실천적 의미를 배제할 수는 없었다. 그렇기 때문에 사람들은 예컨대 판례를 관습법이라는 법원에 포섭시킴으로써 난관을 극복할 수 있었다. 그러나 그 경우 사람들은 여전히 계속적인 판결에 대해서 상응하는 국민의 법적 확신이 존재해야 하는가(푸흐타 *Puchta*, 배히터 *Wächter*, 콜러 *Kohler*, 기이르케 *Gierke*), 존재하지 않아도 되는가(아디케스 *Adickes*, 데른부르크 *Dernburg*, 빈트샤이트 *Windscheid*)라는 문제만을 다투었다.

민법전이 1900년에 효력을 발생한 후에 물론 곧바로 각성이 일어났다. 그러나 그러한 각성은 이론적으로 성취되지 않았다. 지배적이 된 "이익법학"은 법관을 유사한 경우에는 입법자에 의해서 추구된 목적과 입법적 평가에 구속시키고자 했다. 이러한 이론은 민법의 계속 발전을 여전히 순수한 "법적용"으로 이해하는 것을 가능하게 했다. 법실무는 더욱더 법학에서 고려되지 않은 채로 남아있게 되었다.

제25절 실증주의법원론의 포기

오늘날의 법이론과 방법론에서도 역시 선결례는 여전히 언제나 주목할 만한 것이 아니거나(예컨대 라렌츠 Larenz)[6] **구속력 있는 것**(예컨대 피켄쳐 Fikentscher)[7]이다. 어느 경우에도 선결례추정의 원칙은 결여되어 있다. 선결례추정의 원칙의 구속력이 인정되는 곳에서는 고전적 이론의 영향이 지속되는 가운데 이러한 구속력은 더욱더 관습법이라는 법원을 그 근원으로 삼는다. 그러나 그에 대해서는 세 가지 이의가 제기될 수 있다. **첫째**, 관습법은 구속력을 가지는 법원이다. 그러나 선결례는 구속력을 가지는 것이 아니라 단지 근거제시의무만을 전환시킨다. **둘째**, 관습법은 실제로 국민의 법적 확신을 전제로 한다. 그러나 선결례추정은 다음과 같은 점, 즉 문제가 되는 것이 국민 속에서 살아 있는 법문제인가 아니면 기술적인, 법전문가들만이 알고 있는 특수한 문제인가 하는 점과 전혀 상관없이 효력을 가진다. **셋째**, 관습법의 구속력은 장기간에 걸친, 적어도 몇 년에 걸친 관용(慣用)을 전제로 한다. 그러나 선결례추정은 이미 법적 본안문제에 대한 최초

---

6) Larenz, *Methodenlehre*, 4. Aufl. 1979, 345면 이하.
7) Fikentscher, *Methoden des Rechtes*, Bd. IV, Tübingen 1977, 241면, 340면 이하.

의 결정에 의해서 발생한다. 왜냐하면 선결례추정은 바로 계속적 판결과 법제도가 형성될 수 있도록 하는 전제조건이기 때문이다.

그러므로 실증주의자들에 의해서 획정된 법과 윤리의 경계선은 다음과 같은 경우에만, 즉 사람들이 해결된, 최종적으로 결정이 내려진 법문제뿐만 아니라 또한 여전히 미해결의 법문제를 "법문제로서" 효력을 가지는 것으로 제한하는 경우에만 유지될 수 있다.

이 같은 사실은 헌법, 법률, 명령, 조례 그리고 관습만을, 그러므로 오직 선존하는 법규범만을 법원으로 승인하는 모든 법원론에 해당된다. 이러한 방식으로 제한되는 법이론을 사람들은 '회고적 환원주의'(retrospektiver Reduktionismus)라고 표현할 수 있다. 이것은 이미 내려진 입법적 결정과 사법적 결정을 뒤돌아보기 때문에 "**회고적**"이다. 또한 이것은 결정을 준비하고 근거지우는 논거들을 언제나 이미 내려진 결정에 근원을 두고, 그와 함께 결정을 실제로 밑받침하는 객관적 근거들을 고려하지 않기 때문에 "**환원주의**"이다.

회고적 환원주의는 그때그때 실제 법적인 계쟁문제들이 법이론에서 고려되지 않은 채로 남는다는 것을 의미한다. 실증주의자가 "도덕철학적" 문제라고 부르는 실제 법문제에 법률가가 관심을 두고 비판적으로 논쟁하려 할 때까지는 법이론은 침묵한다. 법률가가 사법적 결정에 도달한 이후에야 비로소 법이론가는 말하기 시작하고, 도덕적으로 어떻게 평가되는 가에 상관없이 그 결정은 이제 법이라고 설명한다.

회고적 환원이 의미하는 것은 단지 특별히 법적인 문제만을 고려하지 않은 것을 의미하는 것이 아니라, 또한 이러한 문제를 "도덕적"이라고 특징지운다는 것을 의미한다. 법실증주의는 어느 정도 "역할분담"이 중요하다고 가정한다. 즉, 법이론은 법철학과 정치철학에 맡겨야 한다고 한다. 그러나 실제로 그 경우 법이론은 법현상에 제한되는 것이 아니라 법의 한정된 상황으로 제한되고, 그럼으로써 특이한 용어상의 혼란을 가져온다. 왜냐하면 다투어지는 법문제가 어떠한 식으로 결정되어야 하는가라는 문제는 **정형적인 법적 문제**이기 때문이다. 이 문제가 확정적으로 결정되지 않고 여전히 논의되고 법적으로 논쟁되는 한, 실증주의자들은 그 문제를 "도덕적" 문제라고 표현한다. 그리고 그럼으로써 법과 도덕은 법실증주의자들이 의도하는 대로 분리되는 대신에 실제로는 혼동되게 된다.

이러한 용어상의 혼란은 이미 분석학파의 창시자들에게서 발견된다. 예컨대 오스틴 *Austin*은 일찍이 어떤 법전편찬도 법관법을 배제할 수는 없었으며 오히려 필연적으로 언제나 많은 결정들이 '법관의 판결에'(bon sens et l'equite) 맡겨져 있다는 것을 매우 적절히 이야기한 바 있는 포탈리스 *Portalis*를 부정하면서 인용하고 있다.

이에 대하여 오스틴은 "… le bon sens and l'equite, 즉 법관의 판결 … 법관의 판결이 미치는 한, 결코 법은 존재하지 않는다"[8]라고 이야기하고 있다. 그러나 이것은 바꾸어 말하면 이전에 법학에서 고려되던 "몇몇" 문제들이 이제 법학으로부터 추방당한 것이 아니라, 거의 모든 중요한 문제들이 그러하다는 것을 뜻한다. 특히 법문제가 결정되어야 하는 경우, 구체적으로 제기되는 문제는 그 문제가 다투어지고, 여전히 기판력 있는 결정이 내려지지 않는 한에 있어서는 법문제가 아니다. 기묘한 언어사용이 아닌가! 그러나 법률가들은 바로 다툼에 대한 결정을 준비하기 위해서 논증한다.

그러므로 우리는 우리의 법원론의 근거가 되는 다수의 이론적 이분법을 승인하지 않을 수 있다는 결론에 도달한다. 왜냐하면 구속력을 가지는 법원과 구속력을 가지지 않는, 결정의 정당성의 간접증거가 존재할 뿐만 아니라 또한 선결례추정을 통한 **근거제시의무의 전환**

---

[8] Austin, *Lectures on Jurisprudence*, 5. Aufl., Bd. I, 664면.

도 존재하기 때문이다. **실정법의 윤리적 기초**를 고려한다면, 우리는 실천이성을 엄격하게 분리할 수 없고, 오직 법을 해석하고 그것을 집행할 수 있을 뿐이다. 우리는 주의주의적으로 법을 입법자의 의사로부터 추론할 수 없고, 또한 합리주의적으로 법이성이나 정의 혹은 자연법으로부터 추론할 수도 없다. 우리는 법을 동시에 **실증주의적으로** 이해하고, 규범에 관한 구속력 있는 결정의 총체로서 이해하며, **또한 이성적으로** 이해해야 한다. 또한 그러한 한에서 결정들은 결정들의 도덕적 근거와의 관련에서 이해되고 해석되어야 한다. 우리는 법이 단순히 "발견된다"거나, 단순히 "제정된다"고 말할 수 없다. 왜냐하면 결정은 합리적으로 근거지어질 수 있고, 또한 비판될 수 있기 때문이다. 그러나 그럼에도 불구하고 결정들은 논쟁되는 문제가 완전히 논의되기 전이라 할지라도 구속력을 창출한다. **발견된 것은 정립될 필요가 있다.** 그렇기 때문에 우리는 엄격한 법적용과 정치적 이데올로기가 침입하는 장소로서의 자유주의적 자유법운동 가운데 어느 것을 선택할 것인가의 대안 가운데서 선택할 자유를 가지고 있는 것이 아니다. 오히려 우리는 **법적용을 법률적 규범을 엄밀하게 표현하고 보충하는 것**으로 이해해야 한다. 따라서 우리는 사법적 결정의 책임과 이성 그리고 정의를 오직 입법자에게서만 발견하는 것이 아니라 법관에게서도 발견한다. 법관의 윤리는 법률에 대한 충성과 방법적 세심함에서 끝나는 것이 아니다. 왜냐하면 법해석은 합리적인 방법론상의 작업을 기술적으로 습득하여 조작(操作)하는 데에서 시작되는 것이 아니기 때문이다. 오히려 법관은 **결정책임**을 지며, 그가 자신의 결정이 가지는 선결례적 효력에 대한 책임을 지는 경우에만 그리고 그러한 한에 있어서만 그는 자신의 과제를 파악할 수 있다.[9]

---

9) 이에 대하여는 저자의 *Theorie der Rechtsgewinnung*, 312면 이하와 2판 후기를 보라.

제5장

정당성과 저항

역사적 배경

    법실증주의는 언제나 저항권에 대해서 특히 강력하게 반대한다. 그것은 저항권이 자연법, 성서, 양심, 오래전부터 전래된 법 또는 혁명적 이념 등 어느 것에 근거하든지 상관하지 않는다.[1] 법실증주의는 저항권에 대해서 "법은 법이다"라는 원칙을 대립시킨다. 실정법에 대해서는 어떠한 반대법도 존재할 수 없다. 그리고 그것은 그 법이 도덕적으로, 정치적으로 또는 신학적으로 어떻게 평가되는가와 전혀 무관하다. 그러한 점에서 법실증주의는 16세기에 종교적 **시민전쟁**의 흔적 하에서 정식화된 근대국가의 주권이념의 표현이다. 그 당시 법실증주의는 시민 또는 계급의 폭동과 불복종, 무정부상태, 폭군살해, 시민전쟁을 논박하였고 질서, 복종, 국내의 평화를 옹호했다. 법실증주의의 말에 따르면, 이러한 목적을 위해서는 국가의 권위에 의해 승인된 것 이외에는 어떠한 법원도 존재하지 않는다. '이성이 아니라 권위가 법을 창조한다'(Auctoritas non veritas facit legim)(홉스 *Hobbes*).[2]

---

[1] 이에 대하여는 Wolzendorff, *Staatsrecht und Naturrecht in der Lehre vom Widerstandsrecht des Volkes*, 1916; Joseph Lecler, *Histoire de la Tolerance au siecle de la Reforme*, Bd. II, 1955; J. W. Allen, *A History of Political Thought in the 16th Century*, 1928.을 보라. 또한 Herbert Marcuse, *Kritik der reinen Toleranz*, 1966, 127, 128면도 보라.

폭군이라는 개념은 홉스와 같은 실증주의자들에 의해서 명시적으로 배척되었다. 그들은, 사람들이 우연히 그를 좋아하지 않는 경우에, 지배자는 폭군으로 불린다고 한다. 그리고 일반적으로 법질서가 지배해야만 한다면, 법제정권력을 승인하는 것이 주관적 기호(嗜好)에 의존해서는 안 된다고 한다.[3]

역사적으로 보면 법실증주의는 무엇보다도 모든 형태의 '**간접적인 교회의 힘**'(Potestas indirecter der Kirche), 특히 가톨릭교회의 힘에 대한 적대감에서 싹텄다. 왜냐하면 첫째, 이들은 특히 철저하게 체계적인 자연법이론에 근거하고 있었고, 둘째, 이들은 이전부터 군주 파문과 신민(臣民)의 복종의무를 면제시키는 데에서 유력한 권력수단을 소유하고 있었기 때문이다. 또한 이러한 의미에서 법실증주의는 1600년경에 예컨대 벨라민 *Bellarmin*과 후앙 드 마리아나 *Juan de Mariana*와 같이 국가적 권위에 대한 교회의 통제권을 정당화시키려는 이론과의 논쟁에서 명백해졌다.[4] 국가의 주권자의 법제정독점권이라고 하는 실증주의의 이념은 두 명의 프랑스 왕이 - 앙리 3세와 앙리 4세 - 연이어 스스로를 교회의 간접적 힘의 집행자라고 간주한 광적인 가톨릭교도들에 의해서 살해되었을 때 현저하게 세력을 얻었다.

자연법이론과 실증주의의 논쟁이 지금 세기까지도 - 비록 위장되고 약화되었다 할지라도 - 가톨릭의 간접적 힘의 형태를 주시하고 있

---

2) Hobbes, *Leviathan*, Kap. 28, 46과 결론 A Review and Conclusions, 이에 대하여는 Kriele, *Einführung in dis Staatslehre*, 30절 이하를 보라.
3) 보댕 *Bodin*의 주권개념은 이러한 의도에 의해서 동기지어졌다. *Les six Livers de la Republique*(1583). 이에 대하여는 Schnur, *Die französischen Juristen im konfessionellen Bürgerkrieg des 16. Jahrhunderts*, 1962; Quaritsch, *Staat und Souveränität*, 1968을 보라.
4) Feine, *Kirchengeschichte Deutschlands*, 1955, 487면 이하; Gemmel, Bellarmins Lehre von Staat und Kriche, in: Scholastik 4(1929), 5(1930); Übersicht über Gesamtwerk und Leteratur im Lexikon für Theologie und Kirche, Stichwörter Bellarim; Bd. 2, 1958 Sp. 160; Mariana, Juan de: Bd. 7, 1962 Sp. 48.

다는 것은 다음과 같은 점에서 명백하다. 즉, 예컨대 켈젠 *Kelsen*과 같은 법실증주의자들의 저작들은 중남미, 스페인, 이탈리아 그리고 다른 지배적 가톨릭국가들의 어느 곳에서도 그렇게 많이 읽혀지지 않았고, 또한 승인받지 못했다는 것이다. 이 국가들에서 좌익적 성향을 가진 자유주의자들과 사회주의자들에게 법실증주의는 정치적 논쟁에서 없어서는 안 될 무기였다. 예컨대 토지개혁, 사회화와 같은 그들이 목적을 합법적으로 관철시키는 것은 그들에게는 오직 다음과 같은 조건하에서만 가능한 것으로 생각되었다. 즉 그들의 목적이 달성되었을 때, 합법성이 그것을 권위 있고 구속력 있는 것으로 승인하여야 한다는 것이다. 바꾸어 말하면, 법관이 법률의 상위에 서있는 가톨릭적·보수적 자연법을 주장하거나, 쿠데타가 일어난 경우 군대가 소위 "자연법"의 집행자가 되어서는 안 된다는 것이다. 그러므로 법실증주의자들은 그들이 입법자의 **법제정독점권**뿐만 아니라 심지어는 **법제정우선권**까지 요구한다는 논거에 의해 이러한 자연법의 변형들을 다룬다. 이러한 염려가 정당화되는 한에서 법실증주의는 정당하다. 물론 이 문제는 새로운 가톨릭의 사회이론과 자연법이론이 사회적으로 매우 커다란 영향을 받고 있으며, 소유권의 사회적 구속뿐만 아니라 공용징수까지도 강조되고 있다는 점에서 역사적인 것이 되고 있다. 이 이론은 더 이상 자본주의, 봉건주의 또는 식민주의의 그 어느 것도 자연법적으로 정당화하기에 적합하지 않다.[5]

---

5) 예컨대 die Encyclicen Progressio Populorum, 1967와 Redempter nominis, 1979을 참조하라.

독일 판례에 비추어 본 나치범죄와 저항

벤담 *Bentham*에서 오스틴 *Austin*을 거쳐 허버트 하트 *Herbert Hart*에 이르는 영국의 법실증주의는 홉스 *Hobbes*적인 의미에서 "법은 법이다"라는 원칙선상(線上)에 놓여있다. 예컨대 하트는 특수한 상황에서 법률에 대한 저항권이 주어질 수 있는가, 법률은 언제나 법적 의무를 근거지우는가라는 문제를 상론하고 있다. 그는 법적 의무와 도덕적 의무의 엄격한 분리라는 의미에서 이러한 대안에 대하여 대답한다. 그는 저항"권"을 불가능한 것으로 간주한다. 그러나 그는 일정한 상황에서는 저항을 인정한다는 점을 분명히 하고 있다. 그는 "확실히 배척되어야 할 성격을 가지는 법률에 대해서 저항하고 복종을 거부할 명백한 도덕적인 의무가 존재한다"[6]는 확신을 표현한다. 이러한 표현을 통해 그는 켈젠과 일치한다. 켈젠은 법적 의무를 도덕과는 무관하게 순전히 법규범으로부터 정의한다. 따라서 그 결과 "법적 의무와

---

[6] Herbert Hart, Positivismus und die Trennung von Recht und Moral in: *Recht und Moral*, 1971, 14면 이하, 41면; 또한 *Der Begriff des Rechts*, 1973, 214면 이하를 참조하라.

도덕적 의무 사이에 갈등"이 발생할 수 있다.7) 이러한 표현은 어느 정도까지는 법실증주의의 신앙고백이다.

이 표현은 특히 다음과 같은 실제적 결과를 가진다. 즉 실증주의 법이론가들은 저항이 인정되는 조건들을 "순수한 도덕철학적" 문제로 보고 법학에서 추방한다. 왜냐하면 모든 실증주의적 법이론의 기초는 다음과 같은 방법으로 법이론과 도덕철학 사이에 업무분담이 이루어질 수 있다는 것을 전제하기 때문이다. 즉 사람들은 이전까지의 세기에는 "법철학"에서 다루었던 모든 범위의 문제들로부터 **내려진 결정에 따라** 선존하는 법규범과 법원의 판결에 관련되는 문제들을 "법이론적"인 것으로 분류해내고자 노력한다는 것이다. 그리고 그 나머지 - 그러므로 결정 **전에** 논의되는 모든 문제들 - 를 사람들은 도덕철학에 할당한다.

이러한 업무분담의 결과, 언제가 법에 복종할 때이고, 언제가 저항이 있을 수 있는 때인가 하는 문제는 도덕철학의 문제에 속한다. 이러한 논리에 따르면 "법의 개념" 내에서는 도덕적인 문제이고 전혀 법적인 문제가 아닌,8) 즉 법관과 전혀 관련이 없거나 마땅히 없어야 하는 문제에 대해서는 말해서는 안 된다. 그러나 실제로 법적 사고가 이러한 문제를 피할 수 있는가? 이러한 문제에 대하여 하트와 다른 법실증주의자들은 아직까지 충분하게 논의를 완결시키지 못하였다. 예컨대 하트가 주시했던 유일한 경우는 히틀러의 지배를 그들의 편에서 합법화시켰던 나치범죄자들을 벌한 경우이다. 그러한 "합법적 범죄자들"이 독일에서 처벌받아야 마땅한가? 하트는 다음과 같이 대답한다. "아니다, 어떠한 경우에도 **소급효를 갖는 형벌법규**가 공포되지 않는 한 그래서는 안 된다."

---

7) Kelsen, *Reine Rechtslehre*, 2. Auflage, Wien 1960, 123면.
8) Hart, *Der Begriff des Rechts*, 214면 이하.

그것은 '법률이 없으면 범죄도 없다'(nulla poena sine lege)라는 원칙의 요구이다.[9] 따라서 예컨대 7월 20일의 사람들과 같은 **저항투사**들은, 1871년의 형법전이 계속 효력을 가지고 적용되는 한에서는, 독일에서는 도덕적으로는 존경받으면서 동시에 재판에서는 유죄판결을 받는 것이 논리적일 것이다. 그리고 오직 사면법만이 그들을 구할 수 있을 것이다.[10] 왜냐하면 1871년의 형법전은 "제3제국"에서 효력을 가졌고, 독일연방공화국에서도 계속해서 예나 지금이나 적용되고 있기 때문이다. 그 경우 저항투사들은 그들의 도덕적 동기를 오직 도덕적으로만 주장할 수 있을 뿐이고, 법적 효과를 가지는 주장을 할 수는 없을 것이다.

그럼에도 불구하고 하트가 가정하고 있는 바와 같이, "법은 법이다"라는 원칙이 나치범죄자들과 저항투사들에 대한 독일의 법실무를 불법적으로 만들었다고 가정하면, 하트는 법과 윤리의 연관성이라는 문제로부터 결코 그가 희망하고 있는 것처럼 그렇게 벗어나고 있는 것은 아닐 것이다. 그리고 도덕적 성격을 가지는 그러나 법적으로 결정되어야 하는 새로운 문제가 제기될 것이다.

몇 가지 실례: 어떻게 하면 "법률이 없으면 형벌도 없다"는 원칙을 침해하면서 나치범죄자들에게 유죄를 선고한 **법관**들을 법적으로 정당하게 대우할 수 있을까? 그들은 법의 남용, 살인죄, 감금 등을 이유로 기소되고, 유죄판결을 받아야 하는가? 어떠한 정당화사유와 면책사유를 사람들은 그들에게 인정할 수 있을 것인가? 초법률적 긴급

---

9) Hart, *Der Positivismus und die Trennung von Recht und Moral*, 41면 이하; 이하에서는 또한 Michael Kirn, *Verfassungsumsturz oder Rechtskontinuität?*, 1972, 82면 이하도 보라.
10) Hart, 같은 책. 이에 대하여는 Bertram, *Widerstand und Revolution*, 1964, 42면 이하; Kraus(Hrsg.), *Die im Braunschweiger Remerproze erstatteten moraltheologischen Gutachten*, 1953도 보라.

피난이 적용되는가? 이 원칙이 법률에서 승인되고 있지 않는 한, 철저한 법실증주의자가 도대체 이 원칙을 승인할 수 있겠는가? 유죄판결을 받은 나치범죄자들은 어떻게 다루어져야 하는가? 그들은 곧바로 석방되어야 하는가? 그들은 재심절차에서 무죄판결을 받아야 하는가? 그들은 손해배상을 받아야 하는가? 그들에 대해서 내려진 판결은 그것이 파기될 때까지 "정당한가"? 만일 그렇다면, 법관들이 - 하트의 가설에 따라서 - 침해한 "법률이 없으면 범죄 없다"는 원칙은 법원의 실무를 통한 제한적인 해석의 결과 오직 제한적으로만 정당한가?

독일에서 히틀러에 대항한 **저항투사**들에 대해서 검찰과 법원은 어떤 태도를 취해야 했을까? 그들은 실제로 그리고 엄격하게 기소되고 유죄판결을 받아야 했을까? 1944년의 성 범죄자나 은행강도는 독일에서 역시 1871년의 형법전에 따라서 유죄선고를 받았다. 이 법전을 저항투사들에 대해서 적용하는 것을 거부하는 것은 - 도덕적으로는 인정되는, 법적으로는 유죄판결을 내리는 - 법의 왜곡인가?

모든 저항투사들, 즉 예컨대 오직 가능한 한 많은 희생자들을 구할 수 있는 상태에 이르기 위해서 명백히 정신병자의 안락사에 관여함으로써 자신의 손을 더럽힌 사람들은 법적 의무와 도덕을 분리하는 실증주의의 관점에서 어떻게 평가되어야 하는가? 그러한 종류의 문제들은 독일의 법원에 변형된 형태로 수없이 제기되었다. 법률은 그러한 문제들에 대해서 전혀 규정하지 않았다. 그럼에도 불구하고 그러한 문제들은 법원에 의해 결정이 내려져야 했다. 또 다른 예를 보자.

만일 어떤 사람이 오직 그가 파시즘에 대한 저항투사였기 때문에 희생자가 되었다면, 그가 **파시즘의 희생자**로서 그에게 주어진 **연금**(年金)을 지급하라는 소송을 낸 경우 실증주의의 관점에서 어떻게 결정을 내려야 할까? 만일 그가 법적인 견지에서 범죄를 행했다면, 히틀러제국 내에서 그를 감옥에 넣는 것은 법적인 견지에서 정당화되었다. 그러므로 법적인 견지에서 독일은 그에게 연금을 지급하지 않아야 하는가? 그렇지 않다면 외견적으로는 오직 도덕적인 청구권이 실제 법적으로는 중요한 청구권인가?

사람들이 이 문제를 긍정하는 경우, 그 다음문제들이 제기된다. 법적으로 승인되는 **저항행위**는 어디에서 시작되고 무엇이 그러한 행위인가? 예컨대 전시에 군역을 거부하는 것이 그러한 행위에 속하는가? 저항행위의 성공가능성이 문제가 되는가? 이러한 문제에 대한 대답이 연금을 지급할 법적 의무가 존재하는가의 문제를 결정하기 때문에, 이러한 문제들은 법적인 문제인가 아니면 단순히 도덕적 문제에 불과한가?

이러한 모든 문제들은 분명히 다음과 같은 점, 즉 "합법적 범죄자"의 문제와 법률에 대한 저항의 문제들이 결코 "법외적"인, "순수한 도덕적" 문제일 수 없다는 점을 명백히 밝히고 있다. 그러한 문제들을 법학으로부터 추방시키기 위해서 "법은 법이다"라는 원칙을 언급하는 것은 충분하지 않다.

독일의 법질서가 첫째, 나치범죄자들을 처벌했고 둘째, 제3제국에서의 저항은 기소되지 않았기 때문에, 법실증주의는 **피할 수 없는 딜레마**에 처한다. 왜냐하면 만일 법실증주의가 이러한 사실에 대해서 불법이라고 선언한다면, 독일에서 실정법으로 효력을 가지고 있고 실제로 적용되고 있는 것이 불법이기 때문이다. 그러므로 그러한 경우 법실증주의는 우리의 실정법을 실정법으로서 승인되지 않는 원칙에 따라 평가하고 있는 것이다. 이러한 점에서 법실증주의는 "법은 법이다"라는 기본원칙과 자기모순에 빠진다. 그러나 만일 법실증주의가 우리의 실정법을 승인한다면, 결국 다음과 같은 점을 인정해야 한다. 즉 "제3제국"의 실정법이 소급적으로 더 이상 법으로서 일반적으로 승인되지 않는 것이 아니라, 나치범죄와 저항이라는 극단적 경우에 관해서만 우리의 정당성원칙에 의해서 법적으로 - 도덕적으로만이 아니라 - 판단되는 것이다. 법실증주의는 이러한 경우에도 역시 "법은 법이다"라는 자신의 원칙과 자기모순에 빠진다.

법실증주의는 이러한 딜레마에 직면해서 오직 제3의, 도덕적·요청적 입장으로 후퇴한다. 즉 독일판결에서 행해진 "제3제국" 실정법의 상대화는 여기에서 실정법으로 효력을 가졌으나, 그렇게 되지 말았어야 했다는 것이다. 그러나 이와 함께 법실증주의는, 효력을 가지고 있는 법에 대한 단순한 분석이어야 한다는, 그리고 정치적·도덕적 문제들은 분리해서 논의해야 한다는 자신의 원칙을 포기한다. 이미 법실증주의의 정신적 시조인 홉스는 다음과 같은 이율배반에 빠졌다. 즉 그는 그의 시대에 영국에서 효력을 가지고 있던 법을 배척하고 그것을 자신의 자연법초안을 통해 대체하고자 했다.[11] 이러한 이율배반은 법실증주의의 역사에서 불가피하지만 항상 새롭게 발생한다. 왜냐하면 법과 실천이성은 사실은 원래 일체를 이루고 있고, 그들을 관념적으로 분리하려고 하는 이론적 시도는 실정법의 현실을 언제나 제대로 파악할 수 없을 것이 분명하기 때문이다.

---

11) Kriele, *Hobbes und englische Juristen*. 또한 *Einführung in die Staatslehre*, 33절도 보라.

제28절

정당성

　이러한 딜레마의 해결은 법에 복종해야 한다는 의무가 오직 법률에 의해서는, 그리고 그 자체로는 근거지어질 수 없다는 사실을 통찰하는 데 있다. 오히려 법질서 일반의 정당성이 첨가되어야 한다. 이러한 점에서 **법적 의무는 결국 윤리적 의무**이다. 법적 의무는 "법 일반"의 구속력을 승인하는 것이 도덕적 의무인 경우에 성립한다. 허버트 하트, 켈젠 그리고 다른 법실증주의자들은 법적 의무와 도덕적 의무를 분리시켜 생각하고자 한다. 법적 의무는 법적 의무이고, 도덕적 의무는 도덕적 의무이다. 양자는 우연히 서로 일치할 수 있다. 그러나 그들이 서로 모순되는 경우 도덕적 의무를 따르지 않는 것이 법적 의무라는 것이다. 물론 그러한 경우 역시 이러한 사고의 반대사고 역시 타당하다. 즉, 그 경우 법적 의무에 복종하지 않는 것이 도덕적 의무라는 것이다. 이러한 딜레마에서 시민들은 선택을 해야만 한다. 결정은 시민들의 주관성에 맡겨져 있다. 법은 언제 어떤 상황에서도 도덕적 의무에 우선하여 효력을 가지지 못할 수도 있다. 반대로 도덕적 의무들은 법과는 상관없이 근거지어지거나 배척된다. 법과 윤리의 관련은 이러한 법과 도덕철학의 분리를 통해서 해체된다.

법이 "**대체로**" 윤리를 고려하고 있다고 전제한다면, 실제로 법에 복종하는 것은 윤리적 의무이다. 법적 의무는 이 경우에도 물론 개별적으로 윤리적 비난을 받는 법률을 통해서 근거지어진다. 왜냐하면 개개 법률의 의무부과력은 법질서의 정당성으로부터 대체로 추론되기 때문이다.

정당성은 전통적이고 카리스마적인 정당성을 붕괴시킨 근대합리주의의 조건 아래에서만 **실질적·합리적인** 것으로 생각될 수 있다. 정당성은 헌법의 문제가 아니라 국가학의 문제이고, 법적인 문제가 아니라 실천이성의 문제이다. 우리 법질서의 정당성은 이제까지 제안된 모든 대안들에 대해서 다음과 같은 이유, 즉 우리의 법질서가 다른 대안들에 비해서 더욱 높은 정도의 평화, 자유, 정의를 보장하기 때문에 우선한다는 견해에서 기인한다. 이것은 우리의 법질서가 여러 면에서 부당하고, 개선을 필요로 한다는 점을 배제하지 않는다. 그러나 우리의 법질서는 대안들에 대해서 그 자체 내에 불의가 효력을 가지고 그리고 그 불의가 극복될 수 있는 절차를 가지고 있다는 점에서 우월하다. 그것이 이미 우리 법질서는 "대체로", 계몽적 척도에 비추어 윤리적으로 정당화될 수 있기 때문에, 개별적인 불의를 당분간 감수하는 것이 내적 평화와 법의 효력을 문제 삼는 것보다는 더 낫다.

근대 민주적 헌법국가는, 주권적 권력은 잠재적 공포이며, 주관적 주관성은 잠재적 내전을 의미한다(그리고 그 경우 역시 공포, 즉 혁명독재를 의미한다)는 두 가지 견해에서 비롯된다. 민주적 헌법국가는 권력과 주관성을 상호 형평관계에 둠으로써 두 가지 위험을 없애고자 하는 시도이다. 이러한 시도의 근거가 되는 사고는 다음과 같다. 즉, 사법적인 법의 계속형성에 대하여 입법자가 **법제정독점권**을 주장하는 것은 허황된 것이기는 하지만, 그럼에도 불구하고 입법자의 **법제정우선권**을 고집하는 것은 불가피하다는 것이다. 이것이 의미하는 바는 다음과 같다. 즉, 만일 입법자가 법적인 문제에 관여하고 결정을 내린다면, 그러한 범위 안에서 그의 결정은 구속력을 가져야 한다는 것이다. 그 구속력은 사법부의 소수의견에 대한 구속력이고, 법관이 가지고 있는 결정의 권위가 부여되지 않은, 단순한 철학적인 의견이나 신학적 의견에 대해서는 더욱 그러하다. 왜냐하면 질서의 정당성은 대체로 질서가 존재한다는 것을 전제하기 때문이다. 질서는 정치적 논쟁이 상이한 결정기관들에 의하여 상이하게 결정되어질 수 있는 곳이 아니라, 오직 그러한 정치적 논쟁에 대해서 권위가 구속력 있게 결정을 내리는 곳에서만 존재한다. 법의 윤리적 의무부과력은 이러한 견해에 근거를 두고 있다.

이러한 사실은 민주적 헌법국가에 대해서도 역시 타당할 뿐만 아니라 경우에 따라서는 윤리의 여러 원칙들, 특히 인간의 존엄, 자유, 평등의 원칙을 침해하지 않는 다른 질서에 대해서도 또한 타당하다. 그러나 무조건적으로 타당한 것은 아니다. '**아우슈비츠 형무소**'(Auschwitz)와 '**수용소군도**'(Archipel Gulag) 이후에 오늘날 어떠한 조건하에서는 내전 자체가 "질서"에 비해 더욱 작은 악일 수 있으며 새로운, 정당한 질서로 이양하려는 내전의 경우는 더 그러하다. 저항은 그 경우 단지 도덕적으로 뿐만 아니라, 법적으로도 승인받을 만하다. 실제로 "질서"가 붕괴된 이후에야 저항은 비로소 승인될 수 있다. 우선적으로 오직 도덕적으로만 숙고된 다른 정당화사유와 면책사유가 형법적으로 승인받은 것과 똑같이, 독일의 사법실무에서 저항은 승인되었다.

그러므로 법의 의무부과력은 하나의 이성적인 윤리적 근거에 뿌리를 두고 있다. 즉 혁명과 내전보다 법을 승인하는 것을 택해야 한다는 것이다. 그러나 법이 내전과 혁명을 더욱 작은 악으로 생각되도록 압박하는 경우에는 법의 의무부과력은 없어진다. 켈젠의 법실증주의의 배후에도 역시 결국 이러한 정치적인 이성적 숙고가 있다는 것을 그는 부수적인 진술에서 명백히 했다. 즉, 그는 벨첼 *Welzel*에 반대해서 다음과 같이 말하고 있다. 만일 법적 의무가 오직 윤리적 의무로서만 효력을 가진다면 "법에 복종하는 모든 주체들은 법이 그에게 부과한 의무가 윤리적이 아니라는 것을 근거로 삼아 법의 효력을 파기시킬 수 있을 것이다."12) 그러나 이것은 명백히 윤리적 논거이지 결코 법적 논거가 아니다. 따라서 이러한 논거는 적절하지 않다. 왜냐하면 사람들이 법적 의무와 윤리적 의무를 분리하여 생각하는 경우에도 역시 우위의 문제는 발생하기 때문이다.

법에 복종하는 모든 주체들은 그 경우 법이 가지는 법적 효력이 아니라, 법의 도덕적 의무부과력을 법이 그에게 부과하는 의무가 도덕적인 것이 아니라는 논거에 의해 파기할 수 있다. 이 경우 실제 정치적인 결과는 "법적 효력"이 파기되는 경우와 똑같다. 즉 법은 시민들에 의해서 복종되지 않거나 국가기관들에 의해서 적용되지 않는다. 사람들은 법과 도덕을 실증주의적으로 분리함으로써 이러한 문제에서 벗어나지 못한다. 오히려 전혀 그 반대이다. 즉 사람들은 그렇게 함으로써 처음으로 그 문제를 유발한다. 사람들은 오직 다음과 같은 견해, 즉 법적 의무부과력은 도덕적 의무부과력이고, 그러한 도덕적 의무부과력은 법이 일반적으로 도덕과 일치할 때 존재한다는 견해를 통해서만 그 문제로부터 벗어날 수 있다.

---

12) Kelsen, in : Juristenzeitung 1965, 468면, 각주22a. 이에 대하여는 로버트 발터 *Robert Walter*와 저자의 토론을 보라. Österreichische Zeitschrift für öffentliches Recht 1967, 123면 이하와 1968, 382면 이하.

정당성문제로서의 도덕철학

우리 법의 정당성의 근거는 두 가지 극단적 입장, 즉 도덕철학적 입장과 법실증주의적 입장으로부터 도전받고 있다. 전자의 입장에서는 오직 **법률의 도덕적 질**만이 문제되고, 후자의 입장에서는 형식적인 합헌적 **입법절차**만이 문제된다.[13]

도덕철학적 도전은 "대체로" 법의 정당성만이 중요하다는 가정에 존재한다. **개별적** 법규범들은 오직 그것이 윤리적으로 근거지어지고 승인될 수 있는 경우에만 의무를 부과한다. 국가는 제재의 위협과 경찰에 의한 관철을 수단으로 그에 대한 복종을 강제할 수 있다. 강제는 물론 의무부과와는 다른 것일 것이다. 사람들은 강제로부터 벗어나려 하거나 강제에 대해서 유효한 저항을 하고자 시도할 수 있다. 이러한 가능성을 이용하지 않도록 하는 어떠한 의무도 존재하지 않는다. 반대로 저항을 해야 할 도덕적 의무가 성립할 수도 있다. 저항을 하는 사람은 근거제시의무와 입증책임을 지지 않는다. 근거제시의무와 입증책임은 법률의 효력을 정당화하려 하는 사람이 진다. 즉, 후자는 저항할 준비가 된 시민을 법률의 도덕적 정당성에 의해서 설득하

---

13) Hasso Hofmann, *Legitimität und Rechtsgeltung*, 1977.

여야 한다.

이러한 의미에서, 예컨대, 1973년 노르트라인-베스트팔렌 주의 교육부장관에 의해서 공포된 정치학강의의 지침은 제1 능력으로서 사회적 강제와 지배관계를 맹목적으로 받아들이는 것이 아니라 그들의 목적과 불가피성에 대해서 문제를 제기하고 그들의 근거가 되는 이해관계, 규범, 가치관들을 비판적으로 검토할 수 있는 능력과 준비자세를 요구했다. 그리고 나서 "받아들일 수 없는 지배관계와 사회적 강제에 대해서 저항할 수 있는 능력 … 개혁절차나 저항기술에 대한 지식 또는 그들의 발달"이라고 하는 학습목표가 주어졌다. 이에 대해서, 다음과 같은 이유에서 지배관계에서는 국가적·고권적인 것뿐만 아니라 사회적·경제적인 것 또한 이해된다는 점이 명백히 말해졌다. 왜냐하면 이들이 서로 맞물려 있기 때문이다. 그러므로 학생은 법률 또한 곧바로 구속력 있는 것으로 승인해서는 안 된다. 그는 법률을 검토하고, 법률이 받아들여질 수 없다고 생각한다면, 저항을 행할 능력과 저항기술을 능숙하게 익혀야만 한다.[14]

그렇게 함으로써 법규범의 효력에 대한 결정독점권은 민주적으로 선출된 입법자로부터 이론가들, 사회학자들, 그리고 정당관료들에게 넘어간다. 이들은 학생들에게 어떠한 지배관계가 받아들여질 수 있는 것인가를 가르친다. 이에 관하여는 다양한 의견이 존재하기 때문에 다수의 결정기관이 존재한다. 다툼은 권위에 의해서 구속력 있게 결정되는 것이 아니라, 비민주적 수단에 의해서 종결되어야 한다. 무지배의 이상, 토대와 상부구조에 대한 마르크스주의 신조, 또는 우리의 법질서를 "구조적 폭력"으로 만드는 결과를 가져올 수 있는 이론들은

---

14) 이에 대하여는 저자의 논문 Lernzielvorschläge für den politischen Unterricht과 Recht und Ordnung. in; *Legitimitätsprobleme der Bundesrepublik*, 107면 이하와 87면 이하를 보라.

그 경우 우리 법질서를 일반적으로 그리고 개별적으로 해체시키고 그 대신 그에 대한 저항을 정당화시키기에 충분하다.

저항권의 조건들을 받아들이는 것은 자유민주적 헌법국가를 기반으로 하는 국가들에서 환상적인 희망, 불충분한 지식, 흠 있는 경험, 교조적 이론, 투쟁욕, 권력욕 그리고 선타협을 근거로 이루어졌다. 두 가지 극단적 입장을 선동하는 사람들은 "잠재된 위험을 명백히" 만들고자 시도한다. 그리고 그들은 헌법국가의 점진적 파괴를 통해 권력과 저항, 주권과 주관성 사이의 정치적 자연상태를 재창출해내고자 한다. 그리고 그들은 그 상태의 결과에서 독재적 승리자가 되고자 희망한다. 그러므로 저항권을 요구하는 것이 이성적인 것이 될 수 있는 조건들을 단지 인위적으로 만들어내려고 시도하는 저항권의 남용이 존재한다. 이것은 실제 전문용어로는 예컨대 "잠재적 파시즘을 명백히 만든다"는 것을 의미한다. 반면에 파시즘이 정권을 잡은 후 정책의 과제는 일찍이 명백해진 파시즘을 언제나 잠재적인 것으로 만들고 그 파시즘이 고사(枯死)하는 조건들을 조성하는 것이 되어야 할 것이다. 개별 법률에 대한 저항은 그렇게 되면 헌법질서 전반에 대한 저항수단이 된다.

"헌법에 대한 저항"은 권력분립적이고 인권을 지향하는 민주적 헌법국가에서는 일반적이고 윤리적으로 근거지어지지 않는다. 오직 그러한 저항은 반계몽적이거나 계몽주의의 원칙들을 배반하여 그 반대로 왜곡하는 이데올로기들에 의해서만 근거지어진다. 그렇기 때문에 현재 이곳의 상황에서는 기본법 제20조 제4항이 오직 자유민주적 기본질서를 방어하기 위한, 그것도 쿠데타선동자들과 폭동자들에 대한 저항권만을 승인하고 이 기본질서 자체에 대한 잠재적 독재자들의 저항권을 승인하지 않은 것은 정당화된다.

민주적 헌법국가에서의 **개별적 법제도**에 대한 저항은 법적으로가 아니라 도덕적으로 근거지어진다. 그리고 이것은 다음과 같은 오직 두 가지 조건하에서만 그러하다. 첫째, 극단적인, 매우 특별히 현저한 불의가 문제되어야 한다. 둘째, 그러한 경우에도 역시 저항을 도덕적으로 정당화하려 하는 사람들에게 근거제시의무와 입증책임이 부과된다. 이러한 조건이 존재하는지에 대한 검사는 저항을 하거나 요구하는 사람이 저항에 대해 부과되어 있는 법적 제재를 가치 있게 감수할 준비가 되어 있는지에서 성립한다. 그러한 사람은 자신의 개인적 태도로써 자신이 주장한 정당성문제의 진지성을 입증한다. 이러한 시민적 용기는 민주적 헌법국가에서 역시 기대될 수 있다. 왜냐하면 제재는 법치국가적으로 합당하고, 사법적 통제를 받고 있고, 결국 기본권과 비례원칙을 지향하는 헌법통제를 받고 있기 때문이다.

전체주의국가에 대한 저항은 시민적 용기뿐만 아니라 또한 순교, 공포스러운 형벌의 감수, 고문 그리고 죽음에 대한 준비자세를 요구한다. 도덕철학적 정당성이론에서는 다음과 같은 것이 특징적이다. 즉 이 이론은 법치국가의 헌법에 대한 저항에 있어서의 양심에 대한 검사가 요구하는 시민적 용기를 기대할 수 없는 것이라고 거부하면서, 동시에 다른 한편으로는 전체주의적 체제 내에서 (다른 사람들의) 순교를 "요구한다."

제2차 세계대전 후 독일에서는 몇 년 동안 **추상적 자연법철학**이 번성하였는 바, 이는 도덕적 정당성이론의 변형이었다. 이 이론은 "제3제국"의 성립에 대한 정치적 책임을 독일의 법학자들과 법실증주의 법이론가들에게 전가하는 것을 가능하게 했기 때문에 매력을 끌었다. 그 논리는 대략 다음과 같았다. 즉, 법관과 공무원은 자연법에 위반하는 법률과 히틀러의 명령을 거부하기만 하면 족하였다. 그랬다면 모든 불법체제는 기능하지 않았을 것이며 제국은 법치국가로 남았을 것이다. 그러나 이러한 반실증주의적 논쟁은 잘못된 방향에 목표를 두고 있었다. 전체주의체제에서 복종거부는 사람들이 모든 의연한 법관들에게 당연히 요구할 수 있는 시민적 용기의 문제가 아니었다. 그것은 개인적인 자기희생의 문제였다. 그리고 자기희생은 덧붙여서, 그의 지위가 곧바로 정권에 충성스러운 다른 사람에 의해서 채워진다는 점을 사람들이 고려해야 한다면, 일반적으로 거의 소용이 없다. 그러므로 순교를 감수한 법관들은 그들이 불법을 행하고자 하지 않았기 때문에 존경받을 만하다. 그러나 그러한 경우에 그것이 합법성이라는 표현의 옷을 입었을 때에는 그렇지 않다. 그러므로 순교 자세에 대한 **요구**에는 역시 바리새파적(위선적)이고 비인간적인 것이 부과되어 있다.[15]

그 밖에 이러한 종류의 자연법적 실증주의비판은 바로 합법적 법률복종이라는 실증주의원칙이 법관들에게 흔히 다음과 같은 가능성 역시 주었다는 점을 잘못 판단했다. 즉, 그가 국가사회주의적인 세계관이나 "건전한 국민감정"의 정신에서 재해석하는 것을 얼마동안 차단하기 위해서 법률의 문언을 근거로 삼았다는 것이다.[16]

자연법적 규범통제에 대한 변호는 오직 그러한 옹호가, 규범검토가 기껏해야 시민적 용기를 전제하고 순교자세를 전제하지 않는 그러한 정치적 질서와 결합하는 경우에만, 즉 자유민주적 헌법과 결합하는 경우에만 의미가 있다. 그러한 추상적 자연법이론은 그 이론의 지지자들로 하여금, **바이마르공화국 파괴**에 대한 그들의 **정치적 책임**을 회피하고, 속죄양에게 책임을 지움으로써 자신의 선한 양심을 용이하게 구하려는 시도를 하게 하였다.[17]

---

15) 그러므로 코잉 *Coing*은 이러한 저항을 하지 않은 법관을 처벌하는 데 대해서 명시적 반대를 했다. Süddeutsche Juristenzeitung 1947, 61면 이하.
16) Forsthoff, in: DöV 1959, 41면; Weinkauff, *Die dt. Justiz und der Nationalsozialismus*, 1968, 28, 29면.

이 이론은 그밖에 다음과 같은 위험으로 이끈다. 즉, 법관이 그가 순교의 위험을 무릅쓰지 않고서도 실정법에 반하여 재판할 수 있는 자유로운 질서 속에서 "자연법"이라는 구실하에 각양각색의 정치적 영향에 열려있고, 결국 법적 안정성과 질서를 전복하게 되는 것이다. 결국 자연법은 헌법정책적 요구일 뿐만 아니라 직접적으로 구속력을 가진다는 견해는 쉽게 다음과 같은 생각에 이른다. 즉 법적인 실정화가 필요하지 않다는 것이다. 그리고 그 경우 실제로 자연법은 지배자의 선의에 맡겨진다.

추상적인 자연법철학은 흔히 **인권**을 근거로 삼았다. 추상적 자연법철학은 인권을 직접 자연법적인 규범통제를 통하여 실현시키려 하였다. 그러나 인권은 실정법에서 구속력 있는 권리로서 규정되는 경우에만 현실성을 가진다. 이를 위한 첫 번째 조건은 권력자가 일반적으로 규범에 구속되고, 권리를 주권적으로 처리하지 못하고, 권리를 없애지 못하며, 권리를 자의적으로 해석할 수 없다는 것이며, 이는 그러므로 오직 권력분립이라는 조건하에서만 가능하다. 자연법과 법실증주의는 인권과 인권의 제도적 근거들을 법적으로 실정화하는 데에서 융합된다. 이것은 18세기 정치계몽주의의 핵심이었다. 그리고 그 영속적 진실성은 경험이 언제나 새롭게 증명하고 있었다. **권력분립적 헌법국가 내에서의 자연법과 법실증주의의 융합**은 동시에 주관성과 국가주권의 융합을 의미한다. 저항권의 자리에는 주관적 공권으로서의 인권이, 폭력에 의한 저항투쟁의 자리에는 민주적 선거와 모든 세 가지의 권력에 대한 사법적 통제가 자리한다. 그리고 그 결과 인권에 대한 존중이 자리한다. 그러므로 법실증주의에 대한 자연법적 비판은 그것이 "제3제국"에서 법을 적용하던 법률가들을 문제 삼는다면 잘못

---

17) 제3제국에 대한 자연법판결에 대하여 매우 비판적인 것으로 Kim, *Verfassungsumsturz oder Rechtskontinuität*, 1972.

된다. 왜냐하면 그러한 비판은 그와 동시에 인권의 법적 효력의 헌법적 조건을 시야에서 잃기 때문이다.

그럼에도 불구하고 법실증주의에 대한 비판은 정당하다. 법실증주의는 실제로 "제3제국"의 모든 경악스러운 일들에 대해서 책임이 있다. 그러나 그것은 법실증주의가 법복종을 옹호하였기 때문이 아니라, 바이마르공화국 시대에 헌법의 정당성방어를 위한 준비태도를 파괴하는 데 기여하였기 때문이다.

합법성과 정당성

이러한 정당성에 대한 도덕철학적 도전은 법실증주의적 도전과 대조된다. 법실증주의적 도전은 다음과 같이 법은 도덕적으로 정당화되는지의 여부와 전혀 상관없이 의무를 부과한다고 말한다. 즉 법적 의무는 특수한 종류의 의무이다. 이 의무는 법률이 합헌적 방법으로 성립되었거나 또는 헌법에 의해서 유효한 법으로 승인받았다는 단순한 사정으로부터 근거지어진다. 최후의 법적 근본규범은 그때그때의 헌법에 복종하여야 한다는 것이다.[18] 따라서 정당성은 남김없이 합법성으로 화하여 사라진다고 생각된다.

이로써 법의 의무부과력의 문제는 근본규범의 의무부과력의 문제로 전환된다. 그러나 이러한 문제는 결국 법적 문제가 아니라 도덕적 문제이다. 근본규범 - 헌법은 복종되어야 한다 - 은 오직 법적 가설로서만 효력을 가진다. 이 규범은 사회현실에서 가지는 효력을 실천이성의 근거로부터 획득한다. 이 규범은 오직 헌법이 합법적인 것으로 승인받는 경우에만 그로부터 추론되는 법률들을 정당화시킬 수 있다. 헌법 자체가 합법적인 것으로 승인받는가는 법질서의 도덕성에 달려

---

18) Kelsen, *Reine Rechtslehre*, 2. Aufl. 1960, 196면 이하.

있다. 민주적 헌법의 정당성은 그 제도들이 일반적으로 법과 도덕의 일치를 보장한다는 것에 근거를 둔다.

단순히 "헌법은 복종되어야 한다"는 근본규범을 지향하는 법을 아직까지는 그 자체에 의해서 근거지울 수 없다. 그러한 사실을 사람들은 다음과 같은 점에서 인식한다. 즉, 독재적 국가질서는 시민들에 의해서 합법적인 것으로 승인되지 않고, 소극적인 또는 가능하다면 적극적인 도전을 받는다. 그리고 그러한 저항은 오직 전체주의적 방법들에 의해서만 분쇄될 수 있다. 비도덕적인 법이 복종된다면, 그 이유는 공포에서이다. 예컨대 동유럽국가들의 질서는 소련의 기갑사단의 존재와 비밀경찰의 상시 존재와 운명을 같이 하고 있는 것과 같다.

그러나 사람들은 그러한 사실을 또한 **전체주의국가들 내에서도 직접적인 법률의 정당성**이 존재한다는 데에서도 인식한다. 즉, 체제에 전형적이지 않고 예외적으로 도덕에 일치하는 법률에서 그러한 사실을 인식한다. 계약준수, 혼인, 살인금지 또는 도로교통규칙에 관한 법률들은 그러한 국가에서도 역시 합법적인 것으로 승인된다. 왜냐하면 그 법률들은 계몽적 척도에 비추어서도 역시 정당화되기 때문이다. 그 경우 그러한 법률의 정당성은 그 법률이 전체주의체제에서 비롯하였기 때문이 아니라 그러한 출처에도 불구하고 성립한다. 그러한 법률은 전체주의체제와 단지 외적인 관련을 가질 뿐 내적으로는 관련되어 있지 않다. 반대로 그 정당성이 시민들에 의해서 다투어지고 있지 않은 서구헌법하에서도 철저하게 비도덕적이고, 그 결과 그들에 대한 근거 있는 저항이 제기될 수 있는 개별 법률들(예컨대 미국헌법하의 **인종차별**에 대한)이 존재할 수 있다. 요컨대 정당성문제의 도덕적 차원에서 벗어날 수 있는 가능성은 존재하지 않는다.

법실증주의가 주장하는 바와 같은 모든 저항권의 원칙적 배척은, 역사적으로 내전에 직면해서 생겨났다. 사람들은 내전의 예견할 수 없는 주관성에 맡겨지는 것보다는 기꺼이 권력이 분립되지 않고 제한되지 않은 주권자에 의한 불법을 참아내고자 하였다. 그렇기 때문에 법실증주의자들은 합법성이 정당성을 근거지우기에 충분하다고 주장했다. 다시 말하면, 그들은 그렇기 때문에 정당성은 남김없이 합법성에서 해소된다고 주장하였다. 그러나 정당성문제는 해결되지 않는다. 인간은 어떤 상황에서도 내전보다 "질서"를 우선하고자 하는 그러한 존재가 아니다.

정당성과 합법성을 동일시하는 것은 모든 저항권의 배척을 의미할 뿐만 아니라, 또한 **헌법전복**이 합법적으로 이루어지는 경우에는 민주적 헌법국가의 모든 정당성방어의 포기를 의미한다. 따라서 법실증주의는 바이마르공화국의 파괴를 이론적으로 정당화하고 준비할 수 있었다. 왜냐하면 1933년의 기본적인 헌법파괴, 즉 전혀 새로운 정당성의 근거를 총통의 의사에 둔 것은 바이마르제국헌법의 근거에서 합헌적인 형태로 수행될 수 있었기 때문이다.

헌법개정을 위해서는 제국하원과 제국상원의 3분의 2 다수를 필요로 한다고 규정한 바이마르제국헌법 제76조는 이전의 헌법학자들에 의해서 내용적으로 **헌법원칙의 합법적 자기포기**를 위한 무제한적인 수권인 것으로 해석되었다. 안쉬츠 *Anschütz*는 그 당시에 표준적이었던 자신의 주석서에서 합법적으로 개정될 수 있는 것이 무엇인가를 열거하였다. 그러한 것에는 특히 "국가형태와 정부형태(공화정, 민주정, 선거권, 의회주의)와 기본권을 포함하는 다른 원칙적 문제들"이 속한다.[19] 토마 *Thoma*는 안쉬츠를 다음과 같이 지지했다. 즉, "그러나 결정적이고 의심할 바 없는 국민 다수가 합법적으로 결정한 것을(그리고 그것은 현재 헌법의 지주 자체를 전복시켰다) 쿠데타와 폭동으

---

19) Anschütz, *Kommentar zur Weimarer Reichsverfassung*, Art. 76, Ziff. 3.

로 간주하는 것은… 불가능하다."[20] 확실히 어떤 사람의 상상력도 1933년의 헌법개정수권법률을 예견하기에 충분하지 못했다. 그리고 그 법률로부터 이루어진 것을 예견할 수 있는 사람은 더 적었다. 그러나 사람들은 과거를 돌아보면서 그것이 가지는 정치적 의미를 무시하고 법적 고찰을 형식과 절차에만 제한하는 것, 즉 여전히 스스로를 열광적으로 찬양하는 자살적 현실무시를 불안하게 기록하고 있다. 토마는 그의 "아마도 모험적인, 그러나 철저하게 자유로운 민주적 자기결정의 이념에 대한 훌륭한 이해"를 자랑했다.[21] 토마가 그토록 훌륭한 것이라고 생각했던 것은 자유로운 민주적 자기결정을 스스로 포기하는 권리였다. 그러므로 후에 환상에서 깨어났을 때에는 그리고 후회했을 때에는 더 이상 취소할 수 없는 그러한 행위에 대한 권리였다. 외부로부터의 군사적 진압이 없었다면 국가사회주의국가는 아마도 소련처럼 견고하게 남았을 것이다.

헌법의 정당성의 유일한 한계는 합법성이었다. 헌법에 반대하는 사람은 3분의 2의 다수를 얻어야 했고 법률을 존중해야 했다. 결과적으로 이것 역시 오직 공무원에게만 요구되었고 더 이상은 아니었다. 만일 헌법에 반대하는 것 자체가 헌법적으로 합법이라면, 더 이상 헌법에 대한 충성은 존재할 수 없었다. 바이마르제국헌법 제130조 제2항은 공무원에게 정치적 신념의 자유를 보장하였다. 만일 정당성의 제한이 존재하지 않는다면, 그때는 물론 그와 함께 그러한 신념뿐만 아니라 그 신념의 전체주의적 관철을 위한 의사까지도 보장된다. 징계법원도 그 조항을 이러한 의미로 그 해석하였다. 그러나 그 당시 프리젠한 Frisenhahn은 어느 정도 이의를 제기하여 공무원에게 **헌법에 대한 선서**를 요구하는 1919년의 규정은 헌법위반이라는 추론을 하였

---

20) Thoma, *Handbuch des deutschen Staatsrechts*, Bd. II, 108, 154면.
21) 같은 책, 193면.

다.22) 그러나 통설은 이 사건을 달리 파악했다. 즉, 공무원이 합법적으로 전체주의적 계획을 추구하는 경우 공무원은 전적으로 헌법의 테두리를 지킨다는 것이었다.23)

독일헌법의 명예를 위해서 통설은 반대를 받았다는 사실이 덧붙여져야 할 것이다. 빌핑거 *Bilfinger*는 "외견상 합법적인 쿠데타의 방법"에 대하여 이의를 제기했다.24) 트리펠 *Triepel*,25) 하이옌 *Heyen*,26) 야코비 *Jacoby*,27) 뷜러 *Bühler*28) 등도 역시 유사한 언급을 했다. 발터 옐리네크 *Walter Jellinek*는 입법자는 적어도 시민권, 즉 제국하원의원선거권을 없앨 수 없다고 말하였다.29) 물론 사람들은 그에게서 다음과 같은 고백을 받아낼 수도 있었을 것이다. 즉 논리적으로 그러한 사실은, 그것이 없다면 선거권이 공상적인 것이 되고, 그러므로 의회주의와 자유로운 정당결성이 환상적인 것이 되는 제도들에 대해서도 타당해야 하고, 그리고 자유로운 선거전을 존재하게 만드는 모든 기본권에 대해서도 타당해야 한다는 것이다. 칼 슈미트 *Carl Schmitt*는 확실히 공화국의 지지자는 아니었고, 1933년에 신속하게 새로운 사실의 기초 위에 섰다. 그럼에도 불구하고 그는 자신의 자유주의적 상대자들에게 언제나 다시금 정당성문제의 불가피성을 가르쳐주는 훌륭함을 유지하였다. 합법성과 정당성에 관한 그의 책(1932)은 고집스럽게 정당성이

---

22) Frisenhahn, *Der politische Eid*, 1928, 124, 125면.
23) 바이마르 공화국에서의 공무원의 충성에 대해서는 특히 H. J. Schmahl, *Disziplinarrecht und politische Betätigung der Beamten in der Weimarer Republik*, 1977을 보라.
24) Bilfinger, *Nationale Demokratie als Grundlage der Weimarer Reichsverfassung*, 1929, 18면.
25) Triepel, in: Deutsche Juristenzeitung 31, Sp. 819.
26) Heyen, *Das höchste Reichsorgan*, 1930, 54면.
27) E. Jacoby, Reichsverfassungsänderung, in: *Die Reichsgerichtspraxis im deutschen Rechtsleben* I, 1929, 256면.
28) Bühler, *Kommentar zur Weimarer Reichsverfassung*, 3. Aufl. 1929, 102, 103면.
29) Jellinek, *Handbuch des deutschen Staatsrechts* II, 185면.

합법성에서 해소되어야 한다고 주장하는 사람들에게 다음과 같은 예언적 경고를 하면서 끝맺었다. "그렇다면 진실이 보복할 것이다."30)

합법적 헌법전복은, 다음과 같은 견해가, 즉 헌법의 정당성이 합법성을 제한한다31)는 견해, 달리 말하면 바이마르공화국의 합법적 헌법파괴에 대해서 국가긴급권을 승인했어야 한다는 견해가 승인되었을 경우에만 저지되었을 것이다. 이러한 견해가 승인되지 않았다는 것은 본질적으로 헌법 내에 널리 유포된, 법은 그 자체에서 정당화된다는 법실증주의적 견해와 관련되어 있었다.

---

30) Carl Schmitt, *Legalität und Legitimität*, München und Leipzig 1932, 98면, 이제는: *Verfassungsrechtliche Aufsätze*, 1958, 440면 이하. 또한 최근의 것으로는 Die legale Weltrevolusion, in: Der Staat 1978, 321면 이하를 보라.
31) 이것이 슈미트가 헌법률과 헌법을 구별하는 핵심이다. *Verfassunglehre*, 103면 이하.

제31절

정당성문제로서의 법실증주의

 만약 정당성이 실제로 윤리적인 문제이고 법적인 문제가 아니라고 한다면, 그것은 또한 정치적인 문제이다. 그렇다면 법실증주의가 정당성문제를 오해한 것은 바로 정치적 정당성문제가 된다. 계몽주의의 윤리적 원칙들이 공개적이고 은폐된 적(敵)을 가진 세계에서는 계몽헌법의 정당성에 대해서도 역시 적이 존재한다. 정당성을 합법성에서 해소시키려는 시도는 현실을 보지 않으려는 시도이다. 이러한 시도는 원칙적인 도덕적·정치적 무책임성의 태도에 뿌리를 두고 있다. 헌법개정뿐만 아니라 자유로운 질서를 원칙적으로 전복시키려는 정당과 집단에 대해서 오직 폭력과 항복만이 존재하는 상황을 생각할 수 있다. 이러한 상황에 직면해서 사람들은 오직 구체적 상황에서 구체적 적들을 직면해서야 결정을 내릴 수 있다. 헌법원칙을 방어하려는 준비자세가 되어 있는 사람은 다음과 같은 이론적 결론을 이끌어내야 한다. 그러한 정당과 집단은 정당성이 없다. 그리고 오직 기본법 제79조 제3항과 제21조 제2항 그리고 제9조 제2항이 폐지되는 경우도 마찬가지이다. 그러한 정당과 집단에 항복하려는 사람만이 그들의 합법성에서 정당성을 해소시킬 수 있다. 반대로, 정당성을 합법성에서 해소시키는 사람은 자유민주적 질서를 포기할 준비가 되어 있는 사람이다.

바이마르시대의 법실증주의는 히틀러의 헌법전복을 그것이 헌법적으로 합법적인 절차에서 이루어졌다는 이유에서 합법적인 것으로 설명하는 데까지 이르렀다. 법실증주의는 헌법의 정당성을 방어하려 하지 않았다. 법실증주의는 합법성과 정당성의 구별에서 발생하는 도덕적·정치적 문제를 부인했다. 그러한 점에서 법실증주의는 정치계몽주의를 배반하는 이론이 되었다. 그것은 확실히 법실증주의가 의도한 바가 아니었다. 그러나 바로 그렇기 때문에 법실증주의가 자신이 의도하지 않았던 바를 야기한 메커니즘을 통찰하는 것이 중요하다.

1920년대와 1930년대의 '빈 학파'(Wiener Schule)의 논리적 실증주의와 대략 켈젠과 라드부르흐 Radbruch의 법실증주의에서 정점에 달했던 학문적 개념의 축소가 역시 정치적 동기를 가지고 있었다는 사실은 숨겨지지 않았고 실증주의자들 자신에 의해서 빈번하게 충분히 공언되었다. 왜냐하면 문제가 되는 것은 관용(寬容)의 헌법질서에 대한 이론적 근거제시였기 때문이다.[32] 학문적 개념을 좁게 파악하면 할수록 개인적 의견과 견해는 주관적이고 따라서 상대적인 것으로 밝혀진다고 사람들은 생각한다. 그리고 이러한 폭로에서 사람들은 자신들의 정치적 중립화를 희망한다. 즉, 자신의 견해의 상대성을 통찰하는 사람은 그 견해를 강력하게 정치적으로 관철시키는 것을 포기하고, 관용을 받아들일 준비자세를 지니게 된다는 것이다.

국가사회주의 전체주의에서 합법적 자기포기의 결과를 가져왔던 바이마르제국의 정당성 부족은 그 시대의 법철학에 반영되었다. 그 당시의 법철학은 법현실의 이성, 특히 바이마르 제국헌법의 이성을

---

32) 예컨대 Kelsen, *Vom Wert und Wesen der Demokratie*, 1929, 36면 이하; 같은 이, *Staatsform und Weltanschauung*, 1933; Radbruch, in: Archives de Philosophie du Droit et de Sociologie juridique 1934, 105면 이하를 참조하라.

과소평가하였다. 그리고 그 당시 법철학은 그러한 이성을 수용하지 않았고, 그것을 종국적으로 근거지울 능력이 없었다. 그 근본사상은 **상대주의**였다. 즉, 그들은 다음과 같이 생각하였다. 정의의 문제는 이성적으로 대답될 수 없다. 따라서 모든 정치적 견해들은 원칙적으로 동등한 가치를 가지고, 그러한 점에서 상대적이다. 상대성에 대한 이 견해로부터 관용, 정신의 다원성 그리고 민주주의를 승인할 준비자세가 추론된다. 그러나 이러한 결과는 결코 논리적으로나 심리적으로나 권력정책적으로 이루어지지 않았다. 왜냐하면 오히려 사람들은 철저하게 상대주의적인 동시에 전체주의적으로 생각할 수 있기 때문이다.[33] 히틀러 *Hitler*는 그를 헌법의 적으로 인식하고, 국가사회주의운동에 헌법적으로 그리고 적당하게 그러나 유효한 권력이양의 기회를 부정한, 다른 말로 하면 민주주의의 정당성을 방어했던 공의식에 의해서만 예방될 수 있었을 것이다. 이것은 왜 히틀러에 대해서 민주주의가 방어될 가치가 있는 것인가 하는 이유를 사람들이 의식하고 있어야 한다는 것을 전제한다. 그러나 히틀러의 반계몽적 비이성주의에 대해서 어떠한 계몽된 의식도 대립하지 않았고, 상대주의만이 대립하고 있었다. 상대주의는 자신의 고유한 논리를 따르고, 철저하게 끝까지 생각되어졌으며, 스스로 폐기되었다. 만일 모든 것이 상대적이라면, 어떠한 이유에서 상대주의 또한 상대적이지 않겠는가? 비관용에 대한 비난에 대해서 히틀러는 반응을 보였다. 사실 그는 비관용적이었을 뿐만 아니라 비관용적이라는 것이 입증되었다. 상대주의는 그 점에 대해서 요구만을 할 수 있었을 뿐 근거를 제시할 수는 없었고, 그렇기 때문에 또한 충분히 넓은 합의에 이를 수 없었고 자기주장의사를 일깨울 수 없었다. 이것은 사람들이 헤겔 *Hegel*이 말한 바와 같이,

---

[33] Kriele, *Kriterien der Gerechtigkeit*, 1963, 특히 22면 이하 ; Denninger, *Solidarität und Rechtsperson*, 1967, 238, 239면.

"현실 속의 이성", 즉 바이마르제국헌법의 이성을 의식하고 있었다는 것을 전제로 할 것이다. 사람들이 그러하지 못했다는 사실은 법철학에 반영되었다.

확실히 실제로 정치계몽이었을 - 그러한 출발점에서 존재하였을 - 법철학 역시 재앙을 예방할 수는 없었을 것이다. 왜냐하면 법철학이 오직 그 시대를 "반영"할 뿐 정치적으로 생동하는 윤리의 표현이 아니라면, 그것이 그 시대에 영향을 미칠 기회는 극히 빈약할 것이기 때문이다. 그러나 법철학이 일반적으로 인지되는 경우에도 역시, 정치적 광기(狂氣)가 일단 제방을 무너뜨려 모든 세대가 거기에 휩쓸려 있다면, 설득력을 가질 수 없다. 첫째, 시대가 비교적 평화적이고 그리고 그 결과 양극화가 계몽적 준비자세를 아직은 완전히 매몰해서는 안 된다. 둘째, 정치적 질서가 비교적 평화적이고, 그 결과 계몽이 폭력적으로 전체주의에 억압되어서는 안 된다. 평화와 정치계몽의 최소조건에 관한 문제는, 그렇기 때문에 정치계몽이 이미 고유한 자기유지를 위해서 필요로 하는 정치계몽의 대상에 속한다. 만일 법철학이 자신의 과제를 다하고 있지 않기 때문에 인간이 야만적 상태로 떨어지는 데 기여한다면, 법철학은 자신이 그 멸망에 대해서 공동책임을 가지는 문명화된 관계와 함께 소멸하게 된다.

민주적 헌법국가는 연약한 구조이다. 왜냐하면 자유를 보장하는 것이 그의 본질이기 때문이며, 그렇기 때문에 민주적 헌법국가이기를 스스로 포기하는 것이 아니라면, 자신의 고유한 파괴의 경향을 감수하기 때문이다. 민주적 헌법국가가 살아남을 수 있는 기회는 오직 다음과 같은 점에만 존재한다. 즉, 유럽의 파시즘이 지나간 후에 그러했던 것과 같이 민주적 헌법국가가 스스로 재생된다. 그리고 정신적 저항력이, 그것이 관철될 수 있기 전에는, 민주적 헌법국가의 정당성을 새롭게 하고 확고하게 하는 의식을 유발한다. 이것은 이미 그렇기 때문에 더 이상 기회가 아니다. 왜냐하면 계몽된 의식은 오직 정신적, 정치적 그리고 경제적 조건하에서만 공적인 것이 될 수 있기 때문이다. 회고하건대 계몽의 시대가 존재했다. 그러나 또한 열광의 시대, 감격의 시대, 분노의 시대, 저항의 시대도 존재했다. 그 시대에는 아무런 효력도 없는 저항과 계몽의 전통을 보다 나은 시대로 이양시킴으로써 구하고자 하는 시도 이외의 어떠한 것도 남아 있지 않았다.

기본법은 제79조 제3항에서 연방주의적 구조와 제1조와 제20조에서 규정된 원칙들 - 인권, 민주주의, 권력분립, 법치국가원리와 사회국가원리에의 구속 - 을 개정이 금지되는 것으로 선언함으로써, 민주적 헌법국가를 합법적으로 파괴시키는 것을 법적으로 저지하고자 시도하고 있다. 그러나 철저한 법실증주의의 관점에서는 이러한 장애물은 쉽게 제거될 수 있다. 즉 제79조 제3항은 바로 헌법개정조항을 개정하는 다수에 의해서 개정될 수 있다. 그런 후에 다른 모든 헌법적 원칙들은 합법적 방식으로 제거될 수 있다. 정당성은 입법화될 수 있고, 합법성에서 해소될 수 있다고 하는 법실증주의적 견해의 환상이다. 이 환상은 실제 정당성 문제에 대해서는 눈을 감고 스스로 정당성을 위협하는 효과를 가져온다.

정치계몽으로서의 법철학

　법에 대한 정신적 논쟁은 민주적 헌법국가의 국가권력을 확고히 하거나 문제 삼을 수 있다. 야만시대는 - 그것이 국가독재의 시대이건, 파당독재의 시대이건, 모든 자의 모든 자에 대한 투쟁의 시대이건, "강한 자의 권리"의 시대이건 - 불충분한 법철학의 반영이다. 법문화의 멸망에 앞서 흔히 법철학의 멸망이 선행된다.

　근대 법철학은 그 최상의 시대 - 코크 *Coke*와 알투지우스 *Althusius*에서 시작하여 푸펜도르프 *Pufendorf*와 토마지우스 *Thomasius*, 몽테스키외 *Montesquie*, 제퍼슨 *Jefferson* 그리고 루소 *Rousseu*와 칸트 *Kant*를 거쳐 헤겔 *Hegel*에 이르는 시대 - 에 정치계몽이었다. 그리고 정치계몽은 광범위한 법철학이었다. 정치계몽의 핵심문제는 인간이 인간의 본성에 맞게 살 수 있는 조건에 대한 문제였다. 그리고 이 문제는 우선적으로 법적 문제였다. 정치계몽은 법률과 헌법, 그들의 내용적 이성성의 조건, 그들의 구속력의 조건, 자유 그리고 자유 실현의 제도적 조건을 다루었다. 즉, 정치계몽은 모든 법철학적 문제를 다루었다. 이러한 문제들은 400년 동안의 정치계몽주의의 업적을 지키는 것을 토대로 하는 진보의 문제로서 오늘날 새롭게 제기된다.

법철학은 오직 다음과 같은 경우에만 그의 계몽기능을 충족시킬 수 있다. 그것은 법철학이 정치적인 그리고 법해석학적인 논의에서 나타나는 논거들이나 또는 가능한 한 중요한 논거들을 그들 논거들의 근거가 되는 윤리적 원칙들과 그들의 실현조건들에 중점을 두어 파악하는 경우이다.[34] 법철학은, 예컨대 척도들의 관련성을 검토할 수 있고, 철학적, 정신사적, 신학적인 조건들과 내용을 밝힐 수 있으며, 제시된 논거의 유효성을 상론할 수 있다. 그리고 생략된 문제들을 유효하게 할 수 있으며, 단순한 외견적인 이성성의 가면을 벗기고 오류, 선입견, 신조, 잊혀진 관점을 논의할 수 있다. 또한 대안들을 제시하고 그 대안들이 가지는 상이한 결과들에 대한 주의를 환기시킬 수도 있다. 정치계몽으로서의 법철학은 법정책적인 그리고 법적인 논의에 대한 비판에 의해서 뿐만 아니라 흔히 오직 체계적으로만 획득된 역사적이고 철학적인 외형을 중계할 수 있는 관점의 도움을 받는 것을 통해서도 영향력을 미칠 수 있다. 이러한 방식으로 법철학은 계몽적으로, 평화를 제공하는, 자유롭게 하는, 인간답게 만드는 영향력을 행사한다. 그 경우 법실증주의의 이원주의를 한편으로 하고 도덕의 주관적 다원주의를 다른 한편으로 하는 자리에, 결국 모든 개개인의 자유와 인간의 존엄에 대한 동등한 청구권에 의해서 깊은 영향력을 받아 왔고 또한 계몽적 진보의 과정에서 법에 표현된 윤리가 자리잡는다.

  그러한 법철학에 대해서 감정적이고 비문학적이라는 의심은 전

---

[34] 입법정책과 관련하여 오스틴 *Austin*은 다음을 명확히 했다. 의회쇄신을 일으키고 성취하고 또는 지도하고 성취시키는, 즉 철학이 줄 수 있는 모든 것을 실무를 알리는 철학의 불가피한 보충과 연결시키는 사람만이 입법자뿐만 아니라 또한 법전의 제 조건에 구속되어 있는 법률가도 법을 계속 형성하고 있는 숙고와 결정에, 즉 "입법쇄신"에 참여하고 있기 때문에, 법관은 "철학이 성과를 가져올 수 있는 모든 것"에 의하여 지지를 필요로 한다.

혀 자리 잡을 수 없거나 또는 기껏해야 스스로 의미를 잃게 될 것이다. 왜냐하면 법정책적인 그리고 법적인 문제논의는 불가피하게 어떻게 해서라도 존재하기 때문이다. 문제는 오직 "법정책적 태도가 모호하고 직관적으로 그리고 비합리적인, 외견적으로만 합리적인, 잘못된 주장에 근거하여 얻어지는가? 또는 법철학적 계몽이 최대한의 정도로 합리성을 야기하는가?"이다.

법발전의 과정 속에 살아있는 이성을 분석하는 데 대한 실증주의의 침묵은 무의미한 것이다. 왜냐하면 그것은 첫째, 달성될 수 없는 요구에 대한 주장은 단지 실무와 격리되고, 도달될 수 없는 이론을 고집하는 공허한 제스처에 불과하며 둘째, 이러한 의미 없는 주장은 사법 일반, 특히 헌법재판의 가치를 절하시키고, 그리고 장기적으로 볼 때 무엇보다도 기본권적용의 자유보장기능을 정치적으로 위협하기 때문이다. 그리고 셋째, 세밀하게 살펴볼 경우 실무는 역시 이론보다 현명하기 때문이다. 이것은 어떠한 법실증주의자도 자신의 학설을 진지하게 생각하지 않고 그리고 그 학설로부터 결과를 이끌어내지 않는다는 사실에서 증명된다. 예컨대, 형법해석학이 발전시켜온 정당화사유와 면책사유는 법원이 수많은 경우에 그러한 정당화사유와 면책사유를 예견하지 않았던 법전의 명백한 표현에 반하여 무죄판결을 내리는 것을 가능하게 했다. 그러나 그에 반하여 법실증주의자들은 결코 시류를 거스르지 않았고, 오늘날에도 역시 "엄격한 법률복종"에 귀환할 것을 요구하지 않는다. 이것은 이성적인 행동이다. 그러나 중요한 것은 법이론이 이러한 이성성을 반영하고 수용하는 것이다. 우리는 다시, 베르크봄 *Bergbohm*이 희망했던 것과 같이, 자연법과 이성법을 "그의 최후의 은신처까지 추적"해야 한다.[35] 그러나 이것은 더 이상 자연법과 이성법을 근절시킬 수 있다고 하는 환상에서가 아니라, 그러한 법을 의식하고 이성적 논의에 포함시키기 위해서이다.

법철학의 상대주의적 타락은 법이론과 도덕철학의 "업무분담"과 관련되어 있고 이러한 업무분담은 법과 실천이성의 분리와 아주 밀접하게 관련되어 있다. 반대로 법철학은 문제와 판단척도를 실제적인 법적 논의에서 획득할 경우에는 언제나 유익한 영향력을 행사해 왔다. 이러한 의미에서 요아힘 리터 *Joachim Ritter*는 법철학이 "존재하는 실정법의 기초가 되고 있는 현실을 그 자체로서 인간존재의 현실일 수 있는 것에 비추어 해석"할 것36)을 권장한 바 있다. 한스 벨첼 *Hans Welzel*의 비판적 문제인 "그것이 국가사회주의와 공산주의의 법에 대해서도 타당해야 하는가"라는 문제는37) 그때그때의 법은 그때그때마다 윤리적으로 구속력 있는 것으로 주장되어서는 안 된다는 잘못된 이해에서 기인한다. 그것은 오히려 민주적 헌법국가의 문화영역 내에서의 법에 관한 문제이다. 물론 이러한 법 역시 곧바로 윤리적 효력을 가지는 것은 아니다. 민주적 헌법국가의 법 역시 계몽적 척도에 비추어 볼 때 불충분한 것일 수 있다. 그러나 계몽적 척도는 도덕화되고 추상화된 주관성에서 발원하는 것이 아니다. 법과 도덕을 일치시키고 조화 속에서 유지시키기 위한 법개정제도를 동시에 가지고 있는 법에서 표현된 도덕이 그러한 척도를 표출시킨다. 이러한 법과 도덕이 일치할 수 있는 기회는 그 정당성이 유럽의 전통과 정치계몽주의의 윤리에 뿌리를 두고 있는 서구민주주의에만 존재한다.38)

---

35) Bergbohm, *Jurisprudenz und Rechtsphilosophie*, 1892, 12면.
36) Joachim Ritter, *Naturrecht bei Aristoteles*, Stuttgart 1961, 34, 35면.
37) Hans Welzel, *Naturrecht und materiale Gerechtigkeit*, 4. Aufl., Göttingen 1962, 241면.
38) 이 소책자가 인쇄되는 사이에 라렌츠 *Karl Larenz*의 *Methodenlehre der Rechtswissenschaft*, 4판이 출간되었다. 새로이 쓴 후기에서 라렌츠는 저자의 *Theorie der Rechtsgewinnung*을 논의하고, 특히 2판 후기에 대하여 답하고 있다. 우리는 법률을 "정의에의 경향"

을 가져야 한다는 것에는 의견의 합치를 보았다. 아직도 남아 있는 오해와 의견의 차이는 내 생각으로는 라렌츠가 법학적 해석론에 대한 이러한 통찰의 결과인 다음과 같은 결론과 의견을 달리하는 데서 비롯한다.

① 내 상론에서 중요한 것은 "요청", 즉 법률가가 어떻게 행위해야 하는가라는 문제가 아니다. 내 상론에서 중요한 것은 첫째, 그가 어떻게 행동하는가 하는 문제, 둘째, 그가 왜 달리 행동하지 않고 사물의 본성상 그렇게 행동하여야만 하는가 하는 객관적 이유에 대한 분석이다.

② "결과지향"에서 문제가 되는 것은 소송당사자에 대한 구체적인 결과가 아니라, 판결이유가 가지는 선결례적 결과이다.

③ 결과지향은 유추나 반대추론, 단어의 의미나 입법이유, 확장적 개념규정이나 제한적 개념규정들을 통해서 법적 논증을 대체하는 것이 아니라 방법선택을 지도한다.

④ 방법 선택에 대한 법관의 책임은 추상적·일반적 상위 규정이나 "해석규준의 관계"에 대한 추천론으로써 폐지되지 않는다. 결국 윤리적인 객관적 근거는 상위규정을 구체적으로 적용할 때에도 결정적이다.

⑤ 그러므로 법관의 윤리적 책임은 많든 적든 종종 일어나는 극단적인 상황에 대해서 뿐만 아니라 또한 예외 없이 존재한다.

⑥ 법률에 대한 법관의 구속은 윤리적 책임을 통찰함으로써 문제시되는 것이 아니라 강화된다. 중요한 것은 해석학적 통찰이다. 사람들이 법의 윤리적 기반을 실천이성에서 이해하고 진지하게 생각함으로써 법률은 이해되고 집행될 수 있다. 이 점에서 우리의 해석이론이 보통 충분히 고려되지 않은 법적 해석학과 문헌적 해석학 사이의 근본적인 차이가 있다.

⑦ 우리의 법을 어느 정도 구체화된 윤리로 이해하는 것은 새로운 것이 아니며, 물론 처음부터 문제가 있었으나, 유럽의 법사상을 관통해 온 사고전통의 현실적 변형이다.

참고문헌

Albert, H: *Traktat über kritische Vernunft*, 2. Aufl., Tübingen 1969.

------------: Erkenntnis und Recht. Die Jurisprudenz im Lichte des Kritizismus, in: Jahrbuch für Rechtssoziologie und Rechtstheorie 2(1972), S. 80-96.

Alexy, Robert: *Theorie der juristischen Argumentation*, Frankfurt a. M. 1978.

Allen, Sir Carlton Kemp: *Law in the Making*, 7th ed., Oxford 1964.

Anschütz, Gerhard: *Die Verfassung des Deutschen Reiches vom 11. Aug. 1918. 14. Aufl.(4. Bearb.), Berlin 1933.

Apel, Karl-Otto: Die Idee der Sprache in der Tradition des Humanismus von Dante bis Vico, in: Archiv für Begriffsgeschichte 8(1963).

------------: Das Apriori der Kommunikationsgemeinschaft und die Grundlagen der Ethik, in: ders.,: *Transformationen der Philosophie*, Bd. 2: *Das Apriori der Kommunikationsgemeinschaft*, Frankfurt a. M. 1973, S. 358-435.

------------: Sprechakttheorie und transzendentale Sprachpragmatik zur Frage ethischer Normen, in: ders.(Hrsg.): *Sprachpragmatik und Philosophie*, Frankfurt 1975, S. 10-173.

Arndt, Adolf: Entscheidungen-Strafrecht BGH Anmerkungen, in: Neue Juristische Wochenschrift 1959, S. 1230

------------: Gesetzesrecht und Richterrecht, in: Neue Juristische Wochenschrift 1963, S. 1273ff.

Arnold, Thurman: Professor Hart's Theology, in: Havard Law Review 73(1959), S. 84ff.

Austin, J. L.: *How to do things with Words*, London/Oxford/New York 1962(dt.: *Zur Theorie der Sprechakte*, Stuttgart 1972).

------------: *Lectures on Jurisprudence*, 4. Aufl. London 1973.

Ayer, A J.: *Languages, Truth and Logic*, 1. Aufl. London 1936. Neuausgabe Harmondsworth 1971(dt.: *Sprache, Wahrheit und Logik*, Stuttgart 1970).

Baier, K.: *The Moral Point of View*, Ithaca/London 1958(dt.: *Der Standpunkt der Moral*, Düsseldorf 1974)

Bauer, Wolfram: *Wertrelativismus und Wertbestimmtheit im Kampf um die Weimarer Demokratie. Zur Politologie des Methodenstreites der Staatsrechtslehrer*, Berlin 1968.

Beckmann, Nils: *Precedents and the Construction of Statutes. Seven Scandinavian Studies in Law*, Stockholm 1963.

Becardsmore, R. W.: *Moral Reasoning*, London 1969.

Berki, R. N.: Interests and Moral Ideals, in: Philosophy 49(1974), S. 265-280

Bergbohm, Karl: *Jurisprudenz und Rechtsphilosophie* I, Leipzig 1892.

Bodenheimer, Edgar: *Jurisprudence*, Cambridge, Mass. 1962.

Böckenförde, Ernst-Wolfgang: Grundrechtstheorie und Grundrechtsinterpretation, in: Neue Juristische Wochenschrift 1974, S. 1529.

--------: *Die Organisationsgewalt im Bereich der Regierung*, Berlin 1964.

--------: *Verfassungsfragen der Richterwahl, dargestellt anhand der Gesetzesentwürfe zur Einführung der Richterwahl in Nordrhein-Westfalen*, Berlin 1974.

--------: Die Methoden der Verfassugsinterpretation. Bestandsaufnahme und Kritik, in: Neue Juristische Wochenschrift 1976, S. 2089ff.

Brecher, Fritz: Scheinbegründungen und Methodenehrlichkeit im Zivilrecht, in: *Festschrift für Nikisch*, Tübingen 1958, S. 227ff.

Brüggemann, J.: *Die richterliche Begründungspflicht*, Berlin 1971.

Canaris, Claus-Wilhelm: *Die Feststellung von Lücken im Gesetz*, Berlin 1964.

--------: *Systemdenken und Systembegriff in der Jurisprudenz, entwickelt am Beispiel des deutschen Privatrechts*, Berlin 1969.

Coing, Helmut: *Die juristische Auslegungsmethode und die Lehren der allgemeinen Hermeneutik*, Köln/Opladen 1959.

--------: *Juristische Methodenlehre*, Berlin/New York 1972.

--------: Zur Ermittlung von Sätzen des Richterrechts, in: Juristische Schulung 1975, S. 277ff.

Conrad, Hermann: *Die geistigen Grundlagen des allgemeinen Landrechts für die preußischen Staaten von 1974*, Köln/Opladen 1958.

Cross, Rupert: *Precedent in English Law*, Oxford 1961.

Danz, Erich: *Richterrecht*, Berlin 1912.

Denninger, E.: *Solidarität und Rechtsperson*, Frankfurt/Berlin 1967.

Dreier, R.: Zur Problematik und Situation der Verfassungsinterpretation, in: R. Dreier/Fr. *Schwegmann, Probleme der Verfassungsinterpretation*, Baden-Baden 1976,

S. 13-47.

Edward, O.: *The Logic of Moral Discourse*, New York/London 1955.

Dubischar, Roland: *Grundbegriffe des Rechts. Eine Einführung in die Rechtstheorie*, Stuttgart 1968.

------------: *Vorstudium zur Rechtswissenschaft. Eine Einführung in die juristische Theorie und Methode anhand von Texten*, Stuttgart/Berlin/Köln/Mainz 1974.

Emge, Carl August: *Philosophie der Rechtswissenschaft*, Berlin 1961.

Engisch, K.: *Die Idee der Konkretisierung in Recht und Rechtswissenschaft unserer Zeit*, Heidelberg 1953.

------------: *Einführung in das juristische Denken*, 5. Aufl. Stuttgart/Berlin/Köln/Mainz 1971.

Esser, Josef: *Grundsatz und Norm in der richterlichen Fortbildung des Privatrechts*, 2. unveränderte Aufl. Tübingen 1964.

------------: *Vorverständnis und Methodenwahl in der Rechtsfindung*, 2. Aufl. Frankfurt 1972.

------------: *Wandlungen von Billigkeit und Billigkeitsrechtsprechung im modernen Privatrecht: Summum ius, Summum iniuria*, Tübingen 1963, S. 22ff.

------------: Die Interpretation im Recht, in: Studium Generale 1954, S. 372ff.

------------: § 242 BGB und die Privatautonomie, in: Juristenzeitung 1956, S. 555ff.

------------: *Grundsatz und Norm in der richterlichen Fortbildung des Privatrechts*, 2. Aufl. Tübingen 1956.

------------: *Wertung, Konstruktion und Argument im Zivilurteil*, Karlsruhe 1965.

------------: Methodik des Privatrechts, in: Enzyklopädie der geisteswissenschaftlichen Arbeitsmethoden, hrsg. von M. Thiel. 11. Lieferung: *Methoden der Rechtswissenschaft*, Teil I, München/Wien 1972, S. 3ff.

------------: *Vorverständnis und Methodenwahl in der Rechtsfindung. Rationalitätsgarantien der richterlichen Entscheidungspraxis*, 2. Aufl. Frankfurt 1972.

------------: Richterrecht, Gerichtsgebrauch und Gewohnheitsrecht, in: *Festschrift für Fritz von Hippel zum 70. Geburtstag*, hrsg. v. J. Esser/H. Thieme, Tübingen 1967, S. 95ff.

------------: Bemerkungen zur Unentbehrlichkeit des juristischen Handwerkszeugs, in: Juristenzeitung 1975, S. 555ff.

Fahrenbach, Helmut: Sprachanalyse und Ethik, in: *Das Problem der Sprache*, hrsg. v. H. G. Gadamer, München 1967.

Fikentscher, Wolfgang: *Methoden des Rechts in vergleichender Darstellung.*
    Bd. I : *Frühe und religiöse Rechte/Romanischer Rechtskreis*, Tübingen 1975.
    Bd. II : *Anglo-amerikanischer Rechtskreis*, Tübingen 1975.
    Bd. III : *Mitteleuropäischer Rechtskreis*, Tübingen 1976.
    Bd. IV : *Dogmatischer Teil*, Tübingen 1977.
    Bd. V : *Nachträge, Register*, Tübingen 1977.
Fischer, Robert: Zur Methode revisionsrichterlicher Rechtsprechung auf dem Gebiet des Gesellschaftsrechts(dargestellt anhand der Rechtsprechung zu den Stimmrechtsbindungsverträgen), in: *Festgabe für Otto Kunze*, Berlin 1965, S. 95ff.
------------: *Die Weiterbildung des Rechts durch die Rechtsprechug*, Karlsruhe 1971.
------------: Gedanken über einen Minderheitenschutz bei den Personengesellschaften, in: *Festschrift für Barz*, Berlin und New York 1974, S. 33ff.
------------: Ansprache, in: *Ansprachen aus Anlaß des 25jährigen Bestehens des Bundesgerichtshofs am 3. Oktober 1975*, Karlsruhe 1975, S. 7ff.
------------: Das Entscheidungsmaterial in seiner Bedeutung für die höchstrichterliche Rechtsprechung, in: Fischer, Robert/Adams, Arlin M./Sperl, Wolfgang/Cornish, William R.: *Das Entscheidungsmaterial der höchstrichterlichen Rechtsprechung*, Frankfurt 1976, S. 11ff.
------------: Anm, LM Nr. 3 zu § 28 HGB.
Forsthoff, Ernst: Die Bindung an Gesetz und Recht(Art. 20 Abs. 3GG) Strukturanalytische Bemerkungen zum Übergang vom Rechtsstaat zum Justizstaat, in: DÖV 1959, S. 41ff.
------------: *Lehrbuch des Verwaltungsrechts*, Bd. 1, 10. Aufl. München 1973.
Frank, Jerome: *Courts on Trial, Myth and Reality in American Justice*, Princeton 1950.
Franssen, Everhardt: *Positivismus als juristische Strategie*, in: Juristenzeitung 1969, S. 766ff.
Gadamer, Hans Georg: *Wahrheit und Methode. Grundzüge einer philosophischen Hermeneutik*, 2. Aufl. Tübingen 1965.
Germann, Oscar Adolf: *Präjudizien als Rechtsquelle*, Stockholm/Göteborg/Uppsala 1960.
------------: Präjudizielle Tragweite höchstinstanzlicher Urteile, insbes. die Urteile des schweizerischen Bundesgerichts, in: Zeitschrift für Schweizerisches Recht NF, Bd. 68(1949), S. 297ff.

----------: *Probleme und Methoden der Rechtsfindung*, Bern 1965.

Goodhart, Arthur Lehman: *Essays in Jurisprudence and the Common Law*.

Grimm, Dieter: Recht und Politik, in: JuS 1969, S. 501ff.

---------- (Hrsg.): *Rechtswissenschaft und Naturwissenschaften*, Bd. 1, Frankfurt 1971:Bd. 2, München 1976.

Habermas, J.: Der Universalitätsanspruch der Hermeneutik, in: *Hermeneutik und Dialektik, Festschr. f. H.-G. Gadamer*, hrsg. v. R. Bubner/K. Cramer/R. Wiehl, Tübingen 1970, S. 73-103.

----------: Toward a Theory of Communicative Competence in: Recent Sociology, hrsg. v. H. P. Dreitzel, Bd. 2, London 1970, S. 115-148.

----------: Vorbereitende Bemerkungen zu einer Theorie der kommunikativen Kompetenz, in: J. Habermas/N. Luhmann, *Theorie der Gesellschaft oder Sozialtechnologie. - Was leistet die Systemforschung?*, Frankfurt 1971, S. 101-141.

----------: Theorie der Gesellschaft oder Sozialtechnologie? Eine Auseinandersetzung mit Niklas Luhmann, in: J. Habermas/N. Luhmann, *Theorie der Gesellschaft oder Sozialtechnologie - Was leistet die Systemforschung?*, Frankfurt 1971, S. 142-290.

----------: *Theorie und Praxis*, 4. Aufl. Frankfurt 1972.

----------: Einige Bemerkungen zum Problem der Begründung von Werturteilen, in: 9. Deutscher Kongreß für Philosophie, Düsseldorf 1969: *Philosophie und Wissenschaft*, hrsg. v. L. Landgrebe, Meisenheim am Glan 1972, S. 89-99.

----------: Erkenntnis und Interesse. Mit einem neuen Nachwort, Frankfurt, 1973.

----------: Wahrheitstheorien, in: *Wirklichkeit und Reflexion, Festschr. F. W. Schulz*, hrsg. v. H. Fahrenbach, Pfullingen 1973, S. 211-265.

----------: *Legitmationsprobleme im Spätkapitalismus*, Frankfurt 1973.

----------: Sprachspiel, Intention und Bedeutung. Zu Motiven bei Sellars und Wittgenstein, in: *Sprachanalyse und Soziologie*, hrsg. v. R. Wiggershaus, Frankfurt 1975, S. 319-338.

----------: Was heißt Universalpragmatik?, in: *Sprachpragmatik und Philosophie*, hrsg. v. K. -O. Apel, Frankfurt 1976, S. 174-272.

----------: Historischer Materialismus und die Entwicklung normativer Strukturen, in: ders., *Zur Rekonstruktion des Historischen Materialismus*, Frankfurt 1976, S. 9-48.

----------: Zwei Bemerkungen zum praktischen Diskurs, in: ders., *Zur Rekonstruktion des Historischen Materialismus*, Frankfurt 1976, S. 338-346.

Häberle, Peter: Die offene Gesellschaft der Verfassungsinterpreten. Ein Beitrag zur pluralistischen und prozessualen Verfassungsinterpretation, in: Juristenzeitung 1975, S. 297ff.

Hare, R. M.: Rez. : St. E. Toulmin:An Examination of the Place of Reason in Ethics, in: Philosophical Ouarterly 1(1950/51), S. 371-374.

-------------: *The Language of Morals*, London/Oxford/New York 1952(dt.: *Die Sprache der Moral*, Frankfurt 1972)

-------------: Universalisability, in: Proceeding of the Aristotelian Society 55(1954/55), S. 295-312.

-------------: Geach : Good and Evil, in: Analysis 17(1956/57), S. 103-111.

-------------: *Freedom and Reason*, Oxford 1963(dt.: *Freiheit und Vernunft*, Düsseldort 1973)

-------------: Austin's Distinction between Locutionary and Illocutionary Acts, in: ders.: *Practical Inferences*, London/Basingstoke 1971, S. 59-73.

-------------: Meaning and Speech Acts, in : ders.,: *Practical Inferences*, London/Basingstoke 1971, S. 74-93.

-------------: Wissenschaft und praktische Philosophie, in : 9. Deutscher Kongereß für Philosophie, Düsseldorf 1969: *Philosophie und Wissenschaft*, hrsg. v. 1. Langrebe, Meisenheimm am Glan 1972, S. 79-88.

Hart, H. L. A.: *The Concept of Law*, Oxford 1961(dt.: *Der Begriff des Rechts*, Frankfurt 1973.)

-------------: Der Positivismus und die Trennung von Recht und Moral, in: ders.,: *Recht und Moral*, hrsg. u. übers. v. N. Hoerster, Göttingen 1971, S. 14-57(Original: Positivism and the Separation of Law and Moral, in: Havard Law Review 71[1958], S. 593-629.

Hassemer, W.: Juristische Argumentationstheorie und juristiche Didaktik, in: Jahrbuch für Rechtssoziologie und Rechtstheorie 1972.

Hattenhauer, H.: Reform durch Richterrecht, in: Zeitschrift für Rechtspolitik 1978, S. 83ff.

Haverkate, Görg: Offenes Argumentieren im Urteil, in: Zeitschrift fur Rechtspolitik 1973, S. 281ff.

-------------: *Gewißheitsverluste im juristischen Denken. Zur politischen Funktion der juristischen*

Methode, Berlin 1977.

------------: Untaugliche Warnung vor dem Richterrecht, in: Zeitschrift für Rechtspolitik 1978, S. 88ff.

Heck, Philipp: *Das Problem der Rechtsgewinnung*, Tübingen 1912.

------------: Getsetzeauslegung und Interessenjurisprudenz, in : Archiv für die civilistische Praxis 112(1914), S. 1ff.

Hennis, Wilhelm: *Politik und praktische Philosophie*, Hamubrg 1963.

Höffe, O.: Rationalität, Dezision und praktische Philosophie. Zur Diskussion des Entscheidungsbegriffs in der Bunderepublik, in: Philosophisches Jahrbuch 80(1973), S. 340-368.

------------: *Einführung in die utilitaristische Ethik*, München 1975.

Hoerster, N.: Zum Problem der Ableitung eines Sollens aus einem Sein in der analytischen Moralphilosophie, in: Archiv für Rechts- und Sozialphilosophie 55(1969), S. 11-39.

------------: *Utilitaristische Ethik und Verallgemeinerung*, Freiburg/München 1971, 2. Aufl. 1977.

------------: Grundthesen analytischer Rechtstheorie, in: Jahrbuch für Rechtssoziologie und Rechtstheorie 2(1972), S. 115-130.

------------: R. M. Hares Fassung der Goldenen Regal, in: Philosophisches Jahrbuch 81(1974), S. 186-196.

Hofmann, Hasso: *Legitimität und Rechtsgeltung*, Berlin 1977.

Ipsen, Jörn: *Richterrecht und Verfassung*, Berlin 1975.

Kalinowski, G.: *Einführung in die Normenlogik*, Frankfurt 1973.

Kambartel, Fr.: Wie ist praktische Philosophie konstruktiv möglich? Über einige Mißverständnisse eines methodischen Verständnisses praktischer Diskurse, in: *Praktische Philosophie und konstruktive Wissenschaftstheorie*, hrsg. v. Fr. Kambartel, Frankfurt 1974, S. 9-33.

------------(Hrsg.): *Praktische Philosophie und konstruktive Wissenschaftstheorie*, Frankfurt 1974.

Kamlah, W./Lorenzen, P.: *Logische Propädeutik oder Vorschule des vernünftigen Redens*. Revidierte Ausgabe, Mannheim/Wien/Zürich 1967.

Kant, I. : Grundlegung zur Metaphysik der Sitten, in: Kant's Gesammelte Schriften, hrsg. v. der. Königlich Preußischen Akademie der Wissenschaften, Bd. 4,

Berlin 1911, S. 385-463.

------------: Metaphysik der Sitten, in: Kant's Gesammelte Schriften, hrsg. v.der Königlich Preußischen Akademie der Wissenschaften, Bd. 6, Berlin 1907, S. 203-493.

Kaufmann, Arthur: Freirechtsbewegung - lebending oder tot?, in: JuS 65, S. 1ff.

------------: Gesetz und Recht: Existenz und Ordnung, in: *Festschrift für Erik Wolf*, Frankfurt 1962, S. 357ff.

------------: Zur rechtsphilosophischen Situation der Gegenwart, in: Juristenzeitung 1963, S.137ff.

------------: *Analogie und "Natur der Sache"*, Karlsruhe 1965.

Kelsen, Hans: *Reine Rechtslehre*, 2. Aufl. Wien 1960.

------------: *Vom Wesen und Wert der Demokratie*, Tübingen 1929.

------------: *Staatsform und Weltanschauung*, Tübingen 1933.

------------: Was ist juristischer Positivismus?, in: Juristenzeitung 1965, S. 465ff.

Kirn, Michael: *Verfassungsumsturz oder Rechtskontinuität*, Berlin 1972.

Krawietz, Werner: *Das positive Recht und seine Funktion. Kategoriale und methodologische Überlegungen zu einer funktionalen Rechtstheorie*, Berlin 1967.

------------: Juristische Methodik und ihre rechtstheoretischen Implikationen. Rechtstheorie als Grundlagenwissenschaft der Rechtswissenschaft, in: Jahrbuch für Rechtssoziologie und Rechtstheorie 2(1972), S. 12ff.

Kriele, Martin: *Kriterien der Gerechtigkeit*, Berlin 1963.

------------: *Hobbes und englische Juristen*, Neuwied, Berlin 1970.

------------: *Einführung in die Staatslehre. Die geschichtlichen Legitimitätsgrundlagen des demokratischen Verfassungsstaates*, Reinbek 1975.

------------: *Theorie der Rechtsgewinnung*, 2, Aufl., Berlin 1976.

------------: *Legitimitätsprobleme der Bundesrepublik*, München 1977.

------------: *Die Menschenrechte zwischen Ost und West*, Köln 1977.

Kutschera, Fr. v: *Einführung in die Logik der Normen, Werte und Entscheidungen*, Freiburg/München 1973.

Larenz, K.: Über die Bindungswirkung von Präjudizien, in: *Festschr. f. H. Schima*, hrsg. v. H. W. Fasching/W. Kralik, Wien 1969, S. 247-264.

------------: *Methodenlehre der Rechtswissenschaft*, 4. Aufl. Berlin/Heidelberg/New York 1979.

Liver, Peter: *Der Wille des Gesetzes*, Bern 1954.

Llewellyn, Karl N.: *Jurisprudence in Theory and Practice*, Chicago 1962.

-------------: *The Bramble Bush. On our Law and its Study*, New York 1960.

-------------: *The Common Law Tradition(Deciding Appeals)*, Boston/Toronto 1960.

-------------: *Präjudizienrecht und Rechtsprechung in Amerika*, Leipzig 1933.

Lorenzen, Paul: *Normative Logic and Ethics*, Mannheim/Wien/Zürich 1969.

-------------: Scientismus versus Dialektik, in: *Hermeneutik und Dialektik, Festschrift für Hans Georg Gadamer*, Tübingen 1970.

-------------/Schwemmer, Oswald: *Konstruktive Logik, Ethik und Wissenschaftstheorie*, Mannheim/Wien/Zürich 1973.

-------------/Kamlah, W.: *Logische Propädeutik oder Vorschule des vernünftigen Redens*. Revidierte Ausgabe, Mannheim/Wien/Zürich 1967.

Lübbe, Hermann: *Theorie und Entscheidung*, Freiburg 1971.

Lüderssen, K.: *Erfahrung als Rechtsquelle. Abduktion und Falsification von Hypothesen im juristischen Entscheidungsprozeß. Eine Fallstudie aus dem Kartellstrafrecht*, Frankfurt 1972.

Luhmann, Niklas: Positives Recht und Ideologie, in: Archiv für Rechts- und Sozialphilosophie 53(1967), S. 531.

-------------: *Zweckbegriff und Systemrationalität. Über die Funktion von Zwecken in sozialen Systemen*, Tübingen 1968.

-------------: Funktionale Methode und juristische Entscheidung, in: AöR 94(1969), S. 1ff.

-------------: *Legitimation durch Verfahren*, 2. Aufl. Neuwied/Berlin 1975.

-------------: Systemtheoretische Argumentationen. Eine Entgegnung auf Jürgen Habermas, in: Habermas/Luhmann, *Theorie der Gesellschaft oder Sozialtechnologie - Was leistet die Wyurtemforschung?*, Frankfurt 1971, S. 291.

-------------: Positivität des Rechts als Voraussetzung einer modernen Gesellschaft, in : Jahbuch für Rechtssoziologie und Rechtstheorie 1970, Bd. 1, S. 175.

-------------: *Rechtssoziologie*, Bd. 1 und 2, Reinbek 1972.

-------------: *Rechtssystem und Rechtsdogmatik*, Stuttgart/Berlin/Köln/Mainz 1974.

-------------: *Legitimation durch Verfahren*, 2. Aufl. Darmstadt/Neuwied 1975.

Maier, H.: Zur Lage der politischen Wissenschaft in Deutschland, in: Vierteljahresschrift für Zeitgeschichte 1962, S. 225ff.

Marcuse, H.: *Kritik der reinen Toleranz*, Frankfurt 1966.

Marquard, Odo: Hegel und das Sollen, in: Philosophisches Jahbuch 1964, S. 103ff.

------------: Beitrag erscheint voraussichtlich in: Poetik und Hermeneutik, Bd. IX(1980).

Meyer-Cording, U.: *Kann der Jurist heute noch Dogmatiker sein? Zum Selbstverständnis der Rechtswissenschaft*, Tübingen 1973.

Michaelis, Karl: Über das Verhältnis von logischer und sachlicher Richtigkeit beider sogenannten Subsumtion, in: *Göttinger Gestschrift für das Oberlandesgericht Celle*, 1962, S 117ff.

Moore, G. E.: *Principia Ethica*, Cambridge 1903(dt.: *Principia Ethica*, Stuttgart 1970)

Müller, Fr.: *Juristische Methodik*, 2. Aufl. Berlin 1976.

Naess, A.: Kommunikation und Argumentation. Aus dem Norwegischen v. A. v Stechow, Kronberg 1975(Original: En del elementaere logiske emner, 11. Aufl. Oslo/Bergen/Tromso 1975.)

Nauke, W.: *Über die juristische Relevanz der Sozialwissenschaften*, Frankfurt 1972.

Oelmüller, Willi(Hrsg.): *Materialien zur Normendiskussioin*:

    Bd. 1 : *Transzendentalphilosophische Normenbegründung*, Paderborn 1978.

    Bd. 2. : *Normenbegründung, Normendurchsetzung*, Paderborn 1979.

    Bd. 3. : *Normen und Geschichte*, Paderborn 1979.

Otte, G.: Zwanzig Jahre Topik-Diskussion: Ertrag und Aufgaben, in: Rechtstheorie 1(1970), S. 183-197.

Patzig, G.: Sprache und Logik, in: ders., *Sprache und Logik*, Göttingen 1970, S.5-38.

------------: Satz und Tatsache, in: ders., *Sprache und Logik*, Göttingen 1970, S. 39-76.

------------: Relativismus und Objektivität moralischer Normen, in: ders., *Ethik ohne Metaphysik*, Göttingen 1971, S. 62-100.

Perelman, Chaim/Albrecht-Tyteca,D.: *Traité de L'argumentation*, Paris 1958, 2. unveränd. Aufl. Brüssel 1970.

------------: Fünf Vorlesungen über die Gerechtigkeit, in: ders., *Über die Gerechtigkeit* München 1967, S. 85-163.

------------: Betrachtungen über die praktische Vernunft, in: Zeitschrift für philosophische Forschung 20(1966), S. 210-221.

Podlech, A.: Wertungen und Werte im Recht, in: AöR 95(1970), S. 185-223.

------------: Recht und Moral, in: Rechtstheorie 3(1972), S. 129-148.

Quaritsch, Helmut: *Staat und Souveränität*, Frankfurt 1968.
Radbruch, G.: *Rechtsphilosophie*, 7. Aufl. Stuttgart 1970.
--------------: *Vom Geist des englischen Rechts*, 3. Aufl. Göttingen 1956.
Rawl, John: *A Theory of Justice*, Oxford 1973(dt.: *Eine Theorie der Gerechtigkeit*, Frankfurt 1975).
Riedel, Manfred(Hrsg.): *Rehabilitierung der praktischen Philosophie*:
  Bd. I : *Geschichte, Probleme, Aufgaben*, Freiburg 1982.
  Bd. II : *Rezeption, Argumentation, Diskussion*, Freiburg 1974.
--------------: *Theorie und Praxis im Denken Hegels*, Stuttgart 1965.
Ritter, Joachim: *Die Lehre vom Ursprung und Sinn der Theorie bei Aristoteles*, Köln/Opladen 1952.
--------------: *Hegel und die französische Revolution*, Köln/Oplanden 1957/Frankfurt 1965.
--------------: *"Naturrecht" bei Aristoteles. Zum Problem einer Erneuerung des Naturrechts*, Stuttgart 1961.
--------------: *Das Bürgerliche Leben*, in: Vierteljahresschrift für wissenschaftliche Pädagogik 32(1956), S. 83ff.
--------------: *Zur Grundlegung der praktischen Phillsophie bei Aristoteles*, in: Archiv f. Rechts- und Sozialphilosophie 46(1960), S. 179ff.
--------------: *Freiheit der Forschung und Lehre*, in: Studium Generale 18(1965), S. 143ff.
Rostow, Eugene: *The Sovereign Prerogative*, 2th ed., New Haven/London, 1963.
Ross, Alf: *Theorie der Rechtsquellen*, Leipzig und Wien 1929.
Rottleuthner, H: *Richterliches Handeln. Zur Kritik der Juristischen Dogmatik*, Frankfurt 1973.
--------------: *Rechtswissenschaft als Sozialwissenschaft*, Frankfurt 1973.
Ryffel, H.: *Grundprobleme der Rechts- und Staatsphilosophie. Philosophische Anthropologie des Politischen*, Neuwied/Berlin 1969.
Salmond, John Willilam: *On Jurisprudence*, 7. Aufl. London 1942.
Schiwy, Günter: *Kulturrevolution und neue Philosophen*, Reinbek 1978.
Schmitt, Carl: *Verfassungslehre*, 3. Aufl. Berlin 1957.
--------------: *Legalität und Legitimität*, München und Leipzig 1932.
--------------: *Verfassungsrechtliche Aufsätze aus den Jahren 1924 bis 1954*, 2. Aufl. Berlin 1973.

------------: Die legale Weltrevolution, in: Der Staat 1978, S. 321ff.

Schlink, B.: Inwieweit sind juristische Entscheidungen mit entscheidungstheoretischen Modellen theoretisch zu erfassen und pracktisch zu bewältigen?, in: Jahrbuch für Rechtssoziologie und Rechtstheorie 2(1972), S. 332-346.

Schmahl, H. J.: *Disziplinarrehct und politische Betätigung der Beamten in der Weimarer Republik*, Berlin 1977.

Schnur, Roman: *Die französischen Juristen im konfessionellen Bürgerkrieg des 16. Jahrhunderts*, Berlin 1962.

Schubert, Glandon A.: *Constitutional Politics*, New York 1960.

Schwemmer, O.: *Philosophie der Praxis*, Frankfurt 1971.

------------: Grundlagen einer normativen Ethik, in: *Praktische Philosophie und konstruktive Wissenschaftstheorie*, hrsg. v. Fr. Kambartel, Frankfurt 1974, S. 73-95.

------------: Appell und Argumentation. Aufgaben und Grenzen einer praktischen Philosophie, in: *Praktische Philosophie und konstruktive Wissenschaftstheorie*, hrsg. v. Fr. Kambartel, Frankfurt 1974, S. 148-211.

------------: Begründen und Erklären, in: *Methodologische Probleme einer normativ-kritischen Gesellschaftstheorie*, hrsg. v. J. Mittelstraß, Frankfurt 1975, S. 43-87.

------------/Lorenzen, P.: *Konstruktive Logik, Ethik und Wissenschaftstheorie*, Mannheim/ Wien/Zürich 1973.

Singer, M. G.: *Generalization in Ethics*, New York 1961(dt.: *Verallgemeinerung in der Ethik*, Frankfurt 1975).

Sobel, J. H.: Generalisation Arguments, in: Theoria 31(1965), S. 32-60.

Spaemann, Robert: *Zur Kritik der politischen Utopie*, Stuttgart 1977.

Spendel, G.: Die Goldene Regel als Rechtsprinzip, in: Festschr. f. Fr. v. Hippel, hrsg. v. J. Esser/H. Thieme, Tübingen 1967. S. 491-516.

Stallberg, Fr. W.: Legitimation und Diskurs. Zur Habermas-Analyse Wolfgang Fachs, in: Zeitschrift für Soziologie 4(1975), S. 96-98.

Stevenson, G.-L.: *Ethics and Language*, Oxford 1945.

Strömberg, Hakan: On the Idea of Legislation, in: Scandinavian Studies in Law 8(1964), S. 221ff.

Stroemholm, Stig: *Allgemeine Rechtslehre. Eine Einführung*, Gottingen 1976.

Struck, G.: *Topische Jurisprudenz*, Frankfurt 1971.

------------: Dogmatische Diskussionen über Dogmatik, in: Juristenzeitung 1975, S.

84-88.

Toulmin, Stephan: *The Uses of Argument*, Cambridge 1958.

Viehweg, Theodor: *Topik und Jurisprudenz. Ein Beitrag zur rechtswissenschaftlichen Grundlagenforschung*, 5. Aufl. München 1974.

Vollrath, E.: *Die Rekonstruktion der politischen Urteilskraft*, Stuttgart 1977.

Walter, R.: Die Trennung von Recht und Moral im System der Reinen Rechtslehre, in: Österreich. Zeitschrift f. öff. Recht 1967, S. 123ff.

Weinberger, O.: Über die Offenheit des rechtlichen Normensystems, in: *Festschrift f. W. Wilburg*, Graz 1975, S. 439-451.

Weinkauff, H.: *Die deutsche Justiz und der Nationalsozialismus*. Bd. Ⅰ:Stuttgart 1968, Bd. Ⅱ:Stuttgart 1974.

Weischedel, Wilhelm: *Recht und Ethik*, 2. Aufl. Karlsruhe 1959.

Weller, H: *Die Bedeutung der Präjudizien im Verständnis der deutschen Rechtswissenschaft*, Berlin 1979.

Welzel, H.: *Naturrecht und materiale Gerechtigkeit*, 4. Aufl. Göttingen 1962.

Wieacker, Franz: *Das Sozialmodell der klassischen Privatrechtsgesetzbücher und die Entwicklung der modernen Gesellschaft*, Karlsruhe 1953.

-------------: *Privatrechtsgeschichte der Neuzeit*, Göttingen 1952, 2. Aufl. 1967.

-------------: Gesetzesrecht und richterliche Kunstregel, in: Juristenzeitung 1957, S. 701ff.

-------------: *Zum heutigen Stand der Naturrechtsdiskussion*, Köln und Opladen 1965.

-------------: Zur praktischen Leistung der Rechtsdogmatik, in: *Festschrift für H.-G. Gadamer*, Bd. Ⅱ, Tübingen 1970, S. 311ff.

-------------: Über strengere und unstrenge Verfahren der Rechtsfindung, in: *Festschrift für Werner Weber*, Berlin 1974, S. 421ff.

-------------: *Gesetz und Richterkunst. Zum Problem der außergesetzlichen Rechtsordnung*, Karlsruhe 1958.

-------------: *Vom römischen Recht*, Leipzig 1944.

Wieland, W.: Praxis und Urteilskraft, in : Zeitschrift für philosophische Forschung 28(1974), S. 17-42.

Wilhelm, Walter: *Zur juristischen Methodenlehre im 19. Jahrhundert*, Frankfurt 1958.

Wunderlich, D.: Zur Konventionalität von Sprechhandlungen, in: *Linguistische Pragmatik*, hrsg. v. D. Wunderlich, Frankfurt 1972. S. 11-58.

------------: *Grundlagen der Linguistik*, Reinbek 1974.

Zippelius, R.: Legitimation durch Verfahren, in: *Festschr. f. K. Larenz*, hrsg. v. G. Paulus/U. Diederichsen/C.-W. Canaris, München 1973, S.293-304.

------------: *Einführung in die juristische Methodenlehre*, 2. Aufl. München 1974.

마르틴 크릴레의 저술목록(1959-1997)[1]

1959

Pater Gundlach und der ABC-Krieg.
In: Hochland 1959, 5. S. 468 ff.

1960

Die Labilität der politischen Vernunft. Betrachtungen gelegentlich eines Vortrags von William S. Schlamm.
In: Frankfurter Hefte 1960, 2. S. 77 ff.

1963

Kriterien der Gerechtigkeit. *Zum Problem des rechtsphilosophischen und politischen Relativismus.*
Berlin: Duncker & Humblot, 1963

1964

Samuel I. Shuman, Legal Positivism. Its Scope and Limitations. Detroit: Wayne State University Press, 1963. Rezension.
In: ARSP 1964, 4. S. 589 ff.

1965

Auf der Suche nach der Vernunft. Internationale Tagung für Rechtsphilosophie in Bellagio.
In: FAZ vom 30. 9. 1965

---

1) 이 목록은 *Staatsphilosophie und Rechtspolitik. Festschrift für Martin Kriele zum 65. Geburtstag*, 1997, S. 1529-1552에서 Diplom-Bibliotheker Christian Meyer가 정리한 것임.

Felix Frankfurter (1882-1965).
In: JZ 1965, 8. S. 242 ff.

Kaufmann, Arthur: Analogie und „Natur der Sache". Zugl. e. Beitrag zur Lehre Vom Typus. Karlsruhe 1965. Rezension.
In: FAZ vom 25. 11. 1965

Offene und verdeckte Urteilsgründe. Zum Verhältnis von Philosophie und Jurisprudenz heute.
In: Collegium philosophicum. Studien. Joachim Ritter zum 60. Geburtstag. Basel, Stuttgart 1965. S. 99 ff.

Der Supreme Court im Verfassungssystem der USA. Ein kritischer Bericht über neuere amerikanische Literatur.
In: Der Staat 1965, 2. S. 195 ff.

1966

Coing, Helmut: Naturrecht als wissenschaftliches Problem. Wiesbaden 1965. Rezension.
In: FAZ vom 3. 3. 1966

Eike von Hippel: Grenzen und Wesensgehalt der Grundrechte. Berlin 1965. Buchbesprechung
In: Der Staat 1966, 2. S. 254 ff.

Nur ein Einzelfall. Plädoyer für einen Außenseiter.
In: DIE ZEIT vom 29. 4. 1966

L' obbligo giuridico e la separazione positivistica fra diritto e morale.
In: Rivista di Filosofia 1966, 2. S. 193 ff.

Rechtspflicht und die positivistische Trennung von Recht und Moral
In: Österreichische Zeitschrift für öffentliches Recht. Bd 16. 1966, 3/4. S. 413 ff.

Staatsrechtslehrertagung in Graz vom 12. - 15. Oktober 1966.
In: DÖV 1966, 23. S. 821 ff.

Wieacker, Franz: Zum heutigen Stand der Naturrechtsdiskussion. Köln u. Opladen 1965. Rezension.
In: FAZ vom 3. 3. 1966

1967

Gesetzprüfende Vernunft und Bedingungen rechtlichen Fortschritts. Über-arb. Wiedergabe eines Vortrags, der unter dem Titel „Gesetzprüfende Vernunft und juristische Methode" auf dem VI. Kongreß der Internationalen Hegel-Gesellschaft e.V. - 4. - 11. 9. 1966 in Prag - gehalten wurde.
In: Der Staat 1967, 1. S. 45 ff.

Plangewährleistungsansprüche? Habiliatationsvortrag Münster vom 15. 2. 1967
In: DÖV 1967, 15/16. S. 531 ff.

Rechtspositivismus und Naturrecht - politisch beleuchtet.
In: Recht und Politik 1967, 2. S. 41 ff.

Recht und Moral und die Problematik der Reinen Rechtslehre. Erwiderung auf Walter: Die Trennung von Recht und Moral im System der Reinen Rechtslehre.
In: Österreichische Zeitschrift für öffentliches Recht. Bd, 17. 1967, 3/4. S. 382 ff.

Rossa, Kurt: Todesstrafen. Ihre Wirklichkeit in drei Jahrtausenden Oldenburg u. Hamburg 1966. Rezension.
In: FAZ vom 20. 6. 1967

Theorie der Rechtsgewinnung, entwickelt am Problem der Verfassungsinterpretation.
Berlin: Duncker & Humbolt 1967(Schriften zum Öffentlichen Recht. Bd 41)
2., um ein Nachwort ergänzte Auflage 1976
Übersetzung: Ins Koreanische von Seong-Bang Hong 1995

Zippelius, Reinhold: Das Wesen des Rechts. München 1965. Rezension
In: FAZ vom 28. 2. 1967

1968

Mängel im Rechtsstudium beseitigen.
In: DIE WELT vom 17. 9. 1968

Rechtspositivismus und Naturrecht - politisch beleuchtet.
In: Tutzinger Texte 1968,4 (=Politische und sozialethische Fragen) S. 63 ff. [Überarbeitete und ergänzte Fassung eines ursprünglich vor dem Akademischen Symposion gehaltenen und 1967 in Recht und Politik gedruckten Vortrages (s.o), auch abgedruckt in JuS 1969]

Regressive Dialektik.
In: Hegel-Jahrbuch 1968/69. S. 286 ff.

Warum diese Zeitschrift?(als Herausgeber, gemeinsam mit Rudolf Gerhardt)
In: Zeitschrift für Rechtspolitik. Jg 1, 1. S. 2 München: Beck 1968

1969

Antijustizkampagne - was tun?
In: ZRP 1969, 2. S. 38 ff.

Ist die Einheit noch zu retten? 15 Thesen zur Rechtslage im geteilten Deutschland.
In: DIE ZEIT 1969, 52 vom 26. 12. 69/2. 1. 70. S. 40

Mandatsverlust bei Parteiwechsel?
In: ZRP 1969, 11. 241 f.
Notes on the Controversy between Hobbes and English jurists.
In: Hobbes-Forschungen. Berlin 1969, S. 211 ff.

Politische Funktionalisierung des Rechts? Zum Urteil des AG München gegen Rolf

Pohle.
In: ZRP 1969, 7. S. 145 ff.

Rechtspositivismus und Naturrecht - politisch beleuchtet.
In: JuS 1969, 4. S. 169 ff.

Zwei Konzeptionen des modernen Staates. Hobbes und englische Juristen.
In: Studium Generale 1969, S. 839 ff.

1970

„Aus Unrecht kann Recht werden". SPIEGEL-Interview über den Polen-Vertrag.
In: DER SPIEGEL 1970 vom 30. 11. 1970

Die deutsche Ostpolitik als Beitrag zur Friedenssicherung.
In: Bulletin des Presse- und Informationsamtes des Bundesregierung 1970, S. 1040 ff.

Erlischt Deutschland als Ganzes? Der Streit um die völkerrechtliche Anerkennung der DDR.
In: FAZ 1970, 113 vom 19. 5. 70. S. 17

Die Herausforderung des Verfassungsstaates. Hobbes und englische Juristen. Neuwied u. Berlin: Luchterhand 1970 (Soziologische Essays)
[Erweiterte Fassung der Antrittsvorlesung unter dem Titel: „Über den Satz: Auctoritas non veritas facit legem", 1966 an der Universität Münster]

Der Streit um die Ostpolitik. Eine Zwischenbilanz.
In: FAZ 1970, 150 vom 3. 7. 70. S. 9

1971

Das demokratische Prinzip im Grundgesetz.
(Gemeinsam mit Werner von Simson)

In: VVDStRL 29 (1971), S. 46 ff.

Kommunisten als Beamte?
In: ZRP 1971, 12. S. 273 ff.
 Der Grenzjäger 1972, 3. S. 11 ff.
 Wie links dürfen Lehrer sein? Reinbek: Rowohlt, 1972.
 S. 24 ff. (rororo 1555 = rororo aktuell)

Nochmals: Mandatsverlust bei Parteiwechsel. Eine Erwiderung auf H. J. Schröder.
In: ZRP 1971, 5. S. 99 ff.

Der Streit um die Rechtslage Deutschlands und die völkerrechtliche Anerkennung der DDR. (Vortrag auf d. Wiss. Kongreß der Deutschen Vereinigung für Politische Wissenschaft am 4. Oktober 1971 in Mannheim)
In: ZRP 1971, 11. S. 261 ff.
 PVS 1972, Sonderh. 4. S. 408 ff.

Die Verfassungsmäßigkeit der Ostverträge.
In: Ostverträge, Berlin-Status, Münchener Abkommen, Beziehungen zwischen der BRD und der DDR. Vorträge u. Diskussionen eines Symposiums vom März 1971. Hamburg: Hansischer Gildenverl. 1971. S. 114 ff.

1972

Die Bedeutung der Verträge für den Erhalt der deutschen Nation.
In: Zur deutschen Frage. Eine Dokumentation des Kuratoriums Unteilbares Deutschland. Beiträge u. Ergebnisse der Jahresarbeitstagung der Arbeitskreise Gesellschaft und Politik 24/25. November 1972 in Berlin. S. 15 ff.

Das Erreichbare ist erreicht.
In: FAZ 1972, 296 vom 21. 12. 72. S. 7 [Betr.: Unterzeichnung des Grundvertrages mit der DDR]

ESJ Staats- und Verfassungsrecht. Ausgewählte Entscheidungen mit erläuternden Anmerkungen

(ESJ Entscheidungssammlungen für junge Juristen).
München: Beck 1972

Können die Berliner sicherer leben? Zehn Thesen zum Rahmenabkommen der vier Mächte.
In: DIE ZEIT 1972, 7 vom 18. 2. 72. S. 52

Ordnungsrecht an den Hochschulen. Zur Diskussion des Hochschulrahmengesetzes.
In: ZRP 1972, 2. S. 25 ff.

„Recht und Ordnung".
In: ZRP 1972, 9. S. 213 ff.
Radius 3. Stuttgart 1972, S. 28 ff.

Verfassungsrechtliche und rechtspolitische Erwägungen.
In: Gerechtigkeit in der Industriegesellschaft. Rechtspolitischer Kongreß der SPD vom 5. -7. Mai 1972 in Braunschweig. Karlsruhe: C.F. Müller 1972. S. 141 ff.
[Betr.: Umweltschutz]

„Wer pokert, darf sich nicht in die Karten blicken lassen". Die Bundesregierung ist nicht verpflichtet, der Opposition Einblick in vertrauliche Verhandlungsnotizien zu gewähren.
In: Stuttgarter Zeitung. 1972, Nr. 91.

1973

Das Grundgesetz im Parteienkampf.
In: ZRP 1973, 6. S. 129 ff.

Grundvertrag und Grundgesetz - Auszüge aus dem Plädoyer vor dem Bundesverfassungsgericht am 19. Juni 1973.
In: Recht und Politik, 1973, 4. S. 133 ff.

Legitimitätserschütterungen des Verfassungsstaates.

In: Fortschritte des Verwaltungsrechts. Festschrift für Hans J. Wolff. München: Beck 1973, S. 89 ff.

Pluralistischer Totalitarismus? Eine Auseinandersetzung mit Helmut Schelsky.
In: Merkur, 1973, 301. S. 518 ff.

Pluralistischer Totalitarismus - nochmals befragt. Ein Briefwechsel zwischen Helmut Schelsky und Martin Kriele.
In: Merkur, 1973, 305. S. 988(994) ff.

Unabhängige Entscheidung.
In: ZRP 1973, 8. S. 193 ff. [Bert.: Grundvertrag mit der DDR]

Zur Geschichte der Grund und Menschenrechte.
In: Öffentliches Recht und Politik. Festschrift für Hans Ulrich
    Scupin zum 70. Geb. Berlin: Duncker & Humbolt, 1973, S. 187 ff.

1974

Lernzielvorschläge für den politischen Unterricht. Vortrag vor dem Kulturausschuß des Landtages des Landes Nordrhein-Westfalen in der öffentlichen Sitzung vom 27. Juni 1974.
Machtprobe auf den Transitwegen. Die Rechtslage und die politischen Konsequenzen.
In: DIE ZEIT 1974, 32 vom 2. 8. 94

Wirtschaftsfreiheit und Grundgesetz. Rückblick und Bilanz am Verfassungstag.
In: ZRP 1974, 5. S. 105 ff.

1975

Einführung in die Staatslehre. Die geschichtlichen Legtimitätsgrundlagen des demokratischen Verfassungsstaates.
Reinbek: Rowohlt, 1975. (Rororo Studium 35 = Rechtswissenschaften)
2. Aufl. Opladen: Westdeutscher Verl. 1981

3., um ein Nachw. erw. Aufl. 1988(WV-Studium ; 35)
4. Aufl. 1990
5. überarb. Aufl. 1994
Übersetzungen: Ins Koreanische 1982
  Ins Japanische 1989

Ernst von Hippel zum 80. Geburtstag.
In: AöR Bd 100. 1975, 3. S. 474 f.

Feststellung der Verfassungsfeindlichkeit von Parteien ohne Verbot.
In: ZRP 1975, 9. S. 201 ff.

§ 218 StGB nach dem Urteil des Bundesverfassungsgerichts.
In: ZRP 1975, 4. S. 73 ff.

Rechtliche Verbürgung von Menschenrechten und demokratischer Verfassungsstaat. Klausur.
In: Wahlfach Examinatorium 7. Staatslehre, Verfassungsgeschichte. Karlsruhe: C.F. Müller 1975. S. 60 ff.

Urteil des Bundesverfassungsgerichts zum Schwangerschaftsabbruch. Anmerkung.
In: JZ 1975, 7. S. 222 ff.

Vor Karlsruhe strammstehen? Das Bundesverfassungsgericht muß verbindliche Entscheidungen fällen Können.
In: Die ZEIT 1975, 10 v. 28. 2. 75. S. 4

Wer entscheidet über die Wirksamkeit von Arzneimitteln?
In: ZRP 1975, 11. S. 260 ff.
  Erfahrungsheilkunde 1976, 4. S. 129 ff.
  Fragen der Freiheit 1976, 120. S. 99 ff.

1976

Aus der Anhörung der juristischen Gutachter zu verfassungsrechtlichen Fragen des Arzneimittelgesetzes durch den Bundestags-Unterausschuß „Arzneimittelrecht".
In: Fragen der Freiheit 1976, 120. S. 133 ff.

Menschenrechte, Einmischung und Entspannung. Völkerrechtliche Erwägungen zur Ostberliner Polemik gegen Bonn.
In: DIE ZEIT 1976, 35 vom 20. 8. 76. S. 5

Recht und Politik in der Verfassungsrechtsprechung. Zum Problem des judicial self-restraint.
In: NJW 1976, 18. S. 777 ff.

Die Stadien der Rechtsgewinnung.
In: Probleme der Verfassungsinterpretation. Dokumentation einer Kontroverse. Baden-Baden: Nomos Verl.Ges. S. 237 ff.

„Stand der medizinischen Wissenschaft" als Rechtsbegriff.
In: NJW 1976, 9. S. 355 ff.
   Fragen der Freiheit 1976, 120. S. 116 ff.

Stellungnahme zum Entwurf des Arzneimittelgesetzes.
In: Fragen der Freiheit 1976, 120. S. 125 ff.

Verfassungswidrigkeit und Verfassungsfeindlichkeit von Parteien und Vereinen (Replik auf Walter Wiese).
In: ZRP 1976, 3. S. 54 ff.

1977

Hans J. Wolff.
In: NJW 1977, 1/2. S. 28 f.

Legitimitätsprobleme der Bundesrepublik. München: Beck 1997(Beck'sche Schwarze Reihe ; 168)

Die Menschenrechte zwischen Ost und West.
Köln: Verl. Wissenschaft und Politik 1977.

Öffentlich-rechtliche Bundes- und Landesgesetze. Ausgabe NRW. Kronberg/Ts.: Athenäum-Verl. 1977. (Hrsg.)

Politische Aufklärung und technische Realität.
In: Neue Zürcher Zeitung 1977, 129 vom 4./5. 6. 77. S. 67

Richterliche Zurückhaltung(judicial self-restraint). Recht und Politik in der Verfassungsrechtsprechung. Rechtsstaat in der Bewährung.
In: Bitburger Gespräche. Jahrbuch 1974/76. S. 183 ff.

1978

Falscher Vorwurf: ein Klima der Unterdrückung. Das Russell-Tribunal mißt mit linker Elle.
In: DIE ZEIT 1978, 9 vom 24. 2. 78.

Freiheit oder „Befreiung"? Der demokratische Verfassungsstaat als Bedingung der Humanität.
In: FAZ 1978, 79 v. 19. 4. 78 S. 10 f.

Freiheit und „Befreiung".
Vortrag gehalten auf der Gründungstagung der Freien Europäischen Akademie der Wissenschaften vom 25. -27. Nov. 1977 in Herdecke, sowie anläßlich der Tagung des Seminars für freiheitliche Ordnung in der Ev. Akademie Bad Boll vom 6. -8. Januar 1978.
In: Fragen der Freiheit, H. 131, 1978. März/April S. 11 ff.

Die Gewähr der Verfassungstreue. Der Bürger muß auf die Verläßlichkeit der

Staatsdiener vertrauen können.
In: FAZ 1978, 236 vom 25. 10 78 S. 10 f.

Der Kampf um die Menschenrechte. Absolutistische Souveränität oder demokratische Selbstbestimmung.
In: Die Kommenden 1978, 4. S. 9 f.

Recht und Ordnung. Eine Kontroverse, die auf Mißverständnissen beruht.
In: Das Parlament 1978, 3. S. 7

Verfassungsfeinde im öffentlichen Dienst - ein unlösbares Problem?
In: Extremismus im demokratischen Rechtsstaat. Düsseldorf: Droste 1978, S. 335 ff.

Wider die alte Schwarmgeisterei. Auf Kommunisten im öffentlichen Dienst kann sich die Demokratie im Ernstfall nicht verlassen.
In: Die ZEIT 1978, 17 v. 21. 4. 78 S. 9 f.

1979

Electoral Laws and Proceedings under a Federal Constitution.
In: Readings on Federalism. Lagos: Nigerian Institut of International Affairs 1979, S. 352 ff.

Die Gewähr der Verfassungstreue.
In: Der Abschied vom Extremistenbeschluß. Bonn: Verl. Neue Gesellschaft 1979, S. 70 ff.

Die Lektion von Weimar. Die Grundentscheidung des Grundgesetzes vor dreißig Jahren und heute.
In: DIE ZEIT 1979, 22 vom 25. 5. 1979

Normenbildung durch Präjudizien.
In: Normen und Geschichte. Hrsg. von Willi Oelmüller. Paderborn: Schöningh 1979, S. 24 ff.

Recht und praktische Vernunft. Göttingen: Vandengoeck u. Ruprecht 1979.
(Kleine Vandenhoeck-Reihe, 1453)
Übersetzung: Ins Koreanische von Seong-Bang Hong 1992

Der rechtliche Spielraum einer Liberalisierung der Einstellungspraxis im öffentlichen Dienst.
In: NJW 1979, 1/2. S. 1 ff.

„Stand der medizinischen Forschung als Rechtsbegriff" oder „Was heißt wissenschaftlich anerkannt in der Medizin"?
In: Pharma-Recht 1979, 1. S. 28 ff.

Wer war mitschuldig? Kollektive Verantwortung gefordert.
(Rezension von: Christoph Lindenberg, Die Technik des Bösen - Zur Vorgeschichte und Geschichte des Nationalsozialismus).
In: DIE ZEIT 1979, 7 vom 9. 2. 79.

1980

Befreiung und politische Aufklärung. Plädoyer für die Würde des Menschen.
Freiburg, Basel, Wien: Herder 1980.
2., erw. Aufl. 1986.
Übersetzungen:
Liberación e Ilustración, Barcelona 1982
Libertaçao e Iluminismo Político. Sao Paulo 1983
Ins Koreanische von Seong-Bang Hong 1988

Die doppelten Früchte der Nächstenliebe. Ein Beitrag zur Unterscheidung der Geister in der Politik.
In: Rheinischer Merkur 1980, 23 vom 6. 6. 80. S. 10 f.
Die Lektion von Weimar. (Aus: Befreiung und politische Aufklärung)
In: Fragen der Freiheit 1980, 146. S. 17 ff.

Menschenrechte für Deutsche in Osteuropa - ihre völkerrechtliche Durchsetzung.

Bonn: Kulturstiftung der deutschen Vertriebenen 1980.
Politische Aufklärung gegen neuen Dogmatismus? Interview mit David A. Seeber.
In: HK 1980, 3. S. 120 ff.

Radikalismus/Extremismus.
In: Kampf um Wörter? Politische Begriffe im Meinungsstreit. 1980, S. 351 ff.

Schweigen zum Unrecht. Über Gerechtigkeit und Befreiung.
In: Evangelische Kommentare 1980, 5. S. 270 ff.

1981

Der Pazifismus gefährdet den Frieden. Über das Mißverständnis von Christenpflicht in einer unfriendlichen Welt.
In: Rheinischer Merkur 1981, 6 v. 6. 2. 81. S. 3

Freiheit und Gleichheit
In: Menschenrechte. T. 1: Historische Aspekte. Berlin: Colloquium Verl. 1981, S. 80 ff.

1982

Kaminski, Andrzej J.: Konzentrationslager 1896 bis heute. Rezension.
In: FAZ 1982, 176 vom 3. 8. 82. S. 19

Eine unrealistische Annahme. Leserbrief.
In: FAZ 1982, 301 vom 29. 12. 82. S. 9

Wie wird Entspannung wieder möglich? Recht als Basis des Friedens.
In: FAZ 1982, 115 vom 19. 5. 1982 S. 7 f.
    Fragen der Freiheit 1982, 158. S. 3 ff.

Zwei Wege zur Wahl - beide sind umstritten. Interview.
In: DIE WELT 1982, 234 vom 8. 10. 82. S. 7

1983

Freiheit und Gleichheit.
In: Handbuch des Verfassungsrechts der Bundesrepublik Deutschland. Hrsg. von Ernst Benda, Werner Maihofer, Hans-Jochen Vogel. Berlin: de Gruyter 1983, S. 129 ff.

Führt die Regierung unser Volk dem Untergang entgegen?
In: Berliner Morgenpost vom 13. 10. 1983

Die Grossen Arcana des Tarot - Meditationen. Von Anonymus d'Outre-Tombe. Einführung von Hans U. Balthasar. Hrsg. zusammen mit Robert Spaemann. Basel: Herder 1983. (Sammlung Überlieferung u. Weisheit) Ausgabe A. 4 Bände Ausgabe B. 2 Bände
2. erw. Aufl. 1988
3. erw. Aufl. 1993

Kein Privileg für selbsternannte „Retter der Menschheit"! Der Wille der Mehrheit - Ein Staatsrechtler und ein Mann des 20. Juli nehmen Stellung zum Widerstand gegen die Nachrüstung.
In: DIE WELT 1983, 211 vom 10. 9. 83. S. 17.

Ein Recht auf Widerstand? Demokratie und „Gegengewalt".
In: FAZ 1983, 50. 8.

Das „Recht der Macht". Die normative Kraft des Faktischen und der Friede.
In: Kontinent. Ost-West-Forum 1983, 3. S. 6 ff.

Die Rechtfertigungsmodelle des Widerstands.
In: Aus Politik und Zeitgeschichte 1983, 39. S. 12 ff.

Staatsphilosophische Lehren aus dem Nationalsozialismus.
In: Recht. Rechtsphilosophie und Nationalsozialismus 1983.
    Wiesbaden: Steiner 1983, S. 210 ff. (ARSP. Beiheft 18)

Tomberg, Valentin: Die vier Christusopfer und das Erscheinen des Christus im Ätherischen. Als anthroposophisch-esoterische Betrachtung gehaltene Vortragsreihe in Rotterdam. Vorw., 4 Abb. u. bearb. v. Willi Seiss. Nachw. u. hrsg. v. Martin Kriele. Schönach: Achamoth 1983, 3. Aufl. 1994

Widerstandsrecht in der Demokratie? Über die Legitimität der Staatsgewalt.
In: Frieden im Lande. Hrsg. von Basilius Streithofen. Bergisch-Gladbach: Bastei-Lübbe 1983, S. 139 ff.

1984

Friedenspolitik am Scheideweg.
In: Merkur 1984, 7. S. 803 ff. [Entgegnung auf Jürgen Habermas]

Gesetzliche Regelung von Tierversuchen und Wissenschaftsfreiheit.
In: Tierschutz. Testfall unserer Menschlichkeit. Hrsg. von Ursula M. Händel. Frankfurt am Main: Fischer 1984, S. 113 ff. (Fischer TB. 4265)

Gesetzestreue in der richterlichen Rechtsfindung.
In: DRiZ 1984, 6. S. 226 ff.
Hogaku Kenkyu. Journal of Law, Politics and Sociology 1990, 3. S. 89 ff. [Übers. ins Japanische]

Menschenrechte und Friedenspolitik.
In: Einigkeit und Recht und Freiheit. Festschrift für Karl Carstens zum 70. Geburtstag. Hrsg. von Bodo Börner, Hermann Jahrreiß, Klaus Stern. Köln: Heymann 1984, Bd 2. S. 661 ff.

Das „Recht der Macht". Die normative Kraft des Faktischen und der Friede.
In: Wehe den Machtlosen! Eine dringende Klärung. Hrsg. von Gerd-Klaus Kaltenbrunner. Basel, Wien: Herder 1984, S. 43 ff.

Ein Recht auf Widerstand? Kritische Fragen eines Verfassungsrechtlers.
In: Widerstand, Recht und Frieden. Ethische Kriterien legitimen Gewaltgebrauchs. Erlangen: Martin Luther Verl. 1984, S. 102 ff

Die Rechtfertigung des Widerstands aus der Bergpredigt.
In: Sternbrief der Cornelius-Vereinigung 1984, 1. S. 20 ff.
(Auszug aus: Die Rechtfertigungsmodelle des Widerstands. 1983)

Vorbehaltlose Grundrechte und die Rechte anderer.
In: JA 1984, 11. S. 629 ff.

Ziviler Ungehorsam als moralisches Problem.
In: Faz 1984 vom 10. 3. 84 (Bilder und Welten)
Hessische Polizeirundschau 1984, 6. S. 9 ff.

Ziviler Ungehorsam in den USA und bei uns in der Bundesrepublik Deutschland.
In: Ziviler Ungehorsam? Vom Widerstandsrecht in der Demokratie.
Hrsg. von Wolfgang Böhme. Karlsruhe: Ev. Akademie Baden 1984, S. 9 ff.
(Herrenalber Texte 54)

1985

Nicaragua - das blutende Herz Amerikas. Ein Bericht.
München, Zürich: Piper 1985 (Serie Piper, 554: aktuell) 2. Aufl. 1986
Übersetzungen:
Nicarágua - o coraçao sangrento da América. Mainz 1986
Nicaragua. America's Bleeding Heart. Mainz 1986
Nicaragua. Corazón Herido de America. Mainz 1986
Nicaragua. L'Amérique blessée au coeur. Mainz 1986
Nikaragua - krwawiace serce Ameriky. Warschau 1988
Recht und Macht.
In: Einführung in das Recht. Bd 1. Aufgaben, Methoden, Wirkungen.
Hrsg. von Dieter Grimm. Heidelberg: C.F. Müller 1985, S. 128 ff. (Uni-Taschenbücher, 1362)

Funk-Kolleg Recht. Hrsg. von Manfred Löwisch, Dieter Grimm u. Gerhard Otte. Frankfrut am Main: Fischer Taschenbuch Verl. 1985, Bd 1. S. 81 ff. (Fischer TB, 6865)

Rechtsgefühl und Legitimität der Rechtsordnung.
In: Das sogenannte Rechtsgefühl. Opladen: Westdeutscher Verlag 1985, S. 23 ff. (Jahrbuch für Rechtssoziologie u. Rechtstheorie. Bd 10)

Tomberg, Valentin: Lazarus, komm heraus. Vier Schriften. Einleitung u. hrsg. von Martin Kriele. Nachwort von Robert Spaemann. Basel: Herder 1985, (Sammlung Überlieferung u. Weisheit)

Das Werk Ernst von Hippels. Versuch eines geistigen Portraits.
In: Ernst von Hippel zum Gedächtnis (1895-1984). Reden anläßlich der Akademischen Trauerfeier für Herrn Professor Dr.Ernst von Hippel am 7. Februar 1985 von Günter Kohlmann, Martin Kriele S. 9 ff.

Die Wucht des Emanzipations-Denkens. Zum Abtreibungsurteil des Bundesverfassungsgerichts von 1975.
In: Auf Leben und Tod. Abtreibung in der Diskussion. Hrsg. von Paul Hoffacker, Benedikt Steinschulte, Paul-Johannes Fietz. Bergisch-Gladbach: Bastei-Lübbe 1985. S. 115 ff.

1986

Der Bürgerrechtspakt und der Sozialrechtspakt in Bundesrepublik und DDR und die Menschenrechte in der kommunistischen Interpretation.
In: Politische Bildung - Recht und Erziehung. Hrsg. von Heiner Adamski. Weinheim, München: Juventa Verlag 1986. Bd 2.
S. 469 ff. (Veröffentlichungen der Max-Traeger-Stiftung. 2)

Entwicklungshilfe für Nicaragua?
In: Die Welt, 20. 6. 1986

ESJ. Grundrechte. Ausgew. Entscheidungen mit erl. Anmerkungen. - München: Beck 1986. (ESJ.Entscheidungssammlung für junge Juristen)

Menschenrechte und Gewaltenteilung.

In: EuGRZ 1986, 21. S. 601 ff.

Menschen- und Bürgerrechte. Vorträge aus der Tagung der Deutschen Sektion der IVR in der Bundesrepublik Deutschland. v. 9.-12.Okt. 1986 in Köln. Hrsg. von Ulrich Klug u. Martin Kriele. Stuttgart: Steiner Wiesbaden 1988, S. 20 ff. (ARSP-Beiheft 33)

Menschenrechte und Friedenspolitik.
In: Gießener Universitätsblätter 1986, 2. S. 9 ff.

Die Präzedenzwirkung der Barmer Theologischen Erklärung.
In: Barmer Theologische Erklärung und heutiges Staatsverständnis. Symposion aus Anlaß des 50. Jahrestages der Barmer Theologischen Erklärung. Dokumentation e. Veranstaltung d. Kultusministers des Landes Nordrhein-Westfalen in Wuppertal am 30. Mai 1984. Köln: Greven 1986, S. 17 ff.

Überwindung von Unrecht durch Befreiung Vom Recht?
In: Recht und Gerechtigkeit. Hrsg.: Konrad-Adenauer-Stiftung. Melle: Knoth 1986, S. 31 f. (Im Gespräch 1986,2)

1987

Die demokratische Weltrevolution. Warum sich die Freiheit durchsetzen wird. - München, Zürich: Piper 1987. (Serie Piper. 496)
Übersetzungen:
Den demokratiska världsrevolutionen. Göteborg 1988
Ins Koreanische von Seong-Bang Hong 1990

Die demokratische Weltrevolution: Warum sich die Freiheit durchsetzen wird.
In: Ist unsere Demokratie noch handlungsfähig? Vorträge und Diskussionsbeiträge auf dem Kongreß des Studienzentrums Weikersheim am 13./14 Juni 1987. Mainz: v. Hase u. Koehler 1987, S. 143 ff.

Edith Stein's "Untersuchung über den Staat".
In: Reden anläßlich der Vortragsveranstaltung: Edith Stein - Lebensweg und

wissenschaftliches Werk am 15. 5. 1987, S.40 ff.(Kölner Universitätsreden. 67)

Der „ewige" und der provisorische Friede:
In: Friedenssicherung. Sozialwissenschaftliche, historische und theologische Perspektiven. Münster: Regensberg 1987, S. 37 ff.(Osnabrücker Friedensgespräche. Bd 1)

Gesetzestreue und Gerechtigkeit in der richterlichen Rechtsfindung
In: Oikeiosis. Festschrift für Robert Spaemann. Weinheim: VCH Verlagsgesellschaft 1987, S. 113 ff.
Festschrift der Rechtswissenschaftlichen Fakultät zur 600-Jahr-Feier der Universität zu Köln. Köln:Heymann 1988, S. 707 ff.

Gibt es eine Rangordnung der Menschenrechte? Ihre Entwicklung ist noch nicht abgeschlossen.
In: FAZ 1987, 136 vom 15. 6. 87. S. 13

Menschenrechte und Friedenspolitik. Referat Bossey, 30. 9. 1986.
In: epd. Dokumentation 2/87 (Kann Völkerrecht den Weltfrieden fördern?
Drei Referate einer Tagung)

Menschenrechte und Gewaltenteilung.
In: Menschenrechte und Menschenwürde. Historische Voraussetzungen, säkulare Gestalt, christliches Verständnis. Hrsg. von Ernst-Wolfgang Böckenförde u. Robert Spaemann. Stuttgart: Klett-Cotta 1987, S. 242 ff.

Grundlagen der politischen Kultur der Westens. Ringvorlesung an der FU Berlin.
Berlin: des Gruyter 1987, S. 29 ff.

Menschenrechte in Ost und West. Hrsg. von Rudolf Uertz. Mainz: v. Hase u. Koehler 1989, S. 185 ff.(Studien zur politischen Bildung.16)

Der neue Fall Küng.

In: Rheinischer Merkur 1987, 24 v. 12. 6. u. 26 v. 26. 6. 1987

Schweigen und ertragen? Die Ehre des Bürgers gilt in unserer Rechsordnung fast nichts.
In: Die Neue Ordnung 1987, 6. S. 451 ff.

1988

Arzneimittelgesetz und geistige Freiheit.
In: Arzneimittel. Was ist Heilung? Stuttgart: Urachhaus-Verl. 1988, S. 35 ff. (Lebenshilfen. 3)

Der Comment des katholischen Milieus.
In: Rheinischer Merkur 1988, 53 vom 30. 12. 88. S.16

Freiheit und „Befreiung". Zur Rangordnung der Menschenrechte. Frankfurt am Main: Metzner 1988. (Würzburger Vorträge zur Rechtsphilosophie, Rechtstheorie und Rechtssoziologie.8)

Die Gesundheitsreform bedroht die Therapiefreiheit.
In: Die Kommenden 1988, 7. S. 5 ff.

Hans J. Wolff.
In: Juristen im Portrait. Festschrift zum 225jährigen Jubiläum des Verlages C.H. Beck. München: Beck 1988, S. 694 ff.

Die linksfaschistische Häresie. Zum Totalitarismus in Nicaragua.
In: Totalitarismus contra Freiheit. Begriff u. Realität. Hrsg. von Konrad Löw. München: Bayerische Landeszentrale für politische Bildungsarbeit 1988, S. 142 ff.

Das Präjudiz im kontinentaleuropäischen und anglo-amerikanischen Rechtskreis.
In: La sentenza in Europa. Univ. degli studi di Ferrara, Fc. di Giurisprudenza. Padova: Cedam 1988, S. 62 ff.

Der Primat der Wissenschaft vor der medizinischen Heilkunst.

In: Nürnberger Begegnung 1988. Wissenschaftpluralismus in des Medizin. Edition informed. S. 64 ff.
Ärztezeitschrift für Naturheilverfahren 1988, 10. S, 819 ff.
Erfahrungsheilkunde 1988, S. 603 ff.
Fragen der Freiheit 1988, 193/194. S. 78 ff.

Recht, Gerechtigkeit und Menschenrechte aus der Sicht der Staatsphilosophie.
In: Grundlagen. Zeitschrift der Stiftung Forum für Bildung und Politik e. V. Nr. 24 (1988). S. 3ff.

Universalitätsansprüche darf man nicht aufgeben.
In: Deutschland-Archiv, 1988, 1. S. 51 f. [Zum SED-SPD-Papier]

Wertewandel und politische Kultur.
In: Freiheit der Wissenschaft, 1988, S. 8 ff.
    Gymnasiale Bildung. 38. Gemener Kongreß, 29. 9.-1. 10. 1988. Krefeld: Pädagogik u. Hochschulverlag 1988, S. 34 ff.

Wie geht es weiter in Nicaragua?
In: Westfälische Nachrichten 1988 vom 16. 1.

1989

„Befreiung in Verantwortung" - Rangordnungen der Menschenrechte?
In: Verantwortung für die Zukunft. Hrsg. von Hermann Flothkötter, Bernhard Nacke. Münster: Regensberg 1989, S. 193 ff.

Dimitris Th. Tsatsos: Von der Würde des Staates zur Glaubwürdigkeit der Politik. Berlin: Duncker & Humblot, 1987. (Schriften zur Rechtstheorie. 123) Rezension.
In: AöR 1989, 2. S. 336 f.

Der Fächer der Königin.
In: Die Welt als Medieninszenierung. Wirklichkeit, Information, Simulation. Colloqium Köln, Lindenthal-Institut, 27.-29. 5. 1988. Herford: Busse-Seewald 1989, S. 11 ff.

Freiheit und „Befreiung". Gibt es eine Rangordnung der Menschenrechte?
In: Lateinamerika und Europa im Dialog. Vorträge und Berichte des Lateinamerika-Kongresses 1987 der Westfälischen Wilhelms-Universität Münster. Berlin: Duncker u. Humblot 1989, S. 53 ff.

Nach einer abenteuerlichen Manipulation der Öffentlichkeit. Hintergründe des Kölner Investiturstreits.
In: FAZ 1989, 18 vom 21. 1. S, 8

Tomberg, Valentin: Anthroposophische Betrachtungen über das Alte Testament. Nachw. u. hrsg. v. Martin Kriele. 9 Zeichn. u. bearb. v. Willi Seiss. Schönach: Achamoth 1989

Der Widerstand des Paulus.
In: Regensburger Bistumsblatt 1989, 10 v. 5. 3. 89. S. 10

Was fasziniert westliche Intellektuelle an den Diktatoren von damals und heute?
In: MedienDialog 1989, 9. S. 12 ff.

1990

Aktuelle Probleme des Vehältnisses von Kirche und Staat.
In: Internationale katholische Zeitschrift 1990, 6. S. 451 ff.

Ein historischer Tag.
In: DIE WELT 1990, 143 vom 22. 6. 90. S. 2

„Jetzt muß man auseinanderhalten, was nicht zusammengehört - Brandts Ostpolitik und die osteuropäische Revolution".
In: FAZ 1990, 11 v. 13. 1. 90. S. 6

Kandidat der Intellektuellen. Lafontaines Volkstäuschung und sein wirtschaftlicher Unverstand.

In: Die politische Meinung 1990, 250. S. 24 ff.

Nicht verfassungswidrig.
In: DIE WELT 1990, 197 vom 24. 8. 90. [Golfeinsatz der Bundeswehr]

Plädoyer für eine Journalistenkammer.
In: ZRP, 1990, 3. S. 109 ff. MedienDialog 1990, 6/7. S. 15 ff.

Plädoyer für zwei Wahlgesetze. Das Verfahren wäre nicht verfassungswidrig.
In: FAZ 1990, 165 v. 17. 7. 90. S. 8

Die politische Bedeutung des Staatsvertrages.
In: DtZ 1990, 5. S. 189 f.

Replik auf: Stephan Ory, Keine Journalistenkammer [ZRP 1990, 8. S.289-291].
In: ZRP 1990, 8. S. 291 f.

Recht, Vernunft, Wirklichkeit.
Berlin: Duncker & Humblot 1990.

Das Scheitern des Sozialismus.
Köln: Bachem 1990. (Kirche und Gesellschaft. 173)

Eine Sprengladung unter dem Fundament des Grundgesetzes.
In: DIE WELT 1990, 190 vom 16. 8. 90. S.5 [Mit einfacher Mehrheit das
    Grundgesetz in Deutschland ablösen?]

Verdrängte Gegensätze. Wie die Mißstände im Sozialismus heruntergespielt wurden,
In: Die politische Meinung 1990, 249. S.37 ff.

Wann ist ein Land frei? Perestrojka - aber wie? (1).
In: Gehört, gelesen. Die besten Sendungen des Bayerischen Rundfunks 1990,
    5. S. 16 ff,

Wahlen in Nicaragua.
In: Votum 1990, 1. S. 5

Wertewandel und politische Kultur.
In: Wertewandel und Lebenssinn/Königssteiner Forum. Frankfurt am Main: Frankfurter Allgemeine Zeitung. Verlagsbereich Wirtschaftsbücher 1990, S. 85 ff.

Wie der Hauptmann Christ wurde. (Meine schönste Bibelstelle)
In: DIE WELT am Sonntag, 1990, 19 vom 13. 5. 90. S. 55

Zwei Drittel? Nicht nötig.
In: DIE WELT 1990, 75 vom 29. 3. 90. S. 2

1991

Aktuelle Fragen der Verfassungsreform.
In: Kölner Universität. Journal 1991, 3. S 1 ff.

Artikel 146 GG: Brücke zu einer neuen Verfassung.
In: Die Verfassungsdiskussion im Jahr der deutschen Einheit. Hrsg. von Bernd Guggenberger u. Tine Stein. München, Wien: Hanser 1991, S. 336 ff.
ZRP 1991, 1. S. 1 ff.

Bezaubert und verblendet. Die geistigen Nachwirkungen des Sozialismus.
In: Die politische Meinung 1991, 253. S. 1 ff

Bischöfe immer im Unrecht. Leserbrief.
In: DIE WELT 1991 vom 23. 11. 91. S. 29

Der Bündnisfall.
In: DIE WELT 1991, 29 vom 4. 2. 91. S. 2
Die demokratische Weltrevolution. Warum sich die Freiheit durchsetzt.
In: Rechts-und Sozialphilosophie in Deutschland heute. Hrsg. von Robert Alexy, Ralf Dreier u. Ulfrid Neumann. Stuttgart: Steiner 1991, S. 201 ff.

(ARSP-Beiheft. 44)

Edith Steins „Untersuchung über den Staat".
In: Denken im Dialog. Zur Philosophie Edith Steins. Tübingen: Attempto Verlag 1991, S. 83 ff.

Der Fall Drewermann.
In: DIE WELT 1991, 251 vom 28. 10. 91. S. 2

Jetzt den Schaden begrenzen.
In: Rheinischer Merkur 1991, 40 vom 4. 10. 91. S. 29[Fall Drewermann]

Keine Wege zur Verständigung. Rezension von: Dokumentation zur jüngsten Entwicklung um Dr. Eugen Drewermann. Paderborn: Bonifatius-Verlag 1991.
In: Rheinischer Merkur 1991, 49 vom 6. 12. 91. S. 22

Leserbrief.
In: DIE WELT 1991, 162 vom 15. 7. 91. S. 6 [Zum Interview mit Eugen Drewermann am 8. 7. 1991]

Neue Verfassung - eine andere Republik?
In: Rheinischer Merkur 1991, 23 v. 7. 6. 91. S. 5

Ohne Gesetz geht es nicht.
In: DIE WELT 1991, 139 vom 18. 6. 91. S. 2

Ohne Macht endet Recht in Ohnmacht.
In: Rheinischer Merkur 1991, 13 vom 29. 3. 91. S. 4

Recht und Macht.
In: Einfuhrung in das Recht 1.: Aufgaben, Methoden, Wirkungen. 2., überarb. Aufl. Heidelberg: C.F. Müller 1991, S. 159 ff.

Tomberg, Valentin: Anthroposophische Betrachtungen über das Neue Testament. Geisteswissenschaftliche Betrachtungen über die Apokalypse des Johannes. Nachw. u. hrsg. v. Martin Kriele. 10 Zeichn. u. bearb. v. Willi Seiss. Schönach: Achamoth 1991.

1992

Aktuelle Fragen der Verfassungsreform.
In: Politisches Denken. Jahrbuch 1991. Stuttgart: Metzler 1992, S. 68 ff.

Des Arztes Menschenwürde.
In: Die WELT v. 9. 9. 92. S. 2 [Betr.: Fristenregelung]

Braucht das vereinte Deutschland eine neue Verfassung? Von den Sehnsüchten nach einer linken Republik.
In: Zeitschrift zur politischen Bildung. Eichholz-Brief. 1992, 4. S. 71 ff.

Das Für und Wider einer gesamtdeutschen Verfassung. Ein Gespräch mit Claus Offe.
In: Deutschland eine Zwischenbilanz. 1992, S. 58 ff.(Zeitkritische Beiträge der Evangelischen Akademie Nordelbien.4)

Gründe, der Kirche zu vertrauen.
In: Rheinischer Merkur 1992, 9 vom 28. 2. 92. S. 24

Grundrechte und demokratischer Gestaltungsspielraum.
In: Handbuch des Staatsrechts der Bundesrepublik Deutschland. Hrsg. von Josef Isensee u. Paul Kirchhof. Bd 5. Allgemeine Grundrechtslehren. Heidelberg: C.F. Müller 1992, S. 101 ff.

Leserbrief.
In: DIE ZEIT 1992, 27 vom 26. 6. 92. S. 72[Erwiderung auf Martin Merz: Mief im frommen Ghetto. 23 vom 29. 5. 92]

Das Naturrecht der Neuzeit.

In: Politik und Kultur nach der Aufklärung. Festschrift für Hermann Lübbe zum 65. Geburtstag. Basel: Schwabe 1992, S. 9 ff.

Die neuen Abtreibungsregelungen vor dem Grundgesetz.
In: DVBl 1992, 22. S. 1457 ff.

Die nicht-therapeutische Abtreibung vor dem Grundgesetz.
Berlin: Duncker & Humblot 1992 (Schriften zum öffentlichen Recht. 625)

Plebiszite in das Grundgesetz? Der Verfassungsstaat bekäme Legitimitätsprobleme.
In: FAZ 1992, 262 v. 10. 11. 92. S. 12 f.

Recht als gespeicherte Erfahrungsweisheit. Eine „konservative" Theorie des Staates.
In: Staat und Demokratie in Europa. Hrsg. von Beate Kohler-Koch. Opladen: Leske u. Budrich 1992, S. 83 ff. (Wissenschaftlicher Kongreß der Deutschen Vereinigung für Politische Wissenschaft. 18)

Der Sinn des Staates im Zeitalter der freien Individualität.
In: Der Staat. Aufgabe und Grenzen. Beiträge zur Überwindung struktureller Vormundschaft im Rechtsleben. Stuttgart. Verl. Freies Geistesleben 1992, S. 212 ff. (Sozialwissenschaftliches Forum. 4) Novalis 1992, 4. S. 10 ff.

Ein Sound, der vieles verrät.
In: Rheinischer Merkur 1992, 4 vom 24. 1 92. S. 22[Erwiderung auf Norbert Greinacher und Eugen Drewermann]

Streik ohne Waffengleichheit. Leserbrief.
In: FAZ 1992, 7. 5. 92 [Betr.: Öffentlicher Dienst]

Tomberg, Valentin: Die Grundsteinmeditation Rudolf Steiners.
Hrsg. v. Martin Kriele. Zeichn. u. bearb. v. Willi Seiss. Schönach: Achamoth 1992

„Wahrheit" in Funk und Fernsehen.

Köln: Wirtschaftsverl. Bachem 1992. (Walter Raymond-Stiftung. Kleine Reihe. 52)
In: Offen gedacht. Perspektiven der Zeit. Klaus Murmann zum 60. Geburtstag.
Köln: Bachem 1992, S. 101 ff.

1993

An die Zukunft verraten. Kollaborateure in der Kirche.
In: Rheinischer Merkur 1993, 29 vom 16. 7. 93. S. 24

Der Comment des Milieus. 10 Thesen zum Verhältnis der rheinischen Katholiken zu Papst und Kirche.
In: Marsch auf Rom. Ein Kampf um Kirche. Hrsg.: Michael Müller. Aachen: M. Müller 1993, S. 97 ff.

Ethik, Recht, Gewissen.
In: Internationale katholische Zeitschrift 1993, 2. S. 291 ff.

Kein Ausweg für Bonn. [Betr.: Bundeswehr-Einsatz in Bosnien]
In: Rheinischer Merkur 1993, 8 vom 19.2.93. S. 4

Das Naturrecht der Neuzeit.
In: Naturrecht und Politik. Hrsg. von Karl Graf Ballestrem. Berlin: Duncker & Humblot 1993, S. 9 ff. (Philosophische Schriften. 8) [Beiträge einer Tagung vom 11.-14. April 1991 in Eichstätt]
Tomberg, Valentin: Sieben Vorträge über die innere Entwicklung des Menschen. 8 Zeichn. u. bearb. v. Willi Seiss. Hrsg. v. Martin Kriele. Schönach: Achamoth 1993

Über jeden Grundgesetzartikel einzeln abstimmen. Aktuelle Probleme der Verfassungsreform.
In: FAZ 1993, 296 vom 21. 12. 93. S. 7

Das Verhältnis von Theologie und Lehramt. Zum Entzug der missio canonica und zur Notwendigkeit der Reform theologischer Fakultäten
In: Marsch auf Rom. Ein Kampf um Kirche. Hrsg.: Michael Müller. Aachen: M.

Müller 1993, S. 97 ff.

Zur Universalität der Menschenrechte.
In: Rechtssystem und praktische Vernunft. Hrsg. von Robert Alexy u. Ralf Dreier. Stuttgart: Steiner 1993, S. 47 ff. (ARSP-Beiheft 51)(Verhandlungen des 15. Weltkongresses der Internationalen Vereinigung für Rechts- und Sozialphilosophie. Bd1)

Zuwendung zur Kirche.
In: Von der Lust, katholisch zu sein. 15 persönliche Bekenntnisse. Hrsg.: Michael Müller. Aachen: M. Müller 1993, S. 114 ff.

1994

Bürger ohne Ehrenschutz.
In: Die politische Meinung 1994, 297. S. 49 ff.

Ein Eingriff mit Präzedenzwirkung.
In: FAZ 1994, 215 vom 15. 9. 1994, S. 14 [Mannheimer Deckert-Urteil]

Ehrenschutz und Meinungsfreiheit.
In: NJW 1994, 30. S. 1897 ff. (Vortrag vor der Guardini-Stiftung am 16. 4. 1994 in Berlin).

MedienDialog 1994, 6+7, S. 1 ff. (leicht gekürzte Fassung).
Das Menschenbild des Grundgesetzes. Berlin 1996, S. 132 ff. (Schriftenreihe der Guardini-Stiftung. Bd. 6)
Justizirrtümer sind niemals auszuschließen. Interview
In: Kölnische Rundschau, 236 vom 11. 10. 94

Die neue Weltanschauungskontrolle.
In: Das Fundamentale Wort und das Schlagwort Fundamentalismus 1994, S. 25 ff. (Beiheft 58 des Monatsblatts der Ev. Notgemeinschaft in Deutschland „Erneuerung und Abwehr")

Nochmals: Auslandseinsätze der Bundeswehr.

In: ZRP, 1994, 3. S. 103 ff.

Die Ordnung der Verantwortung - Rechtsethische Fragen der Immigration.
In: Die Neue Ordnung 1994, 2. S. 100 ff.

Sein Schicksal liegt in Häden der Stadt. Interview
In: Kölner Stadt-Anzeiger vom 4. 5. 1994

Zur Rangordnung der Staatspflichten - Rechtsethische Fragen der Immigration.
In: Problemfall Völkerwanderung. Migration, Asyl, Integration. Hrsg. von Wolfgang Ockenfels. 1994, S. 121 ff.(HUMANUM. Veröffentlichung der Internationalen Stiftung Humanum)

1995

Recht als gespeicherte Erfahrungsweisheit. Zu einem Argument Ciceros.
In: Liechtensteinische Juristen-Zeitung 1995, 1. S. 1 ff.

Staat, Wirtschaft, Steuern. Festschrift für Karl Heinrich Friauf zum 65. Geburtstag
Heidelberg: Müller 1996, S. 185 ff.

1996

Anthroposophie und Kirche. Erfahrungen eines Grenzgängers. Basel, Freiburg, Wien: Herder 1996

1997

Dialektische Prozesse in der Verfassungsgeschichte. Abschiedsvorlesung vom 13. 2. 1996
In: Verfassungsstaatlichkeit. Festschrift für Klaus Stern zum 65. Geburtstag.
München: Beck 1997, S. 15 ff.

Die demokratische Weltrevolution und andere Beiträge.
Berlin: Duncker & Humblot 1997.
(Beiträge zur Politischen Wissenschaft. Bd. 96)

이밖에도 그 후의 저술로는 Grundprobleme der Rechtsphilosphie, LIT Verlag AG, Münster-Hamburg-London, 2003이 있다.

Abkürzungsverzeichnis

AöR	= Archiv des öffentlichen Rechts
ARSP	= Archiv für Rechts- und Sozialphilosophie
DÖV	= Die Öffentliche Verwaltung
DRiZ	= Deutsche Richterzeitung
DtZ	= Deutsch-deutsche Rechtszeitschrift
DVBl	= Deutsches Verwaltungsblatt
EuGRZ	= Europäische Grundrechte-Zeitschrift
FAZ	= Frankfurter Allgemeine Zeitung
HK	= Herder-Korrespondenz
JA	= Juristische Arbeitsblätter
JuS	= Juristische Schulung
JZ	= Juristenzeitung
NJW	= Neue Juristische Wochenschrift
PVS	= Politische Vierteljahresschrift
VVDStRL	= Veröffentlichungen der Vereinigung der Deutschen Staatsrechtslehrer
ZRP	= Zeitschrift für Rechtspolitik

옮긴이 소개 _ 홍성방

1952년 제주 출생
고려대학교 법과대학 및 동 대학원 석사박사과정 수료
독일 Köln대학교에서 법학박사학위(Dr. iur.) 취득
한림대학교 교수(1988-1997)
독일 쾰른 대학교 법과대학 '국가철학 및 법정책연구소' 객원교수(1994-1995)
제7회 한국헌법학회 학술상 수상(2005)
사법시험 및 각종국가시험위원, 한국공법학회 부회장, 한국헌법학회 부회장, 한독법률학회 부회장, 안암법학회 부회장, 한국가톨릭사회과학연구회 회장, 환국환경법학회 부회장 역임
현재 서강대학교 법학전문대학원 교수

저서·역서·논문

1. Soziale Rechte auf der Verfassungsebene und auf der gesetzlichen Ebene, Diss. Köln(1986)
2. 해방과 정치계몽주의, 도서출판 새남, 1988(M. Kriele, Befreiung und politische Auf-Klarung, 1980)
3. 민주주의 세계혁명, 도서출판 새남, 1990(M. Kriele, Die demokratische Weltrevolution, 1987)
4. 법과 실천이성, 한림대학교출판부, 1992(M. Kriele, Recht und praktische Vernunft, 1979)
5. 법발견론, 한림대학교출판부, 1994(M. Kriele, Theorie der Rechtsgewinnung, 2. Aufl. 1976)
6. 마르크스주의와 수정사회주의, 도서출판 새남, 1996(B. Gustaffson, Marxismus und Revisionismus, 1972)

7. 국가론, 민음사, 1997(H. Heller, Staatslehre, 6. Aufl. 1983)
8. 헌법Ⅰ, 현암사, 1999
9. 헌법정해, 신영사, 1999
10. 헌법요론, 신영사, 1999(2005 : 제4판)
11. 환경보호의 법적문제, 서강대학교 출판부, 1999
12. 헌법Ⅱ, 현암사, 2000
13. 객관식헌법, 신영사, 2000(2005 : 제4판)
14. 헌법재판소결정례요지(편), 법문사, 2002
15. 헌법학, 현암사, 2002(2009: 개정 6판)
16. 헌법과 미래(공저), 인간사랑, 2007
17. 법학입문, 신론사, 2007
18. 헌법국가의 도전, 두성사, 2007(M. Kriele, Die Herausforderungen des Verfassungsstaates, 1970)
19. 7급객관식헌법, 두성사, 2008
20. 헌법학(상), 박영사, 2010
21. 헌법학(중), 박영사, 2010
22. 헌법학(하), 박영사, 2010(2011: 제2판)
23. 프롤레타리아 계급독재, 신론사, 2011(Karl Kautsky, Die Diktatur des Proletariats, 1918)
24. 국가의 법적 기본질서로서의 헌법, 유로, 2011(Werner Kägi, Die Verfassung als rechtliche Grundordnung des Staates, 2. Aufl. 1971)
25. 국가형태, 유로, 2011(Max Imboden, Die Staatsformen, 1959)
26. 소외론, 유로, 2011(Friedrich Müller, Entfremdung, 2. Aufl. 1985)
27. '사회국가 해석모델에 관한 비판적 검토', '자연의 권리주체성', '독일의 헌법과 행정법에 있어서의 환경보호' 등 논문 다수